인문학 콘서트

인문학 콘서트

김경동
김기현
최재천
김광웅
문용린
정진홍
황경식
고미숙
김효은
장회익
차윤정
도정일
박정자
김영한

이숲

다시 인문학을 논하며

먼 옛날, 사람들이 모여 살면서부터 머리를 맞대고 삶의 문제를 생각하기 시작했습니다. 종이가 아직 만들어지지 않았을 때에도 그들은 점토판에, 파피루스에 자신의 생각을 그려내고 기록하면서 삶의 고민들을 공유하고자 했습니다.

이런 인간의 고뇌는 지식과 지혜로 발전하였고, 긴 세월이 흐르면서 '인문학'이라는 이름으로 정착되어 갔습니다. 서양에 소크라테스와 그 후예들이 있었다면, 중국에는 공자, 노자, 장자가 있었습니다. 우리 한민족 또한 퇴계 이황과 율곡 이이 선생 그리고 다산 정약용 선생 등 기라성 같은 사상가를 배출하며 인간의 근원적 삶, 무한한 시간의 저편에 도달하기 위해 탐구에 탐구를 거듭해 왔습니다.

그런데 언제부터인가 인문학이 외면받기 시작했습니다. 한마디로 '문사철'은 돈이 안 되는 학문이라는 이유 때문이었습니다. 하루가 다르게 기술문명이 발달해 가는 요즘, 인간의 근원을 논하는 것은 시대에 뒤떨어진 낡은 학문이라는 잘못된 인식이 널리 퍼진 것입니다.

그러나 '인문학의 위기'라는 말이 회자되고 있는 중에서도 다행히 최근 인문학에 대한 일반의 관심이 다시금 높아지고 있음을 느낍니다. 지금, 인문학 강좌는 대학 강의실의 경계를 넘어 다양한 민간단체와 주민 문화시설, 광활한 인터넷 세상 곳곳에서 소리 없이 개설되어 온·오프라인 상의 활발한 토론으로 이어지고 있습니다.

그리고 그 과정에서 빼놓을 수 없는 일은 한국정책방송 KTV에서 「인문학열전」이라는 프로그램을 기획·제작하고, 1년이 넘는 기간에 매주 한 편씩 무려 70여 편의 프로그램을 방송해 오고 있다는 사실입니다.

「인문학열전」은 저와 특별한 인연이 있는 프로그램이기도 합니다. 작년 봄 문화체육관광부 회의를 주재하는 자리에서 저는 상업화되어 가는 우리 방송 문화의 현실에서 순수 인문학 분야가 사라져 가는 현상에 대한 안타까움을 표시한 적이 있었습니다. 그것이 「인문학열전」을 탄생시킨 계기가 되었고, 첫 방송이 전파를 탔을 때 문화인의 한 사람으로서 큰 기쁨을 느꼈던 기억이 새롭습니다.

이제 「인문학열전」이 본격 인문학 프로그램 방송에서 한 걸음 더 나아가, 그 주옥같은 내용을 책으로 엮은 'KTV 인문학열전 시리즈 1권' 『인문학 콘서트』라는 책으로 출간된 것을, 문화정책 전반을 책임지고 있는 사람으로서 더

없이 기쁘게 생각합니다.

이 프로그램에 흔쾌히 출연하고 원고를 집필하신 출연자 여러분, 정책방송이라는 무거운 소임을 맡고서도 문화예술과 인문학에 대한 깊은 열정을 보여준 KTV 손형기 원장 이하 프로그램 제작진, 그리고 진행자 김갑수 선생에게 거듭 감사의 마음을 전합니다.

인문학은 과거로부터 현재에 이르기까지 인간성 상실로 촉발된 제반 문제들을 근원적으로 해결하고, 미래의 비전을 열어갈 수 있는 열쇠입니다. 아무쪼록 이 책이 독자 여러분께서 자신의 삶을 돌아보고 더 나은 사회를 꿈꾸며, 모두가 행복하고 아름답게 공존하는 세상을 만들어가는 데 도움이 되기를 진심으로 기원합니다.

KTV 「인문학열전」은 앞으로도 계속될 것이며, 그렇게 제2·제3의 『인문학 콘서트』 발간으로 이어지리라 믿습니다. 시청자와 독자들의 많은 관심과 사랑을 부탁드립니다.

감사합니다.

2009.12.25
문화체육관광부 장관
유 인 촌

인문학 열전? 인문학 열정!

몇 해 전 일입니다.

대학교수들이 인문학의 위기를 '선언' 방식으로 표명하여 사회적 반향을 크게 일으켰던 무렵입니다. 유수한 인문학자들이 서울역전의 노숙인들을 상대로 인문학 강좌를 개설한다는 뉴스를 보았습니다.

뜨악했습니다. 아니, 하루 벌어 하루 살기도 고달픈 최하 빈곤층에게 헤겔이나 칸트를, 퇴계나 율곡을 강의하겠다는 말인가. 혹시 인문학 위기론에 호의적인 여론에 편승해 눈길 끌기 용 이벤트를 벌이는 것은 아닌가 하는 의구심마저 들었습니다.

그러나 얼마간 시간이 흐른 후에 저는 이 문제를 다시 돌아보게 되었습니다. 그 강좌에 참여한 분들이 과연 이 같은 의구심을 몰랐겠는가 하는 생각과 더불어 그들이 선택한 대상이 유독 노숙인이었다는 사실에 주목하게 되었던 것입니다.

대학에서 인문분야를 전공하긴 했지만, 학자가 아닌 저에게는 분명히 어떤 편견이 자리 잡고 있었던 것 같습니다. 인문학은 절박한 생계문제로부터 거리가 있는 학문이라는 것. 인문학을 이해하려면 상당한 수준의 기초소양이 있어야 한다는 것. 더 나아가 인문학이 논의되고 유통되는 공간은 대학사회와 그 주변이어야 한다는 것…. 다시 생각해 보게 되었다는 것은 이 모든 편견을 뒤집어 보게 되었다는 뜻입니다.

노숙인을 상대로 인문학 강좌를 기획한 분들이 전하고자 했던 메시지를, 저는 이렇게 이해합니다. '인문학이란 삶의 가치를 다루는 일이다. 문학이나 철학 또는 역사학이 오늘의 밥을 해결해 주지는 못하지만, 계속되는 인생에서 어떤 태도로 밥을 벌어야 하는지는 일깨워 줄 수 있다'라고 말입니다. 가치를 지향하고 고심하는 삶은 현재의 고단함에 매여 쉽게 좌절하거나 포기하지 않습니다. 청년실업 문제로 고심하는 젊은이들에게 인문적 사유가 필요한 까닭도 바로 그것입니다. 인문학이란 한가한 고담준론(高談峻論)이 아니라 내일의 삶을 개척하는 에너지원이자 상상력의 원천이라고, 인문학자들은 강조합니다.

기초소양이나 인문학이 자리하는 공간의 문제 역시 마찬가지입니다. 시대를 가로질러 인문학이 묻고 대답하고자 하는 영원한 주제가 삶의 의미라고 한다면, 그것으로부터 자유로운 사람은 아무도 없을 겁니다. 사회적 동물인 인간이 그렇게 사는 것은 불가능하기 때문입니다. 따라서 인문적 소양이란 노숙인에서부터 기업 경영자에 이르기까지 모든 사람에게 요구되는 세상살이의 기초라고 할 수 있습니다.

물론, 방송 종사자들도 그 같은 문제를 두고 고민합니다. 이제 대학은 지식과 문화 생산을 독점한 유일한 기관이 아니어서 여러 사회교육 기관이 그 영향력을 압도하는 형국이 되었습니다. 그중 대표적인 곳이 바로 신문이나 방송과 같은 언론매체라고 할 수 있을 겁니다. 방송국의 교양담당 프로듀서치고 인문적 내용을 담는 프로그램 제작에 대해 고민해 보지 않은 사람은 없다고 해도 과언이 아닐 겁니다. 하지만, 그런 프로그램이 극히 희귀한 것 또한 사실입니다. 모두 알고 있겠지만, 어찌 할 수 없는 시청률, 청취율이 철옹성 같은 장벽이기 때문입니다. 심지어 상업광고 수주의 압박을 덜 받는 공영매체 종사자들의 상황도 마찬가지입니다. 프로그램의 '인기'가 없다면 아무리 알찬 내용을 담아도 제작자는 무능하다는 평가를 받기 십상입니다. 정말, 웬만한 용기가 없으면 인문교양을 프로그램화하기란 몹시 힘겨운 일입니다.

K-TV의 「인문학 열전」은 바로 이 같은 환경에서 '용기 있게 무능해지기로 작정한' 제작진의 열정이 낳은 결과입니다. 진행을 맡아 기획단계 논의부터 참여한 저에게 「인문학 열전」은 모든 '안 된다'로부터 놓여날 기회였습니다.

방송 프로그램에서 출연자를 선정할 때 가장 고심하는 문제가 바로 '말솜씨'입니다. 저도 지난 15년간 여러 방송사에서 숱한 교양프로그램에 참여해 왔지만, 마이크 앞에서 방송에 걸맞게 말을 잘하는 사람은 따로 있는 것 같습니다. 저는 엄청난 공력을 보여주는 노작(勞作)의 저자가 방송에 출연해서 자신의 저서를 초라하게 만드는 '눌변'의 사례를 숱하게 보아 왔습니다. 그러다 보니 말재주가 뛰어난 인물만 여러 방송에 겹쳐 출연하는 일이 벌어지는 겁니다. 「인문학 열전」에서는 출연자가 눌변이어서 '안 된다'는 평가를 무시하고 오로지 해당 분야에 대한 그분의 학문적 역량만을 평가하기로 했습니다.

또 하나의 '안 된다'로부터의 해방은 이른바 '화제성'이었습니다. 기자들이 농담처럼 하는 말이 있습니다. 어떤 일이 한 사람에게 벌어지면 '사태가 고조되고 있다'라고 쓰고, 두 사람에게 벌어지면 '만연한다'라고 쓰는데, 세 사람째 벌어지면 아예 기사를 쓰지 않는다는 겁니다. 중요하더라도 관심에서 벗어나거나 일반화된 사안은 다루지 않는 것이 언론매체의 속성입니다. 인문학조차도 화젯거리가 되어야 기사화하지 않습니까? 그러나 「인문학 열전」에서는 주제에 화제성이 없어 '안 된다'는 평가를 전혀 개의하지 않기로 했습니다. 그러다 보니, 대학 강의실에서나 다루어질 내용을 왜 방송에서 하느냐는 질문도 받습니다. 그러나 인문학 담론이 반드시 시류의 화제에만 부응해야 하는 걸까요?

'안 된다'로부터의 해방을 나열하다 보니 빼놓을 수 없는 사항이 하나 더 있군요. 세상의 모든 전문인이 방송에 출연할 때 제작진으로부터 귀에 못이 박이도록 듣는 주문이 있습니다. "쉽게, 쉽게, 더욱 쉽게 말해주세요!"

그러나 「인문학 열전」에 출연한 학자들은 아마 정반대의 말을 들었을 겁니다. "어렵다고 비켜가시지 말고 충분히 말씀해 주세요."

프로그램 제작진은 주제를 쉽게 전달하려는 노력을 기울이면서도 내용의 함량은 결코 포기하지 않기로 했습니다. 일상적 대화에서도 모든 말을 알아듣고 완벽하게 소통할 수 없을진대, 하물며 인문학에 '쉬운' 담론이 어디 있을까 싶었습니다. 아울러 TV스위치만 켜면 자동으로 방영되는 공중파 프로그램과는 달리 채널을 스스로 선택해야 하는 이 프로그램을 시청하시는 분들의 높은 교양 수준도 고려했습니다. 한데, 이 책을 읽어 보시면 금세 아시겠지만, 꽤 전문적인 담론이 전혀 어렵게 느껴지지 않을 것입니다!

인문학의 이해는 '성찰'과 '지식습득'이라는 두 가지 경로를 통해 이루어집니다. 다시 말해 개인적 경험의 집적이 모두 인문적 내용은 아니라는 것입니다. 일삼아 별도의 노력이 필요하다는 뜻이기도 합니다. 이 프로그램에 출연하여 대담을 나눈 학자들은 한국의 지식인 계보에서 가장 높은 봉우리에 서 계신 분들입니다. 때로는 미시적 영역을 살펴보고, 때로는 거대담론을 펼치기도 하셨지만, 기본적으로는 인문학의 전문적 지식을 다루고 있습니다. 그 같은 전문성이 왜 일반인의 관심사여야 하는지를 알리고, 그 필연성과 필요성을 전달하는 것이 바로 이 책의 목표입니다. 아울러 이제 막 인식의 문을 두드리는 고교생이나 대학생이라면 이 대담 내용에서 힌트를 얻고 흥미를 느껴 출연자들의 본격적인 저서를 접하게 되기를 바랍니다.

그리고 무엇보다도, 이 책에 담긴 인문학적 담론들, 혹은 '보편적 상식'이 다수의 관심사가 될 때 세상은 좀 더 살 만한 곳이 되지 않을까요?

2009. 12. 25
김갑수

우리 인문학의 길

| 김경동 · 김기현 |

"인문학이 실생활에 어떤 도움을 주느냐고 묻는 사람이 생각하는 현실은 입고, 먹고, 자고, 돈을 버는 틀을 말합니다. 그런데 잘 생각해 보면 우리 현실에서는 단순히 의식주나 돈을 버는 등의 활동을 넘어서 우리에게 더 큰 충격을 주는 사건이 자주 벌어집니다. 다시 말해 현실에는 여러 층위가 있어서 기본적으로는 생물학적 욕구를 충족하는 차원이 있겠지만, 그보다 더 높은 차원도 있고, 또 그 차원을 넘어서 자기 존재의 본질적인 의미에 질문을 던지는 더 높은 차원도 있습니다. 그렇게 층층의 여러 차원이 우리 삶과 현실을 구성하고 있지요. 그런데 위 층위가 아래 층위보다 덜 현실적이라고 말할 수도 없고, 의미가 덜하다고 말할 수도 없지 않습니까?" (김기현)

김경동

KDI국제정책대학원 초빙교수, 서울대학교 명예교수, 대한민국학술원 회원.
서울대학교 사회학과 졸업, 미국 미시간대학교 사회학 석사, 미국 코넬대학교 사회학 박사.
한국사회학회 회장, 서울대학교 기획실장, 성곡학술문화 대상.
주요 저서: 『현대의 사회학』, 『한국사회변동론』, 『한국사회발전론』

김기현

서울대학교 철학과 교수.
서울대학교 철학과 졸업, 동 대학원 석사, 미국 애리조나대학교 철학박사.
서울대학교 인지과학협동과정 겸임교수.
주요 저서: 『현대인식론』

1. 새로운 계기를 맞은 인문학

김갑수   지난 몇 년 사이 일반인을 대상으로 각종 문화행사가 많이 열리고
있지만, 그중에서도 특히 눈에 띄는 현상이 있습니다. 바로 인문학
강의가 여기저기서 활발하게 진행되고 있다는 점입니다. 정부나 지
자체, 지역의 소규모 모임에서 열리는 인문학 강의도 흔히 볼 수 있
습니다. 그동안 대중에게서 외면당했던 인문학이 새로운 국면에 접
어든 것이 아닌가 싶은데, 오늘 서울대 사회학과 김경동 명예교수와
서울대 철학과 김기현 교수를 모시고 그 의미를 좀 더 깊이 새겨볼
까 합니다.
우선, 김경동 교수님 말씀부터 들어볼까요?

김경동   우리나라에서 인문학에 대한 일반의 관심이 높아진 현상은 매우 고
무적입니다. 그런데 이런 현상이 아직 시작 단계에 있으니까, 인문
학 운동을 긍정적인 방향으로 활성화하려면 어떤 시각에서 바라봐

대전광역시 대덕구 평생교육원에서 주민을 대상으로 '과학을 보는 눈 키우기'라는 제목으로 인문학 강의를 하고 있다. (2009. 9. 17)

야 할지 생각해 보는 일이 중요할 것 같습니다. 인문학은 본래 인류의 문명사적인 의미를 지니고 있지 않습니까? 그래서 오늘 주제의 큰 방향을 문명사적 의미에 두고 이야기를 나눴으면 좋겠습니다.

김기현   제 생각도 김경동 교수님 생각과 크게 다르지 않습니다. 인문학을 역사적으로 바라볼 때 저는 나름대로 이런 느낌이 있습니다. 1970~80년대, 제가 대학에 다닐 때만 해도 많은 사람이 인문학에 관심을 보였습니다. 유신 말기 어려운 시절에 이념적인 갈등도 많았고, 또 그 이후에 이념적 변화를 겪으면서 과연 우리가 어느 길로 가야 하느냐는 문제에 대한 고민도, 관심도 컸던 것 같습니다.

그런데 1990년대 소련과 동유럽 사회주의 정권이 무너지면서 신자유주의 물결이 세계로 퍼져 나갔고, 미국의 일방주의적 이념이나 경제 중심적인 사고가 지배하면서 지난 10~20년은 이념이나 사고가 매우 빈곤한 시대였던 것 같습니다. 그러다가 어느 정도 시간이 지나면서 다시 인문학적 관심이 되살아나기 시작했고, 특히 최근의 금융위기가 그런 현상을 더 부추기지 않았나 싶습니다. 다시 말해 인문학에 대한 대중의 새로운 관심은 그동안 걸어온 길에 대한 반성이랄까, 그런 계기와도 맞물린 것이 아닌가 합니다.

김갑수   세태는 계속 변하게 마련이지만, 요즘은 모든 것을 우리에게 얼마나 쓸모가 있느냐는 기준으로만 판단하는 분위기가 일반적인 것 같습니다. 먹고사는 데 인문학이 무슨 소용이야? 무슨 쓸모가 있어? 이런 말이 자주 들립니다. 그러면 인문학자들은 고심하는 눈치가 역력하지요. 뭔가 실생활에 쓸모 있는 말을 해야 할지, 아니면 인문학은 실용성과는 다른 맥락에서 이야기해야 한다고 주장해야 할지, 고심하는 눈치입니다. 현대 사회에서 인문학의 역할은 과연 무엇일까요?

김경동   지난해에 시민사회와 자원봉사를 주제로 책을 출간했는데, 부제를 '철학과 과제'라고 달았습니다. 왜 우리는 철학을 생각해야 하는지 좀 일깨워주고 싶었어요. 그런데 현장에 있는 분들이 그 책을 보고 많은 것을 깨닫고, 도움을 받았다는 이야기를 자주 합니다. 바로 그런 사

김경동, 『시민사회와 자원봉사』

레가 인문학이 우리 실생활과 어떤 관계가 있느냐는 질문에 대한 대답이 될 수 있겠지요. 말하자면 실생활에서도 인문학적 사고와 지식을 갖추는 것이 꼭 필요하다는 거죠.

김갑수　실생활에서 어떤 활동을 하든, 그 근본적인 의미를 파악하고 나름대로 정의를 내리지 않으면 누구나 삶의 공허함을 느끼게 되겠지요. 이 문제는 김기현 선생님의 전공인데, 인문학의 역할을 어떻게 규정하시는지요?

cf. 도정일, P.294

김기현　철학의 현실적인 쓰임새에 대한 질문은 강단에서 수없이 받습니다. 그럴 때 저는 현실의 개념을 우리가 너무 좁게 생각하는 것이 아니냐는 반대 질문을 던져봅니다.

인문학이 실생활에 어떤 도움을 주느냐고 묻는 사람이 생각하는 현실은 입고, 먹고, 자고, 돈을 버는 틀을 말합니다. 그런데 잘 생각해보면 우리 현실에서는 단순히 의식주나 돈을 버는 등의 활동을 넘어서 우리에게 더 큰 충격을 주는 사건이 자주 벌어집니다. 다시 말해 현실에는 여러 층위가 있어서 기본적으로는 생물학적 욕구를 충족하는 차원이 있겠지만, 그보다 더 높은 차원도 있고, 또 그 차원을 넘어서 자기 존재의 본질적인 의미에 질문을 던지는 더 높은 차원도 있습니다. 그렇게 층층의 여러 차원이 우리 삶과 현실을 구성하고 있지요.

그런데 위 층위가 아래 층위보다 덜 현실적이라고 말할 수도 없고, 의미가 덜하다고 말할 수도 없지 않습니까? 따라서 현실적으로 어느 한 층위에서만 존재할 수 없는 인간에게 아래 여러 층위에 대한 포괄적인 그림을 그려줄 수 있는 것이 바로 높은 층위에 있는 이념과 삶의 의미와 관련된 사고가 아니겠습니까? 저는 바로 이것이 인문학의 역할이라고 생각합니다.

cf. 황경식, P.152

사람이 세상을 살아가는 데에는 개인적으로나 사회적으로 항상 굴곡이 있게 마련입니다. 그럴 때 새로운 방향을 모색해야 할 필요가 있는데, 자기 삶의 의미를 알고, 삶을 포괄적으로 이해하는 사람과 그렇지 못한 사람 사이에는 큰 차이가 있습니다. 또한, 사회적으로도 포괄적인 공감대가 형성된 사회와 그렇지 못한 사회는 위기 상황에 대응하는 능력에서도 엄청난 차이가 나리라고 봅니다. 그래서 저는 결정적인 상황에서 큰 힘을 발휘하고, 우리 현실에서 더 중요한 비중을 차지하는 영역에서 개인적인 관점을 정립한다든가, 사회적 공감대를 형성하는 것이 바로 인문학의 역할이라고 생각합니다.

김갑수 　말씀하신 대로 현실은 다층적인데, 목전의 생존과 생계 문제에 걸려서 그것만이 현실이라고 생각하는 사람이 대부분인 것 같습니다. '인문학의 위기'라는 표현에 대해 김기현 선생님은 인문학의 위기라기보다는 한국 사회의 위기라고 표현하신 적이 있죠.

김기현 　네, 저는 인문학의 위기는 곧 한국 사회의 위기라고 보았고, 또 전체 한국 학문의 위기라는 생각이 들었습니다. 저는 학문 자체를 진단하는 것과 대학의 학과를 진단하는 것은 별개의 문제라고 생각합니다.

어느 인기 학과에 학생이 많이 몰려서 북적거린다고 해서 그 학문이 발전하고 있다고 말할 수 있느냐. 사실, 그렇지 않은 것 같습니다. 학생들이 그 학과에서 필요한 지식만 얻어서 취업 전선으로 나가고, 학과 자체는 학문적으로 빈곤해서 후속 세대가 어떻게 될지도 모르는 상황에 놓여 있는 사례가 비일비재합니다. 이런 상황은 순수학문만이 아니라 응용학문도 마찬가지입니다. 그런 관점에서 학과의 흥성이 곧 학문의 흥성은 아닌 것 같습니다. 물론, 과거 10년 동안 다른 학문에 비해 인문학이 더 큰 위기에 놓여 있었다는 사실을 부정하지는 않지만, 학문적으로 봤을 때 다른 학문도 그만큼 위기 상황에 있지 않았나 싶습니다.

cf. 도정일 P.296

김경동   같은 맥락에서 볼 때, 얼마 전 세계를 패닉 상태로 몰아갔던 금융위기, 혹은 경제위기의 배경에도 인력의 문제가 있습니다. 우수한 두뇌를 가진 젊은이들이 대학을 나와 월가

1792년 창립된 세계 제일 규모의 뉴욕 월가 증권거래소

(Wall Street)로 들어가서 과연 뭘 했는지, 이걸 한번 생각해 봐야 한다는 거예요. 말하자면 거기에 문명사적 전환의 중요한 대목이 있다는 겁니다. 사람들의 관심이 모두 그쪽에 쏠려 있는데, 돈벌이하는 것 자체가 나쁘다는 게 아닙니다. 자본주의 사회에서 좋은 사업을 하

고 돈 많이 버는 사람이 많이 있습니다. 그런데 소위 '월가'라는 상징적 장소에서 우수한 사람들이 돈벌이 할 때 어떤 심성을 가졌는지, 생각해 볼 필

2008년 9월 14일 미국의 리먼 브라더스 홀딩스의 파산으로 촉발된 전 세계적 금융위기로 한국경제도 큰 타격을 받았다.

요가 있습니다. 그들이 어떤 자세로 돈을 벌었는지, 또 돈을 벌어서 무엇을 하겠다는 자기 나름의 철학적 성찰이 있었는지, 아니면 그저 돈벌이 자체가 목적이고 그것이 전부였는지, 생각해 보자는 겁니다. 그렇다면, 사람들이 어떻게 생각하고 행동했기에 2008년 말에 전 세계적으로 수많은 사람을 고통으로 몰아넣었던 경제위기가 어떻게 왔는지도 알 수 있지 않겠어요?

2. 대중 인문학의 미래를 위하여

김갑수   전반적으로 인문학적 관심이 높아진 추세는 피부로 느껴집니다. 그
런 추세의 일차적 증거는 아무래도 책의 판매량이 아닐까 해요. 책

김갑수 사회자

이 많이 출간된다거나, 많이 읽힌다거나. 그런데
그런 점에서 우려가 앞섭니다. 제가 2008년 도서
출간 통계를 보니, 불황 때문에 출간 종수가 절대
적으로 줄었는데 그래도 매출은 크게 줄지 않았습
니다. 하지만, 많이 팔린 책을 보면 대부분 참고서
입니다. 그중에서도 영어학습서가 엄청난 부분을
차지해요. 다시 말해 실질적으로 인문학적 수요가
증가했다고 보기는 어렵다는 겁니다.

김기현   글쎄요, 인문학적 수요를 책의 판매로만 가늠하기는 어렵지 않을까
요? 출판 사업도 경제불황과 직접적으로 연관된 부분이 있겠지요.

게다가 요즘 인문학을 접할 기회는 책만이 아니라 대중 강연이나 인터넷 강좌 등 다양한 형태를 통해서 늘어나는 추세입니다. 대학의 인문학 강좌 외에 제도권 밖에 있는 단체들이 주관하는 강연과 그에 대한 수요가 지속적으로 늘고 있으니까요. 그런데 자칫 이런 현상이 일시적인 유행이나 유한계급의 문화 취향에 그치지 않을까 우려됩니다. 저는 인문학이 저변을 조금 더 확대하고 사회에 뿌리를 내리는 방향으로 나아가야 한다고 생각합니다.

cf. 도정일, P.309

김경동   독서에 관해서도 우리 사회가 조금 더 깊이 성찰해야 할 측면이 있

는 것 같습니다. 일반 시민 가운데 여가에 책을 읽는 사람은 극소수입니다. 이것은 우리가 근본적으로 문화와 교양에 관한 관심을 별로 중시하지 않는 태도에서 비롯된 것 같습니다. 그래서 앞으로 인문학을 이야기할 때는 학문적 위상을 넘어서 우리 교육에 교양이 차지하는 위치가 어떤 것인지, 얼마나 큰 비중을 차지하는지, 이런 이야기를 반드시 해야 할 것 같습니다.

김경동 교수

김갑수   지금까지 우리 사회에서 인문학의 현실을 살펴봤습니다만, 앞으로 인문학자들에게 주어진 과제가 있다면 어떤 것일까요?

김기현   인문학자로서 인문학에 대한 일반인의 관심이 높아진 것은 매우 고무적인 현상이지만, 한편으로는 어깨가 무겁습니다. 이전에 인문학

이 어려운 시절을 보낼 때 그것이 마치 제 책임처럼 느껴졌는데, 인문학에 대한 관심이 되살아나면서 과연 저는 거기에 얼마나 이바지했는지 생각해 보면 한편으로 부끄럽기도 합니다. 이번 기회가 다음 단계로 나아갈 중요한 계기가 되었으면 합니다. 그리고 앞으로는 인문학이 강단의 학문만이 아니라 대중 속에 깊이 파고들어서 인문학적인 담론을 구성하고 사람 사이의 대화를 주도하는 학문으로서 제도권 밖의 여러 단체와도 함께 일할 수 있게 되기를 바랍니다.

김경동 　오늘날은 학문의 통섭이 이루어지는 시대인 만큼, 사회과학자나 자연과학자도 인문학자들과 함께 토론하고 담론을 생산하는 데에도 참여합니다만, 이런 움직임이 좀 더 활발해지기를 바랍니다. 그래서 우리 국민 전체가 진정한 의미에서 인문적으로 사유하고, 교양 있는 시민이 되는 일이 아주 중요하다고 봅니다. 그러면 정치인들도 훨씬 더 교양 있는 정치를 하고, 기업인들도 훨씬 더 교양 있는 사업을 하고, 또 언론인들도 훨씬 더 교양 있는 언론활동을 하게 되겠죠. 그런 식으로 인문학은 국민 전체의 교양을 위해 해야 할 일이 많이 있다고 생각합니다.

3. 다른 여러 학문과 소통하는 인문학

김갑수   정부에서는 인문학을 바탕으로 자연과학, 생명과학, 첨단기술 등의
영역을 통섭하는 창의적 소프트파워를 개발하고, 정부 정책 기조에
도 인문학을 바탕으로 한다는 계획을 세우고 있다는데, 이러한 새로
운 조류가 정책적으로나 현실적으로 반영된다는 것이 참 신기하다
는 느낌마저 들었습니다. 이 점에 대해서 두 분 선생님의 의견을 듣
고 싶습니다.

cf. 최재천, P.48

김경동   요즘 통섭이라는 말을 자주 사용합니다만, 정보통신기술 분야에서
는 이것을 퓨전, 융합이라고도 하죠. 미국에서는 대학에서 컴퓨터
공학을 전공하는 사람이 부전공으로 정치학이나 심리학을 하는 등
여러 학문을 동시에 공부하는 사례가 매우 빈번합니다. 여러 학문이
칸막이로 나뉘어 각기 독립적으로 존재하는 것이 아니라, 학생을 교
육하는 과정에서부터 이렇게 융합이 일어나는 거지요. 그러니까, 교

수나 학자도 이제 자기 영역에 담을 쌓아 놓고 그 안에만 머물 수 없는 겁니다. 모든 걸 개방하고, 과거에 전혀 상관없는 것처럼 여겼던 다른 학문과도 교류하면서 새로운 영역을 지속적으로 개척해 나가야 하는 시대가 온 것입니다. 예를 들어서 인간의 생명에 관한 문제도 이제 의사만의 몫이 아니라 공학이나 기술 등 다른 분야에서도 직접적으로 관여하고 있지 않습니까? 그런데 가장 기본적인 바탕에는 뭐가 있습니까? 바로 인문학을 포함한 여러 가지 기초학문이 있습니다. 그 기초학문이 토대를 잘 구성해야 다른 학문 사이에 융합도 일어나고 학문도 발전합니다. 정부에서 구상하는 여러 가지 프로그램이 그런 발상에서 출발한다면 뜻있는 정책이 되리라 봅니다.

cf. 김광웅, P.89

김기현   방금 말씀하신 대로 미국에서는 1970년대부터 학문 간 융합이 매우 활발하게 진행되었습니다. 우리나라에서도 1980년대부터 학문 간에 벽을 허무는 경향이 계속되는 중이죠. 인지과학을 예로 들자면 컴퓨터 공학, 심리학, 신경과학 전공자들이 각기 인간의 인지에 대해 연구하면서 서로 필요에 의해서 만나게 되고, 그러다 보니 인간의 마음이 무엇이냐는 근본적인 문제에 부딪히면서 철학이 개입하는 등 각각의 학문이 결합하여 형성된 것이 바로 융합 학문입니다.

그런데 이 융합 현상이 마치 유행처럼 되어서 정부나 기관이 탑다운 (top-down) 방식으로 어떤 주제와 연구를 강제한다면 융합 학문이라는 것이 제대로 성장할 수 없다는 점을 경계해야 합니다. 그보다는 학문 간에 서로 문을 열어 놓고, 연구자들이 서로 대화하고, 필요에 의해 자발적으로 융합이 형성되어야 합니다.

4. 학문의 세계화

김갑수   학문 간의 장벽을 허무는 일도 중요하지만, 공간적으로 학자들이 서로 교류하는 것도 중요한 과제겠지요. 서울에서 2008년 세계철학자대회라는 큰 행사도 치르지 않았습니까?

김기현   네. 세계철학자대회는 5년마다 열리는 국제적인 행사로 100년의 전통이 있습니다. 지난 행사는 우리나라에서 개최했고, 제가 실무를 맡았습니다. 전 세계에서 1,500명의 철학자가 참가했는데, 개최지가 최초로 미국과 유럽권역을 벗어났다는 점에서 큰 의미가 있다고 생각합니다. 다시 말해 이제는 서양 철학이 세계 철학을 주도한다고 말할 수 없는 상황으로 이 대회에서도 수많은

김기현 교수

2008년 서울대에서 열린 세계철학자대회

동양철학 담론이 소개되었습니다. 그리고 특히 고등학생들을 위한 철학 캠프도 반응이 좋았고 일반인의 참여도 매우 활발했는데, 저는 이 행사를 통해서 인문학의 저변이라든가 분위기의 변화를 피부로 느낄 수 있었습니다.

김갑수 음악 분야를 보면 우리나라 음악가들의 수준이 세계적인데도 국제 사회에서의 노출도는 상당히 떨어진다는 문제가 있더군요. 세계철 학자대회가 그렇게 큰 성과를 거두었다는 이야기를 들으니, 더욱 적 극적으로 문호를 개방하고 교류도 많이 해야겠다는 생각이 듭니다. 학문 연구도 이제 연구실에서 열심히 책만 읽을 것이 아니라, 세계의 현장을 뛰어다니는 노력이 필요하지 않겠습니까?

김기현 　네. 어떻게 보면 학문을 평가하는 척도가 서양 중심으로 되어 있고, 설령 그 척도를 기준으로 삼는다고 해도, 우리 학문적 성과가 그쪽에 잘 알려지지 않는다는 문제도 있어서 평가 차원의 교류도 매우 중요합니다. 그리고 단지 평가 차원만이 아니라 인문학자 사이의 국제적 대화가 필요한 이유도 있습니다.

예를 들어 어떤 사람의 경제적 지위가 변하고, 조건이 변했을 때 생각 역시 바뀌어야 하는데, 그렇지 못하면 여러 가지 문제가 발생하지 않습니까? 우리가 자주 세계화를 이야기하는데 주로 경제적인 세계화를 의미하는 것 같습니다. 경제에 장벽은 없다는 거죠. 그런데 과연 장벽이 사라진 경제 시장에 걸맞게 장벽이 없는 의사소통 구조가 있는지, 공감대가 형성되었는지를 살펴보면 경제적인 차원의 세계화에 상응하는 이념적이고 가치적인 세계화는 아직 진행되지 않는 것 같습니다. 그래서 저는 경제에 부응하는 사고의 세계화가 이루어지고, 공통으로 추구하는 가치가 정립되어야 진정한 세계화가 가능하다고 봅니다.

물론, '공통의 가치'라는 것이 형성되리라고 보지는 않습니다. 같은 생각을 하는 사람끼리만 모여야 잘사는 것은 아니거든요. 다른 가치를 믿는 사람들도 다양하고 더 풍요로운 조건을 만들 수 있듯이, '세계'라는 범주에서 이루어지는 대화도 아주 중요한 것 같습니다. 우리는 상대방이 어떤 가치를 믿는지를 알고, 그것을 인정했을 때 공존할 수 있는데, 세계화가 문화적인 차원에서 이루어지지 않은 상태에서는 오해와 마찰이 발생할 소지가 있겠지요.

5. 인문학의 미래 과제

김갑수   김 교수님 말씀대로 국제 간 교류는 학문뿐만 아니라 모든 부문에서
관심을 두고 활성화해야 할 과제인 것 같습니다. 이제 인문학 범주
에서 우리가 앞으로 어떤 노력을 기울여야 할지 말씀해 주시죠.

김기현   네, 앞서 말씀드렸듯이 인문학에 대한 관심이 새로이 고조되는 분위
기인데 이것이 꽃피지 못한 싹으로 남아서는 안 될 것 같습니다. 그
리고 또 이것이 유한계급의 사치품으로 남아서도 안 되겠지요.
인문학은 그저 '있으면 좋은 것'이 아니라 생존의 필요조건인 공통의
가치관이자 문화이고, 품격 있는 삶을 위한 최소한의 조건이라고 생
각합니다. 그랬을 때 대중에게 인문학은 하나의 바람이 아니라 저변
으로서, 우리 사회 전체의 공감대를 형성하는 계기가 되리라 봅니다.
물론, 공감대라는 것이 어떤 최종적 결론에 따라 형성될 수는 없겠지
만, 인문학적 삶에 대한 관심을 통해서 서로 대화할 수 있는 선한 분

위기라고 생각합니다. 다시 말해 우리가 자신의 삶에 대해 자긍심을 가질 수 있는 분위기가 형성되는 계기가 되었으면 좋겠습니다.

cf. 문용린, P.107, 121

김경동 저는 인문학적 삶과 관련하여 교육을 이야기하지 않을 수 없습니다. 지금 우리는 기본적으로 교육이 왜 필요하고 왜 중요한지, 잘못 생각하고 있다는 문제의식에서부터 출발해야 합니다. 즉, 교육에서 인문학적 교양을 완전히 무시해도 전혀 문제없다는 사고가 바로 문제입니다.

공자 말씀을 굳이 인용하지 않아도, 배우고 또 익히니 좋은 것이고, 배운 결과 좋은 학교에도 가고 좋은 직장에 취직도 할 수 있다는 것이 교육의 진가인데, 이것이 거꾸로 되어 있다는 겁니다. 좋은 직장에 취직하기 위해서 좋은 학교에 들어가야 하고, 좋은 학교에 가려면 값비싼 사교육도 받아야 하는 상황에서 진짜 교육은 상실된, 애석하고 바람직하지 못한 현상이 계속되고 있습니다.

그래서 가정에서 책을 많이 읽자는 겁니다. 부모가 자녀와 함께 동화책도 읽고, 만화책도 읽고, 동시도 읽으면서 어린 아이들이 일찍부터 교양을 쌓는 훈련을 집에서부터 한다면 인문학적 소양도 자연히 길러지리라 봅니다.

학교에서도 학생들이 시험공부만 하는 게 아니라, 시도 읽고, 음악 감상도 하고, 연극도 하고, 또 역사 공부도 암기만 할 것이 아니라, 역사적 사건의 의미를 함께 토론하는 등 교양이 살아 있는 교육을 해야 합니다. 그래서 인문학이라는 것이 대학의 전공이 아니라, 국민 전체가 향유하는 교양과 문화가 되게 하려는 노력이 절실하다고 생각합니다.

인문학적 동물, 인간

"인간은 세계와 다양한 관계를 맺으며 산다.

이 관계는 환경을 자신의 필요에 맞게 이용하려는 행위들로 이루어진다.

이 과정에서 인간은 주어진 조건의 반복적 습관을 통하여 단순히 반사적으로 반응하는 데 머물지 않고 체계적이고 조직적으로 대응한다.

이것이 바로 인간을 다른 수많은 동물들로부터 구분시켜 고등동물이게 하는 한 중요한 특성이라 해도 무리가 아닐 것이다.

인간이 환경에 대하여 체계적이고 조직적으로 대응한다 함은 세계에 대한 포괄적 지식을 근거로 하여 행동하는 능력이 있음을 의미하며 한 행위가 어떠한 결과를 낳을 수 있는가를 알 수 있음을 의미한다.

그렇다면, 세계뿐 아니라 인간의 본성 및 특성을 이해하고자 하는 철학이 앎의 문제에 관심을 가지는 건 당연하다고 할 수 있다.

더 나아가 많은 철학자들은 지식의 추구는 상황에 효율적으로 대응하기 위한 도구적 효용성 때문만이 아니라 그 자체가 숭고한 가치로서 인간을 규정한다고 주장하고 있다."

김기현, 『현대인식론』 중에서

김갑수   김기현 선생님은 『현대인식론』의 서론에서 인간이 다른 동물과 다른 점을 지적하셨죠? 이 대목을 한마디로 정리하신다면?

김기현   인간이 다른 동물과 구분되는 가장 중요한 특성 가운데 하나는 상황에 반사적으로 대응하는 것이 아니라, 사고를 거쳐서 대응한다는 점입니다. 바로 그런 점에서 인간은 고등동물이고, 바로 그 점이 인간의 고유성을 이루는 부분이기에 인간이 지식을 갖는다는 것, 세상에 대해 알고 무엇인가를 탐구하는 것이 철학의 주제가 되었다는 것을 이야기하고 싶었습니다.

김갑수   이제 김경동 선생님이 쓰신 『현대의 사회학』의 한 대목을 읽어보겠습니다. 이 글은 오늘 주제와 관련하여 인문학적 삶의 자세를 말씀하신 것처럼 여겨지기도 합니다.
        1978년 처음 이 책이 처음 나왔을 때 저는 대학교 1학년이었는데 지금도 꾸준히 읽히고 있죠. 누구나 한 번은 읽어야 할 우리 시대 대표 저작물 가운데 하나라고 생각합니다.

인간주의 에토스로 돌아가라

우리가 진정으로 바라는 바, 그리고 높이 우러러야 할 가치가 과연 무엇인가를 새기고 되새겨야 할 것이다.

여기에는, 우리는 인간의 존엄성보다 더 높은 가치를 찾을 수 없다는 냉엄한 역사의 교훈을 다짐하는 까닭이 있다.

그러기에 내일을 내다보는 사회학적 관심은 인간적 관심 그것이며, 근세 이후 다지고 다져온 인간주의의 에토스로 돌아가야 하는 것이다.

그러한 미래 창조의 길에 우리가 갖추어야 할 가장 긴요한 자질은 우리의 심성과 욕구체계와 사유와 생활 태도와 사회 구조와 조직의 원리 모두에서 유연성을 유지하는 일이다.

그래야만 어떤 상황에 닥치든지 적응하고 대처하면서 언제나 새로이 창조하는 슬기를 가질 수 있다.

이 유연성의 사상을 가장 잘 보여준 노자는 유연하고 약한 것이 살아있는 상태고, 굳고 강하면 실은 죽은 것이라 하였다.

그의 명언 한 구절만 소개함으로써 마무리한다.

"사람이 살아있을 때는 부드럽고 약하지만 죽으면 굳고 강하다. 초목도 살았을 때는 부드럽고 약하지만 죽으면 말라 굳어버린다. 그러므로 유약함은 삶의 현상이요, 굳고 강함은 죽음의 현상이다."

김경동, 『현대의 사회학』 중에서

새롭고 낯선 유혹, 통섭

| 최재천 |

"저는 우리 사회에서 문제로 남아 있는 것들에 통섭이 필요하다고, 거의 단언합니다. 간단한 문제들에 대한 프로토콜은 이미 우리가 다 가지고 있어요. 답이 있다는 겁니다. 이제 우리 사회가 씨름해야 할 것들은 모두 복잡계 수준의 문제예요. 예를 들어 대운하 문제 같은 것이 그렇습니다. 대통령께서 간단하게 생각하셔서 문제를 풀어나가시려다가 계속 저항에 부딪히는 이유는 그것이 운송의 문제도 아니고, 관광의 문제도 아니기 때문입니다. 거기에는 환경 문제도 있고, 국민의 정서 문제도 있고, 신뢰의 문제도 있습니다. 거의 모든 분야 사람들이 다 함께 풀어야 하는 문제가 있다는 거죠. 쇠고기 파동도 간단히 쇠고기 문제인 줄 알았는데, 그 안에 온갖 사회문제가 들어 있었잖아요. 우리 사회가, 인간 사회가 앞으로 풀어야 할 문제들은 어느 한 분야가 답을 낼 수 없습니다. 그래서 여러 분야 사람들이 함께 모여서 문제를 풀어야 한다는 것은 거의 필연적인 순서지요."

최재천

이화여자대학교 에코과학부 석좌교수, 미국 뉴욕 자연사박물관 객원연구원.
서울대학교 동물학 학사, 미국 펜실베이니아 주립대학교 생태학 석사, 미국 하버드대학교 생물학 박사.
서울 국제생태학회 공동위원장, 전 서울대학교 생명과학부 교수. 전 환경운동연합 공동대표, 전 한국생태학회 회장.
주요 저서: 『대담』, 『열대예찬』, 『생명이 있는 것은 다 아름답다』

1. 통섭이란 무엇인가?

김갑수   언제부터인가, 학문의 지형이 달라지고 있다는 느낌이 듭니다. 새로운 학문이 생겨나는가 하면, 종래 대학에서 중요하게 여기던 학과가 사라지기도 합니다. 특히, 대학에서는 여러 학문 간의 경계가 허물어지고, 새로운 주제를 중심으로 학과가 통합되는 현상이 도드라집니다. 이런 현상은 결국, 인간이 현대의 삶에 적응하여 살아가는 데 필요한 지식의 질이나 성격이 변하고 있다는 뜻도 되겠지요.

생태학자 최재천 교수님은 오래전부터 통섭의 필요성을 설파하시는데, 이제는 낯설지 않은 용어가 되었죠?

최재천   얼마 전에 지하철 안에서 30대 회사원처럼 보이는 두 분이 '통섭'이라는 용어를 사용하시는 걸 보았습니다. 우리 사회가 안고 있는 여러 가지 문제에 대해 이런저런 말씀을 나누시다가, 한 분이 그러시더군요. "그래서 통섭을 해야 하는 거야." 그래서 제가 '아, 이제 일반인도 통섭이란 말을 쓰기 시작했구나라고 생각했습니다.

김갑수 가령, 종교나 학술 분야에서 사용하던 용어가 일상생활에서 쓰이기 시작했다면 그만큼 그 의미의 폭이 넓어졌다는 말이겠지요?
그런데 최 교수님은 인물 자체가 사람들 관심의 대상인 것 같습니다. 그동안 워낙 많은 일을 하셔서 사람들에게 깊은 인상을 남기셨기 때문이겠지요. 심지어 주무실 때도 주먹을 꼭 쥐고 주무신다고 하셨잖습니까?

최재천 글쎄, 제가 어떤 맥락에서 그런 말을 했는지는 기억이 안 납니다만, 어머니 말씀이 제가 태어날 때 손을 이렇게 꼭 쥐고 나왔답니다. 손을 안 펴더래요. 요즘도 그런지는 모르겠지만, 제가 긴장을 잘 못 푸나 봅니다. 그래서 자면서도 놓치기 싫은 뭔가를 움켜쥐는 모양이에요. 우리 강산에서 자꾸 사라져가는 생물, 우리 주변에서 자꾸 사라져 가는 고운 생각, 이런 것들이 우리 곁을 떠나는 게 너무 아쉬워서 붙잡고 자나 보다… 그런 글을 어딘가에 쓴 것 같아요.

사라져가는 것들에 대하여

"지금은 강릉비행장 확장공사 때 휩쓸려 넘어지고 없지만, 예전에는 내가 태어난 바로 그 집이 늘 날 기다리고 있었다. 뒤뜰의 자두나무도 내 혀 밑을 간질이며 기다리고 있었다.

나는 꿈속에서 종종 그곳으로 돌아간다. 소나무 숲 가장자리를 휘몰아 돌아선 후 감나무 밑으로 걸어 올라가는 내 모습을 일 년에 꼬박 몇 번씩은 본다. 무엇이 날 끊임없이 그곳으로 잡아당기는 것일까. 무엇이 자꾸만 자연으로 돌아가게 만드는 것일까.

그런데 자연이… 이제 우리 곁을 떠나려 한다. 아니 우리가 그런 자연을 저만치 끊어내려 하고 있다. 내 손안에 쥐고 있는 것들은 그런대로 남아 있지만, 남의 손에 맡긴 것들은 자꾸만 사라진다. 언젠가는 내 손까지 펴고 빼앗아 가리라.

어쩌다 보니 나는 직업도 사라지는 자연을 붙드는 걸 택하고 말았다. 그리고 언제부터인가 잘 때도 손을 꽉 움켜쥐는 버릇이 생겼다.

오늘 저녁엔 왜 풀벌레 소리도 들리지 않는 것일까…"

김갑수   일단 용어부터 생각해 보죠. 이 통섭이라는 말은 선생님이 창안하신 거죠?

최재천   저는 그 말을 제가 만든 줄 알았는데 나중에 알고 보니 아니더군요. 통섭이란 용어는 에드워드 윌슨[1] 선생님의 책 Consilience, The Unity of Knowledge의 'Consilience'를 번역한 말입니다. 윌슨 선생님이 사용하신 그 컨실리언스라는 단어는 두툼한 영어 사전에도 안 나옵니다. 이전에 영국의 자연철학자 윌리엄 휴얼[2]이 사용하던 용어인데 그냥 사라져 버렸거든요. 그런 사어(死語)를 윌슨 선생님이 발굴하서

에드워드 윌슨   윌리엄 휴얼

---

1) Edward Osborne Wilson(1929~): 미국의 생물학자, 사회생물학 연구자, 자연보존주의자. 그의 전공은 곤충학 중에서도 개미학(myrmecology)이다. 두 차례에 걸쳐 퓰리처상을 받았다. 하버드대학 유기체 진화 생물학과의 곤충학 연구소 명예교수로 재직 중(2007).

2) William Whewell(1794~1866): 영국의 과학자. 성직자, 철학자, 신학자, 과학사가. 과학 분야가 세분화하는 상황에서 오히려 다양한 분야의 지식을 두루 섭렵한 인물로 유명하다. 조수의 흐름에 대한 연구로 왕실 훈장을 받았으며, 기계학, 물리학, 지질학, 천문학, 경제학을 연구했을 뿐 아니라 시를 쓰고 괴테의 작품을 번역하고 설교문과 신학논문을 저술하는 등 다양한 활동을 펼쳤다. 특히, 과학의 발전을 체계화한 두 권의 방대한 저술,『귀납적 과학의 역사(History of the Inductive Sciences)』(1837)와『과학의 역사적 기초 위에 성립된 귀납적 과학 철학(The Philosophy of the Inductive Sciences, Founded Upon Their History)』(1840)을 남겼다.

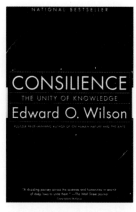

에드워드 윌슨의 책『*Consilience,
The Unity of Knowledge*』1999

서 사용하셨어요.

윌슨 선생님이 책에서 설명하셨지만, 서로 다른 분야의 이론과 지식을 한데 묶어서 뭔가 새로운 것을 만들어 가는 현상을 지칭하고 싶은데 적당한 말이 없는 거예요. 컨버전스convergence, 하이브리드hybrid, 퓨전fusion, 인터그레이션 integration, 유니피케이션unification… 별의별 말이 다 있는데, 그 말 하나하나에 사람들은 이미 선입견을 갖고 있다는 거죠. 그래서 애써 컨실리언스라는 고어를 발굴하신 겁니다.

저도 처음에 이 책을 번역하겠다고 겁 없이 덤벼들었다가, 도대체 그 '컨실리언스'라는 말을 어떻게 번역해야 할지 정말 난감했습니다. 저도 윌슨 선생님이 하셨던 것과 똑같은 고민에 빠지더라고요. 정합 (整合), 합일(合一), 융합(融合), 통합(統合), 통일(統一)… 별의별 말이 다 있는데 어느 것 하나도 명확하게 그 컨실리언스의 의미를 전달하지 못하는 거예요. 그래서 거의 1,2년간 우리말 사전을 끼고 살았어요. 틈만 나면 그 생각만 하며 지냈는데, 아무래도 좋은 말이 떠오르지 않았어요.

그런데 하루는 어느 두툼한 사전에서 '통섭(通涉)'이라는 말을 발견했어요. 통할 통(通) 자에, 건널 섭(涉) 잔가요? 섭렵(涉獵)이라고 할 때 이 글자를 쓰는데, 뜻은 '널리 소통함'이라고 되어 있어요. 아, 이거 비슷하다…. 그런데 윌슨 선생님이 설명하신 컨실리언스에는 그냥 소통만 있는 게 아니라 소통에서 뭔가 한 걸음 더 나갔단 말이에요. 그렇다면, 이건 아닌데…. 그래서 그 단어를 놓고 만지작거리다가, 한문학을 한 사람도 아닌 제가 겁도 없이 한번 바꿔치기해볼까, 하는 생각에 통(通) 자도 통(統)으로 바꾸고 섭(涉) 자도 섭(攝)으로 바꿨어요. 그러고는 인문학 전공하시는 선생님들한테 '이런 단어가 이런 뜻으로 쓰입니까?' 하고 여쭤봤어요. 그때 제게 힘을 주신 분이 한양대학교 국문과에 정민 교수님인데, 정 선생님이 한자의 뜻을 풀이해 보면 제 생각에 가장 적합하게 맞는 것 같다고 하셨습니다. 그래서 그렇게 정하고 나서 어느 공개석상에서 그 말을 제가 만들었다고 자랑한 적이 있는데, 불교학 하시는 선생님이 황급히 제 입을 막으시더라고요. 아니, 이게 원효대사님이 늘 쓰시던 말인데, 그걸 대놓고 최 선생이 만들었다고 하면 어떡하느냐고. 그래서 제가 찾아보니까 정말 원효대사님의 화엄(華嚴)사상, 화쟁(和諍)사상을 설명하시기 위해서 쓰는 말이더라고요.

제 지도교수님은 학식이 깊으셔서 의도적으로 고어를 발굴해서 쓰셨는데, 저는 뒷걸음질 치다가 뭘 물컹하고 밟았는데 그게 바로 원효대사님 것이었죠.

김갑수   통섭이라는 단어가 그런 과정을 거쳐서 만들어졌고, 이제는 지하철에서 들릴 만큼 널리 퍼졌습니다만, 그래도 일상용어의 수준에서 한 걸음 더 나아간 의미에서 통섭이 무엇인지, 간략하게 설명해 주시면 좋겠습니다.

최재천   2006년 가을에 서울대학교 개교 60년 학술대회에 오라고 하셔서 갔습니다. 그날 김광웅 교수님이 발제하시면서 서울대학이 21세기에 살아남으려면 적어도 대학원에서는 학문의 경계를 허물고 '통섭대학원'을 만들어야 한다고 말씀하시더군요. 그런데 거기서 어떤 분이 통섭이란 말의 어감은 좋다, 그런데 우리가 그동안 늘 말하던 통합이나 융합하고 어떻게 다르냐고 물으시더군요. 글쎄, 이걸 어떻게 설명해야 하나…. 저도 명확하게 정리하고 싶었는데 미처 준비가 안 된 상태였죠. 그런데 그날 참 재미있는 경험을 했어요. 인터넷 백과사전 위키피디아가 만들어지는 과정을 직접 목격한 겁니다. 마이크가 제게 오는 도중에 다른 선생님들이 마이크를 잡고는 그냥 보내질 않으시더라고요. 그래서 마이크가 이리저리 돌아서 저한테 왔을 때에는 이미 설명이 다 됐어요.

김갑수   아, 여러 선생님이 한 말씀씩 보태시면서 개념이 정립되었군요.

최재천   네. 그래서 저는 그저 통합은 이거고, 융합은 이거고, 통섭은 이거군요, 이렇게 정리만 했어요.
통합은 물리적으로 이질적인 것들을 그냥 한데 묶어놓은 것입니다. 융합은 하나 이상의 물질이 함께 녹아서 화학적으로 서로 합쳐지는 것을 말해요. 그런데 그날 그 자리에서 한두 분이 '거기서 그치면 통섭이 아니지. 거기서 뭔가 새로운 게 만들어져야지'라고 하시는 거예요. 그래서 제가 "자식을 낳아 달라는 얘기입니까? 그럼 통섭은 생물학적이군요?" 그렇게 대답했습니다. 그럼, 통합은 물리적이고, 융합은 화학적이고, 통섭은 그냥 거기 섞여 있는 상태로, 녹아 있는 상태로 멈춘 게 아니라 거기서부터 뭔가 예상치 못했던 새로운 게 만들어지는, 번식하는, 생물학적인 어떤 합침을 의미한다는 거지요. 이건 생물학의 근본 속성과도 아주 잘 어울려요.

예를 들어 한 인간을 구성하는 백조 개의 세포를 물리적으로 다 통합하고, 세포 속성을 화학적으로 다 융합해도, 우리는 그 인간을 이해할 수 없습니다. 왜냐면 세포가 조직이 되고, 조직이 기관이 되고, 기관이 개체가 되는 각각의 단계, 그 관계에서 전혀 예상치 못했던 새로운 속성들이 나타나거든요. 그걸 찾아내는 학문이 바로 생물학입니다. 그러니까 통섭이라는 게 다분히 생물학적이라는 생각이 들어서 그렇게 정리하니까 제 머릿속에서는 아주 명료합니다.

통섭은 그저 합쳐지는 데서 그치면 안 되고, 거기서 뭔가 새로운 것이 태어나야 합니다. 그래서 저는 처음에 그걸 비빔밥에 비유해서 설명했습니다. 여러 가지 나물도 넣고 밥도 넣고 고추장, 참기름 넣어서 비비면, 재료 하나하나의 맛만 있는 게 아니라 뭔가 새로운 맛이 나잖아요. 그런데 어떤 분이 인터넷에서 "최 선생님, 비빔밥은 좀 섭섭하지요. 발효가 되어서 전혀 새로운 맛이 나는 김치나 장 정도는 되어야 통섭 아니겠습니까?"그러시더라고요. 그래요. 통섭은 김치나 장이죠.

2. 왜 통섭해야 하는가?

김갑수   그전에도 학제간 연구라고 해서 여러 연구자가 협업하는 움직임들
이 있었습니다만, 지금 최 교수께서 말씀하시는 통섭은 거기서 한
걸음 더 나아가 새로운 결과물이 되어야 한다는 것이군요. 그런데
일반인은 이렇게 생각할 수도 있어요. '아, 그건 학자들끼리 얘기구
나, 우리가 먹고사는 것과는 상관없는 얘기야…' 하지만 선생님은
우리 사회가 통섭으로 나아가야 한다고 강조하시잖아요. 그렇다면,
왜 보통사람에게도 통섭이 필요한지, 우리 일반인에게 통섭의 의미
는 무엇인지, 어떤 가치가 있는지 궁금합니다.

cf. 김광웅, P.70

최재천   네, 앞서 말씀드렸던 지하철 안에서 그분은 왜 통섭을 해야 한다고
말했을까요? 저는 우리 사회에서 문제로 남아 있는 것들에 통섭이
필요하다고, 거의 단언합니다. 간단한 문제들에 대한 프로토콜은 이
미 우리가 다 가지고 있어요. 답이 있다는 겁니다. 이제 우리 사회가

씨름해야 할 것들은 모두 복잡계 수준의 문제예요. 예를 들어 대운하 문제 같은 것이 그렇습니다. 대통령께서 간단하게 생각하셔서서 문제를 풀어나가시려다가 계속 저항에 부딪히는 이유는 그것이 운송의 문제도 아니고, 관광의 문제도 아니기 때문입니다. 거기에는 환경 문제도 있고, 국민의 정서 문제도 있고, 신뢰의 문제도 있습니다. 거의 모든 분야 사람들이 다 함께 풀어야 하는 문제가 있다는 거죠. 쇠고기 파동도 간단히 쇠고기 문제인 줄 알았는데, 그 안에 온갖 사회문제가 들어 있었잖아요. 우리 사회가, 인간 사회가 앞으로 풀어야 할 문제들은 어느 한 분야가 답을 낼 수 없습니다. 그래서 여러 분야 사람들이 함께 모여서 문제를 풀어야 한다는 것은 거의 필연적인 순서지요.

그런데 한 분야에서만 전문 지식이 있는 사람은 다른 분야에서 하는 말을 못 알아듣잖아요. 그래서 그런 사람들이 모여서 통섭적으로 뭔가를 시도하는 것이 현재로서는 매우 어려운 상황입니다. 그렇지만, 어렵다고 안 할 건가요? 해야죠. 그래야 문제를 풀죠. 그래서 적어도 미래 세대는 통섭적으로 함께 노력하는 다른 분야 사람들의 언어를 이해하고, 지식을 공유해야 한다고 생각합니다.

3. 학문 분류의 변화

김갑수　그렇다면, 잠시 시선을 밖으로 돌려 보지요. 지금 세계 학계의 중심적인 흐름을 한번 조망해 보면 어떨까요?

최재천　생물학에는 10여 년 전 미국에서, 특히 캘리포니아 버클리대학에서 그런 바람이 불었습니다. 그때까지는 생화학, 생리학, 생태학 등 여러 분야로 나뉘어서 각기 생명의 본질을 탐구하는 연구를 계속했는데, 한데 모일 수 없었습니다. 그러다가 아주 오랜 시간을 두고 교수들을 한 사람 한 사람 설득해서 어느 날 전격적으로 투표를 하고 모든 학과를 하나로 합치는 데 성공했어요. 그래서 탄생한 것이 통합생물학과(Integrative Biology Department)입니다. 그래도 끝까지 반대한 대여섯 명은 분자생물학과로 남았어요. 그런데 우리나라에서는 상황이 정반대죠. 분자생물학 하시는 분들이 전부고, 거기 저 같은 사람이 하나 둘 양념처럼 끼어 있는 형편이니까요. 버클리에서 시작된 변화의 여파는 전 세계로 퍼져 나갔어요. 거의 모든 대학에 통합 생물학과가 생기거나, 그런 프로그램이 생겼죠. 하버드대학은 최근 의과대학에 시스템즈 바이올로지(Systems Biology) 학과를 신설하고 모든 걸 시스템으로 보며 문제를 풀어가고 있습니다. 다른 대학도 아니고 의과대학에 그런 학과가 생기는 걸 보면 통합의 흐름은 아주 뚜렷하지요. 그러나 문제는 생물학 내에서는 그런 것이 어느 정도 이루어졌지만, 생물학과 다른 학문 사이의 광범위한 통합, 통섭은 몹시 어렵습니다. 학과에는 그동안 지내온 역사가 있고, 또 그 학과가 대학 내에서 행사하는 구조적인 파워도 있는데다가, 학회의 존재도 무시할 수 없죠.

김갑수   이른바 기득권 구조가 있다는 거군요.

cf. 김광웅, P.89

최재천   그렇죠. 그러니까 기존의 화학과가 있고 화학회가 있는데 화학과 생물을 합친 학과를 새로 설립하는 것이 어느 대학에서 성공했다고 하더라도, 거대한 규모의 화학회에 대항해서 아무것도 할 수 없는 겁니다.

그래도 통섭의 가능성이 보이기 시작했습니다. 이를테면 인지과학이 아주 대표적인 사례입니다. 인지과학은 얼마 전부터 학문의 모습을 갖추게 되었는데, 심리학이 독립적으로 시작한 분야도 아니고. 물리학 분야도 아니고, 전기공학의 전문분야도 아닙니다. 인간 뇌를 이해해야 할 필요에 의해서, 여러 분야가 통섭을 이룬 거지요.

예전에 우리는 사랑을 가슴으로 하는 줄 알았지만, 사실 사랑은 머리로 하는 거거든요. 그런 것까지 이해하려는 욕구와 필요가 생기니까, 자연스럽게 여러 분야의 사람들이 모일 수밖에 없더라고요. 그래서 아주 짧은 기간에 소위 '인지과학회'라는 것이 생겨서 자연스럽게 여러 분야의 전문가들을 흡수하더군요. 그러니까 이것이 절대로 불가능한 시도가 아니라는 것만은 분명한 사실 같아요.

지금 지구온난화 문제가 심각한데, 그 문제를 풀어내려면 경제학, 경영학, 생물학, 기상학 등 다방면의 전문가들이 모두 모여야 합니다. 아직 '지구온난화학'이란 학문은 없지만, 이를테면 기후변화학 같은 분야가 생길 수도 있겠죠. 누가 어느 순간에 여러 학문을 규합해야만 그런 것이 이루어지는지는 모르겠지만, 앞으로는 필요에 의해 그런 학문이 자생적으로 많이 생겨나리라고 봅니다.

4. 왜 생물학에서 통섭이 시작되었나

김갑수   최 선생님. 제가 지금 손에 『통섭, 지식의 대통합』이란 책을 들고 있습니다. 그런데 통합하는 학문, 통섭이라는 개념이 왜 생물학에서 출발하였는지는 큰 의문입니다.

최재천   제가 이 책을 번역하는 데 5년쯤 걸렸는데, 그동안 책에 있는 내용을 가지고 한 번 실험을 해보고 싶어서 내놓은 『대담』이라는 책이 있거든요. 영문학을 하시는 도정일 선생님이랑 같이 앉아서 이야기하는데, 도 선생님은 문학을 전공하셨지만, 자연과학 전반에 걸쳐서 굉장히 박식하신 분이에요. 그래서 인문학자와 과학자 사이의 전형적이고 대립적인 대

『통섭, 지식의 대통합』 2005

화가 아니라, 생산적인 대화로 잘 진행되었던 것 같아요. 그런데 도 선생님이 가끔 궁지에 몰리시거나, 전세를 역전해야겠다고 생각하시면 저한테 꼭 하시는 말씀이 있어요. "당신은 생물학 제국주의자야, 모든 걸 생물학으로 설명하려고 하고, 모든 걸 생물학의 범주 속에 집어넣으려고 해." 제가 한두 번은 변명했지만, 종국에는 "선생님, 저 변명 안 하렵니다" 했어요.

찰스 스노 경[3]은 인문학의 흐름과 자연과학의 흐름이 결코 만날 수 없는 거대한 두 주류라고 말씀하시면서도 스스로 장벽을 허물라고 주문하셨는데, 이걸 무엇이 허물 수 있을지 생각해 보면 저는 생물학밖에 없는 것 같습니다. 생물학은 학문의 속성상 그 두 주류의 중간에 끼어 있는 학문이거든요. 생물학은 자

찰스 스노

연과학의 한 분야이지만, 물리학이나 화학과 같은 학문과는 그 방법론이나 개념에서 큰 차이가 있어요. 물리학이나 화학은 기본적으로 쪼개고, 쪼개고, 쪼개서 부분을 보고 이해하는 학문입니다. 그러나 생물학에서는 쪼개고, 쪼개고, 쪼개서 세포를 들여다보고, 단백질을 들여다보고, DNA를 들여다보고 난 다음에 그걸로 끝내면 생명이라는 것을 전혀 이해할 수 없어요. 그래서 결국, 그 쪼갰던 걸 다시 끼

---

3) Charles Percy Snow(1905~1980): 영국의 소설가, 물리학자, 정치가. 『두 문화와 과학혁명(The Two Cultures and the Scientific Revolution)』(1959)에서 과학주의를 제창하여 세계적인 논쟁을 불러일으켰다. 영국의 고전교육 편중을 공격하는 과학교육의 강력한 주창자로서도 유명하다.

워 맞춰야 온전한 하나의 생명체를 볼 수 있고, 그 생명체들이 모여 사는 모습을 볼 수 있고, 거기에서 생명의 전체적인 모습을 이해할 수 있기에 생물학은 분석과 종합이 늘 함께해야 하는 학문이거든요. 그런데 의미를 찾고, 개념을 정리한다는 점에서 종합은 대체로 인문학의 영역이라고 봐도 되잖아요. 그래서 만약 인문학과 자연과학 사이에서 어떤 공통언어를 찾으려는 노력이 언젠가 결실을 본다면, 저는 그 가능성이 가장 큰 분야가 바로 생물학이라고 생각해요. 생물학 안에는 인문학적으로 분석해야 하는 그런 면들이 태생적으로 이미 들어 있거든요. 지금까지 생물학자들이 그걸 제대로 했느냐, 안 했느냐는 별개의 문제고요. 생물학이 생명을 제대로 이해하려면, 인문학적 해석까지도 필요하다는 것이 어찌 보면 생물학의 운명이기 때문에 윌슨 선생님이 이런 문제의 선봉에 섰다는 사실도 그렇고, 제가 애써 윌슨 선생님의 제자가 된 것도 그렇고, 그분의 책을 번역하고 저 나름대로 많은 사람에게 알리려고 애쓰는 것도 모두 나름대로 그럴 수밖에 없는 운명적인 뭔가가 있다는 생각이 듭니다.

5. 학교 교육에서 통섭의 필요성

김갑수　최재천 교수께 교육의 현실에 관해 여쭤 보려고 하는데, 우선 다른
　　　　나라의 사례부터 살펴봤으면 합니다. 가령 미국에서는 여러 학문 영
　　　　역이 한데 모여서 새로운 시대를 열어갈 준비가 되어 있는지, 그렇
　　　　다면 과연 어떤 수준에 있는지 알고 싶습니다.

최재천　저는 하버드나 미시간처럼 미국의 명문대학에서만 가르쳤어요. 그
　　　　러니까, 수준이 높은 학생들을 가르친 셈이죠. 그런데 그 학생들의
　　　　수학 실력이 우리 아이들보다 좋으냐. 절대로 그렇지 않거든요.
　　　　제가 하버드에서 생태학을 가르칠 때 2차 방정식만 풀어도 못 따라
　　　　오는 아이들이 있었어요. 그래서 처음에는 핀잔도 주고, 한 시간 내
　　　　내 2차 방정식을 가르친 적도 있어요. 미분방정식은 말할 것도 없죠.
　　　　그래서 학기 초 첫 시간에 '생태학'이라는 학문을 소개하면서 일부러
　　　　미분방정식 문제를 하나씩 냅니다. 그러면 강의실에서 땅이 꺼지도

록 한숨 쉬는 소리가 들립니다. 그러던 아이들이 학기 중간쯤 되면 제가 가르쳐 주지도 않았는데 간단한 미분방정식은 다 풉니다. 그래서 어떻게 했느냐고 물었더니, 도서관에 가서 미분방정식 책을 펴놓고 공부했다는 겁니다.

cf. 문용린, P.116

예를 들어 우리나라 생태학 강의실에 철학과 학생이 있었다고 가정합시다. 그 학생이 도서관에 가서 미분방정식을 한 달 공부하면 수업을 따라올 수 있나요? 어림도 없습니다. 국문과 학생을 물리학과 교실에 앉혀 놓고 양자역학 원서를 주면 한 쪽도 못 읽습니다. 이게 우리 교육의 현실입니다. 실제로 미국 대학교 1학년 아이들에게 복잡한 수학 문제를 내주면, 그 문제에 어떻게 접근해야 하고, 자기에게 부족한 부분이 뭐고, 그 부족한 부분을 어떻게 채워서 따라가야 하는지를 알아요. 왜? 고등학교 때 공부하는 방법에 대한 기본기를 갖추고 대학에 들어왔기 때문이죠.

우리나라에서는 그 기본기를 뭐라고 합니까? 수학능력 즉 '수능'입니다. 그래서 아이들이 수능시험이라는 걸 보잖아요. 그럼, 수학능력자들이 대학에 들어와야 하는데 그렇지가 않거든요. 그래서 저는 아주 거칠게 학생들을 몰아세웁니다. 너희가 무슨 수학능력자냐, 수학장애우들이지. 분야가 조금만 달라져도 완전히 속수무책인 아이들이 장애우지, 무슨 능력자입니까? 미국에서는 이미 중고등학교에서 그런 교육을 받았기 때문에 대학에서 전공을 자유롭게 옮겨 다닙니다. 제가 하버드에서 가르칠 때 전공을 다섯 번 바꾸는 녀석도 봤어요. 비슷한 학과가 아니라 문과, 이과, 예술학과를 옮겨 다니더라고요. 그게 가능한 이유는 그 아이들에게 이미 그런 소양이 갖춰져 있기 때문이죠.

6. 인문학과 자연과학의 통섭

김갑수   오늘 최재천 교수의 말씀을 들어보니 우리 사회에 일종의 영양결핍 증세가 있다, 과학적 사유와 같은 것들이 많이 채워져야 하지 않겠는가, 그리고 여러 분야가 서로 통섭되어 토대를 이룰 때 균형을 이룰 수 있지 않겠느냐는 생각이 듭니다. 선생님은 지금 자연과학자로서 인문학을 말하는 자리에 오셨는데, 인문학과 자연과학 사이 교류나 궁극적 합일에 대해 어떤 제언을 하실 수 있을까요?

최재천   인문학자와 자연과학자가 만나서 소통하고 새로운 것을 창출하는 단계까지 간다는 것은 지금 우리나라 학계 수준으로는 쉽지 않은 일입니다. 그렇다고 해서, 그런 노력을 포기해야 할까요? 제가 윌슨 선생님의 컨실리언스를 '통섭'이라고 번역했다고 해서 비판을 하시는 분 중에는 제가 잘못 번역했다고 말씀하시는 분까지 계십니다.
윌슨 선생님이 말씀하시는 컨실리언스는 윌리엄 휴얼의 컨실리언스와는 다른 개념입니다. 윌리엄 휴얼은 그냥 작은 지류들이 모여서 큰 강을 이룬다는 비유를 하면서 작은 분야의 이론들이 언젠가 한데 모여서 뭔가 큰 것을 만든다고 설명하셨어요. 전일적이죠. 윌슨 선생님은 그것으로는 발전이 없다고 하시면서 그걸 환원주의적으로 바꾸셨어요. 그래서 환원주의적인 컨실리언스를 주장하시면서 자연과학이 통섭의 중심에 서야 한다는 이야기를 거침없이 하신 거고요. 번역하면서 계속 섭섭했던 것이 뭐냐면, 20세기 후반 내내 우리가 그런 노력을 했다는 거죠. 20세기 후반부가 과학의 시대였는데, 우리가 끊임없이 환원주의적으로 문제를 분석하고 노력했잖아요. 그런데 그것이 모든 문제에 답을 제공했느냐? 많은 정보를 제공하고 여러 길을 열었지만, 거기서 파생된 문제도 있고 과학으로 풀기에 어려운 분야도 엄연히 존재하죠.

자, 그럼 21세기 백 년간 환원주의적인 방법론만을 계속 적용해야 할까요? 저는 그건 아닌 것 같아요. 21세기에는 그 노력이 아무리 어려워도, 인문학적인 방법론과 자연과학의 환원주의적인 방법론이 한데 만나서 새로운 방법론을 찾으려고 진지하게 고민해야 한다는 차원에서, 저는 통섭을 조금 다른 의미로 설명했거든요. 오죽하면 제가 윌슨 선생님이 한글을 못 읽으시는 게 얼마나 다행인지 모른다고 생각했겠습니까? 이 녀석이 번역이나 그냥 해놓지, 왜 자기 의견을 덧붙였느냐고 호통을 치실까 봐 조마조마합니다. 제가 번역을 잘못했다기보다는, 뭔가를 더 첨가해서 번역자로 어쭙잖은 짓을 한 거죠.

실제로 우리 사회에서 벌어지는 통섭 논의는 윌슨 선생님의 논의와 조금 다를 수 있어요. 저는 그런 일이 21세기에 일어나야 한다고 굳게 믿고, 일어난다면 서양보다는 동양에서 일어날 가능성이 더 크다고 믿고 싶은 사람입니다. 그렇다면, 우리 사회에서 지금 이야기하는 인문학과 자연과학의 통섭은… 글쎄요, 미국도 유럽도 해내지 못할 것을 우리가 해낼 가능성을 타진해 보는, 이렇게 보면 상당히 흥분되는 일이라고 말씀드리고 싶습니다.

자연은 순수를 혐오한다

"나는 종종 주변 사람들로부터 순수과학을 하는 사람이라는 말을 듣는다.

그렇다면 내 동료 과학자들 중에서 더럽고 지저분한 과학을 하는 이들도 있단 말인가?

"자연은 순수를 혐오한다."

우리는 끝없이 순수에 매달리는데

자연은 오히려 그걸 혐오하다니.

우리에게 새롭게 유전자의 관점에서 생명을 바라볼 수 있게 해준 연구 업적으로 생전에 이미 다윈 이래 가장 위대한 생물학자라는 칭송을 한 몸에 받았던 고(故) 해밀튼* 박사가 남긴 말이다. 이미 우리 사회에 일상용어가 되어버린 '이기적 유전자'의 개념이 바로 해밀튼 박사의 연구에서 나온 것이다. 진화의 다른 말은 한마디로 다양화다. 적어도 이 지구라는 행성에서 벌어지는 진화는 그렇다. 태초의 바다에서 어느 날 우연히 태어난 DNA라는 묘한 화학물질이 그동안 변신에 변신을 거듭하며 이룩해 놓은 것이 바로 오늘날 이 엄청난 생물의 다양성이다."

최재천, 『열대예찬』 중에서

7. 섞여야 아름답다

최재천 『열대예찬』이라는 책의 한 구절인데
요. 제가 쓴 여러 권의 책 가운데 가장 마
음에 드는, 아끼는 책입니다. 저는 이 책
에서 섞여야 아름답다, 섞여야 건강하
다, 섞여야 순수하다는 궤변을 늘어놓았
습니다. 다시 말해 자연은 태초부터 지
금까지 늘 섞여 왔다는 거죠. 섞이는 게
아름답고, 섞이는 게 사람과 생물을 더

『열대예찬』 2003

건강하게 만들고, 섞이는 게 순수하기까지 합니다. 왜? 자연은 순수

---

* William Donald Hamilton(1936~2000): 영국의 진화생물학자. 리처드 도킨슨은 그를 20세기 가장 위
대한 진화이론가로 평가했다. 그는 자연선택과 이타성의 유전적 배경을 설명하고 진화에 대한 유전학적
관점을 발전시킨 통찰력으로 유명하다. 에드워드 오스본 윌슨이 발전시킨 사회생물학의 선구자 가운데
한 사람으로 지목된다.

한 것이라면서요. 그런데 자연은 섞였거든요. 그럼 섞인 게 순수하죠. 제가 이런 궤변을 늘어놓는 이유는 지나치게 순수의 의미에 함몰되어서 자기 영역을 벗어나서 남의 영역과 소통하는 것을 수치스럽거나 더럽거나, 뭔가 세상하고 타협하는 것처럼 느끼시는 분들이 우리 주변에 적지 않게 계시기 때문입니다. 자연도 이렇게 엄청나게 섞였는데, 우리 학문도 좀 섞인들 그게 과연 순수성을 잃는 것일까요? 그리고 제가 말하는 통섭은 결코 내 것을 버리자는 게 아니거든요. 내 학문은 확실하게 서 있고, 남의 학문과의 교류를 넓히자는 뜻이기에 순수라는 점에서 너무 섭섭하게 생각하지 마시라는 겁니다.

김갑수   옆의 글은 이 논의의 배경이 되었던 에드워드 윌슨 박사의 『통섭, 지식의 대통합』 서문 앞부분입니다. 오늘 최재천 박사님께서 해주신 많은 얘기가 이 글에 녹아 있다는 생각이 듭니다. 그리고 그것이 얼마나 우리에게 다급하고 필요한 일인가를 깨닫는 계기가 되었던 것 같습니다. 앞으로도 선구자이자 개척자 역할을 하시느라고 고생이 많으실 것 같은데요, 마지막으로 한 말씀 남겨 주시죠.

최재천   네, 개척자, 선구자라고 하시니까 거창하게 들리는데요, 누군가는 학문의 분야를 넘나드는 노력에 앞장서서 과감히 목을 내놓아야 할 것 같기에 제가 내놨습니다. 하루에도 목이 몇 개씩 달아나고 있는데, 제가 목이 아주 많은가 봅니다. 하여간, 저는 계속 노력할 거고요. 그래서 많은 분이 더 자유롭게 사고를 할 수 있는 그런 시대가 좀 빨리 왔으면 좋겠습니다. 감사합니다.

이제는 통합할 때

"인간 조건을 이해하는 유일한 길은 모든 방법들을 한데 묶는 것뿐이지만 그것들 사이에 인식론적 연계를 만드는 데 이렇다 할 진전을 이루지 못했다. 그러나 그 누구도 그와 같은 통합이 이룰 수 없는 일이라는 증거를 단 하나도 제시하지 못했다.

지식의 통일은 서로 다른 학문 분과들을 넘나들며 인과 설명들을 아우르는 것을 의미한다. 예를 들면 물리학과 화학, 화학과 생물학, 그리고 보다 어렵겠지만 생물학 사회과학 그리고 인문학 모두를 아우르는 것이다.

이는 현대 자연과학의 진화에 있어서 주된 원동력이기 때문에 상당한 믿음을 준다.

세상이 어떻게 작동하는가에 대한 물질적인 예는 현대 문명의 기본인 기술의 발전을 가능하게 했다. 현재 산업국가들과 세계 경제를 한데 묶어주는 것이 있다면 그것은 바로 자연과학의 통합이다. 나를 비롯한 많은 사상가들은 자연과학의 중요성과 그것에 사회과학과 인문학과의 통합을 그 어느 때보다 심각하게 고려해야 할 때가 되었다고 믿는다. 그저 단순한 동반자 관계를 만드는 것이 아니라 지식체계의 기초를 다지는 통합 말이다."

에드워드 윌슨, 『통섭, 지식의 대통합』 서문 중에서

미래의 대학, 학문의 미래

| 김광웅 |

"원래 인간은 융합의 실체입니다. 세상에는 광범위하게 모든 걸 할 수 있는 재주가 있는 사람이 있고, 또 외곬만 파는 사람도 있지 않습니까? 그런데 제가 주장하는 것은 융합의 실체인 인간이 자기 혼자서 많은 것을 하기보다는, 다른 사람이나 다른 분야와 함께 관계를 맺어가는 것이 세상을 훨씬 더 편안하고 아름답게 만드는 지름길이라는 겁니다.

요즘은 기계공학자도 박테리아를 알아야 하고, 물리학자도 화학구조식을 알아야 하고, 과학자도 인문학을 공부하고 예술에 관심을 보여야 한다는데, 저는 그보다 제2 계몽시대, 인지문명의 혁명을 일으키는 이 시대에 어느 분야에 있는 사람이든 상대방이 하는 것을 더 많이 알수록 좋고, 내 안의 융합이 아니라 사회 전체가 융합되는 것이 더 좋은 길이라고 강변합니다."

김광웅

서울대학교 명예교수, 서울대학교 리더십 센터 상임고문.
서울대학교 법과대학, 동 행정대학원, 미국 하와이대학교 정치학 박사.
서울대학교 행정대학원장, 한국행정학회 회장, 대통령 직속 중앙인사위원회 위원장.
국민훈장 동백장, 청조근정훈장.
주요 저서: 『국가의 미래』, 『통의동 일기』, 『창조! 리더십』

◆ 이 글은 2009년 4월에 있었던 대담 내용을 정리한 것입니다.

1. 융합의 시대

김갑수   통합, 융합, 통섭이란 말은 어느새 우리가 일상적으로 듣는 표현이
되었습니다. 이런 학문적 언어가 유행한다는 것은 그 바탕에 인류
사회의 큰 밑그림이 그려지고 있다는 증거가 아닐까 합니다. 특히
학문 사이에, 그리고 대학 사이에 통합, 융합, 통섭을 요구하는 목소
리가 높아지고 있습니다. 뭔가 서로 합쳐져야 한다는 이 당위는 무
엇을 의미할까요?

미래를 예측하는 가장 좋은 방법은 미래를 발명하는 것이라는 말이
있습니다. 융합과 통섭을 키워드로 미래사회를 전망하는 미래의 발
명가 김광웅 선생님과 이야기를 나누도록 하겠습니다.

선생님은 미래 대학과 학문을 위한 모임을 주도하시는 것으로 알고
있습니다. 어떤 성격의 그룹이죠?

김광웅   네. 2006년이 서울대학교 개교 60주년에 신임 이장무 총장께서 학술

대회를 해야겠는데 어떤 주제를 정하면 좋겠냐고 물으셔서 미래 학문에 대해 이야기하는 게 좋겠다고 했어요. 그래서 제가 「미래의 대학, 학문의 미래」라는 논문을 썼어요. 그때는 이미 에드워드 윌슨 박사의 『통섭』이란 책이 나와 있었고, 또 각 대학에서 융합이라는 주제를 놓고 다양하게 연구가 진행되던 시기였어요. 그러니까 아주 생소한 주제는 아니었죠.

제가 평생 대학생활을 하면서 답답하게 느낀 것 가운데 하나가 학문 간에 벽이 너무 높다는 점이었습니다. 바로 옆에 있는 학과에서 뭘 하는지도 몰라요. 그리스 시대 아리스토텔레스의 『시학(詩學)』을 보면 모든 학문이 융합되어 있어요. 그 융합된 상태가 지속하다가 학문이 분화하기 시작했잖습니까? 그래서 결국 오늘날 우리가 보는 것처럼 대학에서도 학문 사이에 칸막이가 생기기에 이른 겁니다.

아리스토텔레스

토마스 쿤[1]이 『과학혁명의 구조』에서 영국의 화학자 돌턴[2]의 말을

---

1) Thomas S. Kuhn(1922~1996): 미국의 과학사학자이자 과학철학자. 토마스 쿤은 1962년 『과학혁명의 구조(The Structure of Scientific Revolution)』라는 저서에서 '패러다임(paradigm)'이란 용어를 최초로 사용하였는데, '변혁'이라는 말과 함께, 기존의 낡은 가치관이나 이론을 뒤엎는 혁명적인 주창을 가리킬 때 자주 인용되었다.

2) John Dalton(1766~1844): 영국의 화학자·물리학자. 화학적 원자론의 창시자. 기상에 관한 저서 『기상학상의 관찰과 논문(Meteorological Observation and Essays)』이 있으며, 색맹에 대한 상세한 기술을 발표하기도 하였다.

토마스 쿤   존 돌턴

인용한 내용을 보면 당해 전문분야에서는 문제를 해결할 능력이 없다고 했습니다. 그러니까, 행정학자는 행정 문제를 풀지 못하고, 교육학자는 교육 문제를 해결하지 못한다는 겁니다. 여러 학문이 서로 교류하면 문제의 정곡에 다가갈 수 있는데 담을 너무 높이 쌓아서 그게 안 된다는 거지요. 학자들은 지적 호기심이 많고, 자기가 연구하는 분야에 깊이 들어가고 싶어 하는 것이 당연한 일인데, 자칫 그 우물에 갇힌 개구리 꼴이 되고 마는 겁니다.

최근에 그런 현상을 극복하려는 노력이 활발해진 것은 아마도 인간이 태생적으로 다양한 것들에 대한 관심이 많고, 관심의 폭이 넓어지고, 여러 가지 지식을 융합하려는 욕구가 있기 때문이 아닌가 해요. 저는 이것을 '네오 르네상스 시대', '새로운 시대', '제2 계몽시대'라고 표현합니다. 나중에 말씀드리겠지만, 그런 시대가 와서 사람들이 융합을 당연한 것으로 여기기 시작했다고 봅니다.

김갑수   우리가 흔히 세상은 과학 원리가 지배하고 대학은 과학의 본산이라고 말하지요. 그런데 선생님이 그 과학의 성격을 새롭게 규명하신 것을 읽은 적이 있습니다. 가령, '복잡계(複雜系)'[3]라는 표현을 사용하셨는데 우리의 일반 상식과는 다른 함의가 있는 것 같습니다. 복잡계 과학, 복잡계 시대란 무엇을 의미하는 겁니까?

cf. 최재천 P.49

김광웅 　원래 세상이 복잡하지 않습니까? 여러 요소가 얽히고설키고 꼬여 있어서 명확하게 보이지 않습니다. 그래서 데카르트[4] 이후 대상을 쪼개서 관찰하기 시작한 겁니다. 그렇게 단면만 보고 그게 전부인 줄 알았던 것이죠. 단면은 이해했지만, 그것이 전체에서 어떤 의미가 있는지는 잘 몰랐던 겁니다. 원래 조직과 환경은 닫혀 있지만, 그것이 함께 진화하는 것을 공진화(共進化)

데카르트

한다고 말합니다. 예를 들어 과거에는 대상을 단순화해서 직선과 평면으로 전제하고 바라보았습니다. 그런데 대상의 곡선과 곡면을 그

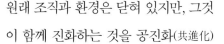

3) complex systems: 자연계를 구성하고 있는 많은 구성성분 간의 다양하고 유기적 협동현상에서 비롯되는 복잡한 현상들의 집합체로 자연과학, 수학, 사회과학 등 다양한 영역에서 연구되고 있다. 복잡계에서는 어느 장소에서 일어난 작은 사건이 그 주변에 있는 다양한 요인에 작용을 하고, 그것이 복합되어 차츰 큰 영향력을 갖게 됨으로써 멀리 떨어진 곳에서 일어난 사건의 원인이 된다고 생각한다.

4) René Descartes(1596~1650): 프랑스의 철학자·수학자·물리학자. 근대철학의 아버지로 불리는 데카르트의 형이상학적 사색은 방법적 회의(懷疑)에서 출발한다. 나는 생각한다, 고로 나는 존재한다(cogito, ergo sum)'라는 근본원리가 『방법서설(Discours de la méthode)』(1637)에서 확립되어, 이 확실성에서 세계에 관한 모든 인식이 유도된다.

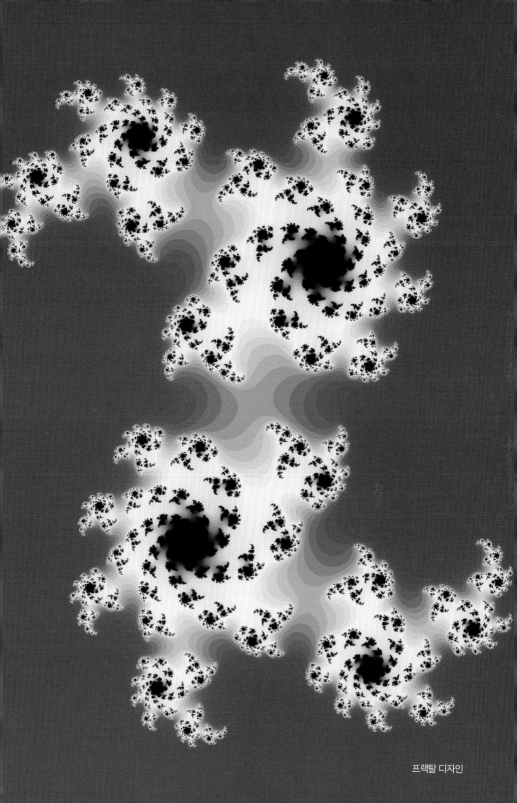

프랙탈 디자인

대로 봐야 한다는 새로운 시각이 등장한 겁니다. 바로 프랙탈[5] 이론이 그런 것이죠. 예를 들어 호랑이 가죽 전체가 아니라 한 조각만 보아도 아, 이건 호랑이 가죽이구나, 하고 금세 알아보지 않습니까? 왜냐면 호랑이 가죽 전체에 자기유사성(self-similarity)이 있기 때문에 그렇다는 겁니다. 리아스식 해안이 얼마나 복잡합니까? 그런데 한 뼘만 재면 전체를 길이를 계산할 수 있다는, 그런 식의 이론이 발달하면서 복잡한 구조를 이해하게 된 겁니다.

이런 복잡한 구조는 조직 차원에서 이야기하자면, 선거 때가 온다든가 정권의 임기 말에는 아주 혼란스러워지죠. 그래서 그걸 '혼돈의 가장자리'[6]라고 부릅니다. 그 가장자리에 다가가면 갈수록 임계점에 달하면서 창발할 수 있는, 새로운 게 나타나는 그런 것을 존중하는 겁니다.

이처럼, 여러 분야에서 나름대로 복잡계를 설명합니다. 지금까지는 단면을 봤는데, 프리고진[7]이라는 노벨상 수상자가 오래전에 서울대

---

5) fractal: 프랑스 수학자 만델브로트(Benoit B. mandelbrot) 박사가 1975년 '쪼개다'라는 뜻의 그리스어 '프랙투스(fractus)'에서 따와 처음 만든 용어. 같은 모양이 반복되는 구조에서 부분이 늘 전체를 닮는 자기 유사성과 소수(小數)차원을 특징으로 하는 형상을 일컫는다.

6) the Edge of Chaos: 인공생명 분야의 개척자 크리스토퍼 랭턴(Christopher G. Langton)이 표현한 개념. 이 개념에 따르면 생명은 변화에 대한 요청과 안정의 유지 사이에서 균형을 맞추며 살아간다. 만약 심한 변화가 일어나거나 혼돈의 상태에 빠지거나, 반대로 어떤 변화도 없는 안정된 상태에 고착된다면, 살아 있는 체계는 혼돈과 함께 해체되거나 획일적으로 얼어붙어 멸종하게 된다는 것이다. 이처럼 생물이 환경의 다양한 변화에 적응하면서 스스로 복잡한 적응 능력을 부여하고, 혼돈과 안정 사이에서 균형을 맞춰가며 살아가는 생명의 영역을 '혼돈의 가장자리'라고 부르는데, 다른 분야에서도 이 개념을 유추하여 사용하기도 한다.

7) Ilya Prigogine(1917~2003): 벨기에의 물리학자·화학자. 비가역과정의 열역학을 체계화하고, 산일구조(散逸構造)의 개념을 제출하여 거기서부터의 요동을 통한 질서형성을 연구하는 등, 비평형개방계의 물리학·화학을 일관적으로 추구하였다.

학교에 와서 '이제 그만 쪼개서 보고, 전체를 보자. 나무만 보지 말고 숲 전체를 보고 그 변화를 보자. 세월 따라 변하는 모습, 계절 따라 변하는 색깔, 이런 것들을 모두 볼 줄 알아야지, 하나만 파고들어서 되겠느냐…' 뭐, 이런 말씀을 하셨습니다. 이것은 복잡계의 변동, 역동적인 내면성을 포착하자는 의미 같습니다.

일리야 프리고진

김갑수   우리도 이제 세상을 복잡계라는 시각에서 바라봐야겠군요. 그러나 우리 인식이 변하기는 쉽지 않겠습니다. 그동안 우리가 계속 배워온 과학이 단순계로 이루어져 있었으니까요.

김광웅   그렇습니다. 내가 하는 공부가 제일 좋고 으뜸이다, 라고 생각하지 않습니까. 그런데 거기에는 진경만 있는 게 아니고 허경도 있거든요. 그런데 그런 착각에 빠진 과학의 맹점도 꽤 많습니다.

2. 제2 계몽주의 시대

김갑수   그런 변화를 이해하는 과정에서 선생님은 제2의 계몽주의 시대를
         언급하셨습니다. 예컨대, "제2 계몽주의 시대에는 물질과 에너지가
         구분되지 않는다, 마음과 기계가 별개의 존재가 아니다"라는 말씀도
         하셨는데, 제2의 계몽주의란 어떤 것을 말합니까?

김광웅   21세기를 인지문명 시대라고 합니다. 인지문명이 뭐냐. 지금까지 문
         명의 변화, 부침이 얼마나 많았습니까? 그런데 왜 유독 오늘날 인지
         문명을 거론하고, 제2의 계몽시대가 왔다고 하느냐.
         앞서 말씀드렸듯이 예전에는 모든 것을 분리해서 바라보았습니다.
         그런데 슈퍼컴퓨터의 도움으로 뇌과학이 발달하고 뇌의 구조를 영
         상화하고 시냅스까지 파악하는 과정에서, 정신, 마음, 기계, 물질을
         별개가 아니라 하나로 인지할 수 있다는 사실을 발견한 겁니다. 그
         런 의미에서 제2 계몽시대라는 주장을 하는 겁니다.

거기에는 이런 깊은 뜻이 담겨 있습니다. 지난 300년간 인류는 물질과 에너지를 생산하는 데 몰두했죠. 그래서 19세기 과학주의, 그리고 서양의 도구적 합리주의를 추종하면서 뭐든지 만들어 내면 지고지순한 것으로 생각했습니다. 그 결과, '경쟁의 패러다임'이나 '지배의 리비도'라고 표현하는 현상이 발생했습니다. 어떡하든지 내가 1등이 되고, 고지에 올라가서 명령하고 지배해야 한다고 생각하면서 지금까지 경쟁해 왔습니다. 그래서 얻은 것이 뭐냐. 질병, 고통, 빈곤, 사회적 불평등 같은 것들이었죠.

그래서 행복이란 것이 아주 중요한 화두가 되었습니다. 이미 오래전부터 GNP나 GDP도 이제는 GPI[8]라는 진정진보계수로 표현하자는 운동이 계속되고 있어요. GPI 개념은 미국 미시간대 로널드 잉글하트[9] 교수가 주창했는데, 국민소득에 비례해서 행복지수가 높아지지 않는다는 것을 실증적으로 밝혔습니다. 실제

로널드 잉글하트

---

8) Genuine Progress Index: 국민총생산(GNP)이나 국내총생산(GDP) 개념에 시장가치로 나타낼 수 없는 경제활동을 덧붙여 만든 경제지표. 시장가치로 나타낼 수 없는 가사노동, 육아 등의 경제활동가치와 범죄, 환경오염, 자원 고갈 등의 비용 등 모두 26개 요소의 비용과 편익을 포괄하는 개념이다.

9) Ronald F. Inglehart(1934~): 미국의 미시간 대학 정치학자. 세계 85퍼센트 인구를 대표하는 80여 국가 사회의 인구를 대상으로 조사를 실시하는 전 세계 사회학자들의 네트워크인 세계가치조사 기관장. 삶의 질을 중시하는 가치관의 변화 과정을 '조용한 혁명(silent revolution)'이라고 불렀다. 즉, 물질적 소비와 안전에 대한 압도적인 강조로부터 생활의 질에 대한 관심의 증대로의 이행을 가리킨 것으로, 최소한의 경제적·육체적 안전이 존재하는 경우에는 사랑, 존경에의 욕구가 점차로 뚜렷해지고, 그다음에는 지적·심미적 만족이 중심적인 중요성을 띠게 된다고 한다.

로 물질적 풍요가 행복을 가져다주지는 않는다는 거죠. 미국의 예를 들면 1945년부터 2000년까지 미국의 GDP는 세 배나 늘었지만, GPI는 그대로였다는 겁니다. 더 잘살려고 경쟁한 결과가 그렇다면, 이제 어떡해야 하느냐. 자아실현이나 삶의 질에 더 많은 의미를 부여하고, 그만큼 남의 삶이나 생각도 존중해야지요. 이렇게 주요 관심사가 살아남기 위한 투쟁보다는 주관적 행복감을 극대화하는 쪽으로 이동한다는 겁니다. 다시 말해 더 많은 시간을 다른 생활영역에 투자하는 거지요.

그렇다면, 이제 중요한 것은 이제 물질과 에너지만이 아니라, 시간이라는 자각이 생긴 겁니다. 제러미 리프킨[10]도 사람들의 재산 소유에 대한 관념이 영구 소유가 아니라 일시적으로 빌리는 형태, 즉 시산(時産)이라는 개념으로 옮겨가고 있다고 하지 않았습니까? 에디슨도 인간이 유일하게 갖고 있는 자산이 시간이

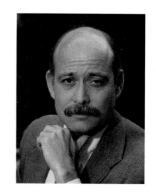

제러미 리프킨

라고 했습니다. 결국, 중요한 것은 물질이 아니라 시간이라는 얘기지요.

---

10) Jeremy Rifkin(1945~): 미국의 세계적인 경제학자이자 문명비평가. 기계적 세계관에 근거한 현대 문명, 에너지 낭비를 경고한 저서『엔트로피 법칙(Entropy: A New World View)』으로 세계적 명성을 얻었다. 1995년에는 정보화 사회로 인해 머지않아 수많은 사람이 일자리를 잃게 될 것을 경고한『노동의 종말(The End of Work)』을 출간하였다. 2000년에는 인터넷 접속으로 상징되는 정보화 시대에 사람들이 어떻게 살아갈 것인지 의문을 제기한『소유의 종말(The Age of Access)』, 2002년에는 화석연료의 고갈과 함께 새롭게 등장할 것으로 예상되는 수소 연료 시대를 다룬『수소경제(The Hydrogen Economy)』를 발표하였다.

그리고 생명 문제가 있습니다. 물질, 에너지, 생명. 그것도 인간의 생명만이 아니라 지구 상 모든 생물의 소중함을 일깨우는 문명, 지배의 리비도에서 감성의 리비도, 희생봉사의 리비도로 전환하자는 것이 21세기 인지문명입니다.

조금 전에 말씀드렸던 제2 계몽시대와 더불어 인지문화혁명이 이루어져야만 인간이 공존할 수 있습니다. 그리고 지구에서 아웅다웅하면 뭐합니까. 참 우습죠. 칼 세이건[11]은 지구가 아주 작은 '파리한 파란 점(a pale blue dot)'에 불과하다고 했습니다. 그 안에서 경쟁하고 서로 물어뜯는 것이 의미 없는 일이니

칼 세이건

까, 이제 우주로 나아가야 한다고 주장하는 과학자들이 있거든요. 이처럼, 제2 계몽, 인지문명의 시대가 오고 있고, 또 그런 변화에 따라서 나라의 정책이며 사람들 생각이나 행동이 바뀌어야 하는데, 우리나라는 아직은 20세기, 아니 19세기에 살고 있어요.

---

11) Carl Edward Sagan(1934~1996): 미국의 천문학자. 미국 항공우주국(NASA)에서 마리너호·바이킹호·갈릴레오호의 행성탐사 계획에 실험연구원으로 활동했고 캘리포니아 패서디나에 설치한 전파교신장치로 우주 생명체와의 교신을 시도하기도 하였다.

3. 디지그노,
세상을 아름답게 꾸미는 지혜

김갑수   그러니까, 인지문명의 도래는 학자만이 아니라, 국가나 사회 전반에 걸쳐서 함께 깨우쳐야 할 중대한 과제라는 말씀이죠. 사실 어떤 논의는 그 논의의 기본 전제가 되는 지식이 있어야 이해할 수 있는데, 지금 말씀하시는 내용에 생소한 용어가 많습니다. 예를 들어 선생님은 여러 저술을 통해 디지그노(designo)의 중요성을 강조하셨는데, 그것이 무엇인지 설명해 주셨으면 합니다.

김광웅   앞서 우리가 말한 인지, 즉 커그너(cogno)를 본따서 제가 디지그노라는 용어를 만들어 봤어요. 우리가 세상을 인지만 해서 되는 게 아니라, 미래 세상은 아름답게 꾸며가야 하니까, 인지(認知)에 대응해서 인미(認美)라는 뜻입니다. 미(美)를 아는 인식. 그래서 그 디지그노라는 용어를 쓰면서 제대로 보고, 질서와 아름다움을 찾아낼 수 있다면 앞서 말한 질병이나 고통, 빈곤, 사회적 불평등 같은 것들을 조금이라도 해결할 수 있지 않겠느냐고 생각한 겁니다. 제가 사회 지도자들에게 리듬과 감각이 발달하지 않으면 안 되고, 아름다움을 볼 줄 모르면 안 되고, 사랑할 줄 모르면 안 된다는 말을 자주 하는데, 그것이 모두 디지그노의 일환입니다.

달랑베르

18세기 프랑스 계몽주의자 달랑베르[12]는 학문을 분류하면서 인간의 이해에는 기억의 축, 상상의 축, 이성의 축이라는 세 가지 축이 있다고 했어요. 기억의 축을 대표하는 학문이 역사이고, 이성의 축을 대표하는 학문이 철학이라면, 상상의 축을 대표하는 학문이 바로 시학(詩學)이라고 했어요. 다시 말해서 창조적인 상상력을 말할 때 가장 기본이 되는 것이 시, 소설, 디자인, 음악과 같은 것들입니다.

제가 과학자들에게 IT(Information Technology), BT(Biology technology), NT(Nano Technology)는 잘 아시지만, RT가 뭔지 아시느냐고 물어보면 모른다고 대답합니다. RT는 관계기술입니다. Relations Technology. 디지그노는 분산된 것을 융합해서 더 큰 부가가치, 더 역동적인 힘을 끌어내어 아름답게 꾸미는 지혜와 심미안을 말합니다.

---

12) Jean Le Rond d'Alembert(1717~1783): 프랑스의 대표적인 계몽주의자, 백과전서파. 수학자·물리학자·철학자. 역학의 일반화의 기초를 닦아 해석역학으로의 전개를 마련함으로써 역학발전의 한 단계를 이룩하였다. 세차(歲差)와 장동(章動)의 문제, 달의 운동론에 관련된 3체(三體)문제의 연구 등 천체역학 방면에도 공헌하였다.

興於詩 立於禮 成於樂

흥어시 입어예 성어락.

사람은 시로써 흥하고, 예로 서고, 락으로 이룬다는 말이다. 즉, 사람은 시로써 일어나고, 논리와 실증적인 지식을 전수받고 공부함으로써 시작하고, 예로써 서면 도덕적 인간으로서 사회적 관계를 맺고 사회에 참여하며, 락으로써 논리 너머의 미학적 감수성을 통해 완성되는 존재이다.

다시 말해 인간은 논리, 합리적 존재이면서 동시에 도덕적이고 미학적인 존재라는 것이다.

자연과학의 엄밀성, 사회과학의 상상력과 더불어 인문미학적 예술적 통찰이 서로 함께 가야 한다는 것이다. 미래 지식사회에서 인간은 이런 모습이어야 하지 않을까?

4. 미래 세계의 관계와 기술의 변화

김갑수　홍어시 입어에 성어락.

미래학을 얘기하는데, 갑자기 웬 공자님 말씀인가 하시는 분도 계실지 모르겠습니다. 그런데 사실, 『논어(論語)』에는 미래 지식사회에 걸맞은 인간형이 그려져 있다는 겁니다. 선생님이 말씀하신 RT도 같은 맥락에 있는 것 같습니다. RT도 미래사회에 걸맞은 인간의 모형을 설명하신 것이 아니겠습니까? 미래에는 분야를 가리지 않고 경계를 넘나들며 관계에 능통한 사람이 필요하다는 말씀 아닌가요?

김광웅　미시간대학교 교수가 자기 학교 학생과 교토대학 학생을 대상으로 인식의 차이를 실험한 적이 있습니다. 학생들에게 물고기가 헤엄쳐 가는 사진을 보여주면서 설명하라고 했더니, 미국 학생은 "큰 물고기가 물속을 빠르게 헤엄쳐간다"라고 설명했는데, 일본 학생은 "희뿌연 물에서 큰 물고기가 해초를 헤치며 헤엄쳐간다"라고 대답했습니다. 물의 투명도나 해초와 같은 배경 상황을 설명한 거예요. 사진을 찍어도 서양 사람은 인물에만 초점을 맞추는데 동양 사람들은 배경을 포함하여 전체적으로 초점을 맞춥니다. 옛날부터 동양은 관계에 매우 강했어요.

그런데 관계를 맺는다는 것이 참 어려운 일 아닙니까? 하지만 인간이 세상에 태어나자마자 관계가 시작되지요. 가족관계는 물론이고 사회와 국가와 관계를 맺게 되는데, 그게 참 어려운 일입니다.

원래 인간은 융합의 실체입니다. 다양한 분야를 통섭한 레오나르도 다빈치를 예로 들기도 합니다만, 원래 인간은 융합의 실체입니다. 세상에는 광범위하게 모든 걸 할 수 있는 재주가 있는 사람이 있고, 또 외곬만 파는 사람도 있지 않습니까? 그런데 제가 주장하는 것은 융합의 실체인 인간이 자기 혼자서 많은 것을 하기보다는, 다른 사람이나 다른 분야와 함께 관계를 맺어가는 것이 세상을 훨씬 더 편안하고 아름답게 만드는 지름길이라는 겁니다.

요즘은 기계공학자도 박테리아를 알아야 하고, 물리학자도 화학구조식을 알아야 하고, 과학자도 인문학을 공부하고 예술에 관심을 보여야 한다는데, 저는 그보다 제2 계몽시대, 인지문명의 혁명을 일으키는 이 시대에 어느 분야에 있는 사람이든 상대방이 하는 것을 더 많이 알수록 좋고, 내 안의 융합이 아니라 사회 전체가 융합되는 것이 더 좋은 길이라고 강변합니다.

김갑수 예전에 학문은 특정한 사람들의 전유물이었고, 보통사람은 자연 상태에서 적은 지식에 의지하며 살아갈 수 있었잖아요. 그런데 이제

인지문명 시대에는 누구나 여러 가지 지식을 습득하고, 급속하게 변하는 세상에 적응해야 하는데, 도대체 평범한 사람들은 어쩌란 말인가 하는 생각도 듭니다.

김광웅   저도 사실 그게 궁금합니다. 레이 커즈와일[13]은 미래에 기술변화의
속도가 빨라지고, 그 영향이 매우 깊어서 인간 생활이 되돌릴 수 없는 상태로 변화하는 시점을 '특이점(singularity)'이라고 불렀습니다. 그리고 유토피아와 같은 세상이 도래할 시기가 머지않았다고 했습니다.

진화는 우회적으로 진행되는데, 정보가 물리적, 생물학적 원자 구조에 있던 1~2

레이 커즈와일

기에서 시작해서 기술과 인간지능이 융합하는 5기를 지나면 6기에 우주가 잠에서 깨어난다고 하잖아요. 그때가 되면 에너지 문제도 완전히 해결되고, 인공지능이 인간의 능력을 뛰어넘고, 칩이 장착된 뇌가 인간의 머릿속으로 들어가고, 인간은 생물학적인 한계를 넘어서 죽음도 극복하는 그런 세계가 온다는 것인데, 사람인지 사이보그인지 모를 신인류가 등장하면, 도대체 어떤 세상이 될지 궁금합니다.

13) Raymond Kurzweil(1948~): 선구적인 발명가, 사상가, 미래학자로서 지난 20년간 그가 수행한 미래 예측은 높은 정확도를 보였다. 그는 자신의 저서 『특이점이 온다(The singularity is near: when humans transcend biology)』에서 인간이 기계가 되고, 기계가 인간이 되며 노화와 질병과 기아와 환경오염이 사라진 유토피아가 오고 있다고 주장했다.

김갑수   지금 말씀하신 그 진화의 여섯 단계를 거치면, 인간의 뇌가 어느 정
도 발달한다는 겁니까?

김광웅   저는 뇌과학도가 아니니까 드릴 말씀이 없지만, 오늘날 인간의 지능
이 1조 배가 늘어난다고 하니까요.

김갑수   인간의 지능이 1조 배가 늘어난다고요?

김광웅   그렇습니다. 상상을 초월하지요. 과거에는 인지나 두뇌의 변화를 상
상할 수가 없어서 미래를 예측하는 것이 참 주먹구구식이었어요. 그
런데 이제 과학자들이 마음껏 상상해라, 우리가 다 현실로 만들어
낸다, 이런 식으로 발명을 해내니까 미래를 인간의 의지대로 만들어
갈 수 있는 거죠. 그런데 좀 끔찍하다는 생각이 듭니다.

존재하지 않는 것을 상상하라

미국의 퓰리처상 수상 작가이자 화가인 폴 호건은 상상부터 하라고 말했다.

존재하지 않는 것을 상상할 수 없다면 새로운 것을 만들어낼 수 없기 때문이다.

자신의 세계를 창조하지 못하면 다른 사람의 세계에 머무를 수밖에 없다고 말한다.

자신의 눈이 아닌 다른 사람의 눈으로 실재를 보면 어떻게 새로운 무엇을 찾을 수 있겠는가?

환상을 볼 수 있는, 통찰력을 갖춘 마음의 눈을 계발하지 않는다면 육체의 눈으로 아무것도 볼 수 없다.

5. 지식과 교육의 재구성

김갑수   이제 대학으로 화제를 옮겨오도록 하겠습니다. 대학은 지식 생산의 가장 대표적인 근거지인데, 아까도 말씀하셨지만, 데카르트 이래 근대 학문, 근대 세계가 온갖 분야로 나뉘고 쪼개졌잖습니까? 그래서 이제 통합이 필요하다면, 학문을 생산하는 공간인 대학이 가장 먼저 변해야겠군요. 그런데 지금처럼 조각조각 나뉜 학제로는 통합이 어렵지 않겠습니까?

cf. 최재천 P.42

김광웅   맞습니다. 사실, 학과라는 것이 아성(牙城)을 쌓거든요. 그래서 제가 학문 사이에 계급이 있다는 표현까지 쓴 적이 있습니다. 학문을 크게 분석과학과 경험과학으로 나누고 또 그 아래 여러 학문으로 세분하는 분류는 윌러드 콰인[14]이라는 하버드대학 교수가 만든 체계입니

---

14) Willard Van Orman Quine(1908~2000): 미국의 철학자, 분석논리학자. 1930년부터 70년간 학생으로, 교수로 하버드대학과 인연을 맺었다.

윌러드 콰인

다. 학문이 그렇게 나뉘니까 저마다 자기가 하는 학문만이 지고지순하고 진리고 진실이라고 착각하는 분이 계십니다. 그러나 이제 과학도 상대주의와 자연주의 성향을 보입니다. 과학이 발견한 진리는 그 구성 체계 안에서만 진리일 뿐이지, 그 체계를 벗어나면 진리가 아니라는 상대주의적 사고, 그리고 메타(meta) 과학의 경지라면 몰라도 과학으로 모든 것을 밝혀낼 수 없다고 이야기하거든요. 과학이 스스로 한계를 인정하는 일종의 자성(自省)이죠.

그래서 저는 미래 대학의 편제를 꾸며봤습니다. 우선, 인문, 자연, 사회 등으로 분류된 것을 하나로 묶어서 인지과학대학을 만드는 겁니다. 인지과학이 통합과학이거든요. 그리고 생명과학대학, 정보생활과학대학, 우주과학대학을 만들고, 공과대학은 융합공과대학으로 개편합니다. 이어서 마지막으로 제가 디자인한 것이 예술미학과학대학입니다. 그렇게 디지그노를 강조한 편제를 수립하는 겁니다. 그 외에 기초교육원이 하나 있고, 그야말로 전문성을 중심으로 한 전문대학을 세웁니다. 4년제 대학을 졸업하고 나서 전문대학에 가서 응용과학을 전공하는 거죠.

김갑수   전문대학이란 지금의 대학원 과정이 되는군요.

김광웅   그렇습니다. 그러니까 메디컬스쿨이나 로스쿨처럼, 사회·복지·행정과 같은 전문적인 응용과학을 다루는 과정이죠.

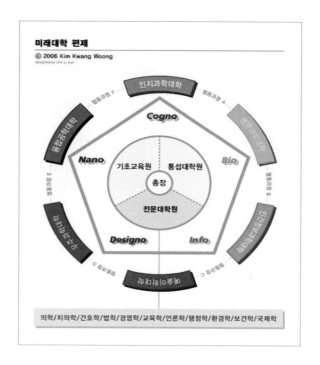

일본 도쿄대학교에서는 1970년대에 정보과학, 인간과학, 생명과학 등의 분류를 제의한 적이 있습니다. 그래서 제가 오랫동안 궁리하면서 대학교육의 융합·통섭을 실현하려고 이런 제안을 했는데, 언제 채택될지는 모르겠습니다. 새로 출범하는 대학은 모름지기 이런 형태였으면 좋겠다는 것이 제 생각입니다.

김갑수   지금 선생님이 제안하신 편제대로 하자면, 영문학과 출신이니, 행정학과 출신이니, 하는 기존의 출신 학과 개념은 사라지겠군요.

김광웅 의미가 없지요. 이제 모든 것이 통하지 않습니까? 통하는 것을 인위적으로 쪼개놓았던 것뿐인데, 이제부터라도 그러지 말고, 각자가 하고 싶은 학문을 자유롭게 하면서, 서로 의논하고 조율하자는 거죠.

래디에이션 랩의 연구자들(1940)
맨 왼쪽이 어니스트 로렌스, 맨 오른쪽이 앨프레드 리 루미스

그래서 제가 꼭 말씀드리고 싶은 것이 대학 건물을 지을 때 여러 분야 사람들이 만날 수 있는 공간을 설계해야 한다는 겁니다. 그런데 지금 건물 구조는 연구자들이 서로 소통할 수 없는 형태로 설계해놓았어요. 홍성욱 교수가 발표했듯이, 래디에이션 랩[15]에서 19명의 노벨상 수상자가 나왔습니다. 그 연유가 뭐냐 하면, 공간을 탁 터놓고 어느 분과의 사람과도 쉽사리 만날 수 있게 융합의 현장을 설계한 덕분입니다. 그래서 토론도 하고, 정보도 주고받는 과정에서 창발이 나오지 않을 수 없죠.

---

15) The Radiation Laboratory: 어니스트 로렌스(Ernest O. Lawrence) 연구소. '래드랩(Rad-Lab)'이라고도 불린다. 1940년 백만장자이며 물리학자인 앨프레드 리 루미스(Alfred Lee Loomis)가 MIT에 건립하였고 국방연구위원회(NDRC)에 소속되었다. 1940년부터 1945년까지 운영되었으며 전장에서 사용되는 효과적인 레이더를 개발했다.

6. 새로운 리더십

김갑수   사실 대학의 설계는 대학 관계자만의 관심사는 아니죠. 이제는 고등학교 졸업자 대다수가 대학에 진학하는 사회가 됐습니다. 그러니 대학이 어떤 역할을 하느냐에 따라 그 사회의 향배가 달라진다고 할 수 있겠죠.

전통적으로 대학은 리더를 생산하는 기관으로 여겨져 왔습니다. 그런데 미래 리더의 모습은 지금까지와 많이 다르리라고 예상합니다. 선생님은 대학에서 길러내는 인재들의 리더십에 대한 새로운 전망을 하고 계신 줄로 압니다. 대학은 어떤 역할을 하고, 어떤 사람을 길러 내야 할까요?

김광웅   제가 1990년 초에 옥스포드 템플텐 칼리지 소장과 대담하면서 하나 얻어들은 게 있습니다. 그곳 전략리더십 센터의 모토이기도 한데요. "우리는 부족한 개인들이 모여서 완벽한 팀을 이룬다"라는 겁니다.

개인 리더가 아무리 훌륭한 자질을 갖췄어도 늘 부족한 구석이 있게 마련입니다. 그래서 팀도 완벽하고, 참모도 훌륭하고, 2인자 3인자도 탁월해야 한다는 겁니다. 조직도 평면조직이 되어가듯이, 미래 리더십은 '너와 내가 함께하는' 리더십이지, 내가 앞서가고 너는 무조건 따라오라는 식의 리더-팔로워(leader-follower)의 리더십 개념은 사라지고 있습니다.

1990년대 초 계급이 있어야 하느냐는 문제를 두고 논쟁이 있었어요. 그때 피터 드러커[16]는 이렇게 말했습니다. '배가 순항할 때는 선장의 역할이 없다, 그러나 좌초하고 풍랑을 맞고 파선할 때는 누군가 하선 명령을 내려야 하지 않겠느냐? 그러니까, 위기 상황이 아닌 태평성대에는 태상부지유지(太上不知有之), 임금은 있는 듯 없는 듯, 아래 사람들이 잘 모르는 게 제일 좋은 거거든요.

피터 드러커

물론 리더는 열심히 노력하고, 융합의 관점에서 많은 것을 알고, 특히 비전을 제시해야 하기에 과학기술이 얼마나 발달하고 세상이 어떻게 변하는지 잘 알고 있어야 합니다. 특히, 위정자가 국민에게 희

16) Peter F. Drucker(1909~2005): 오스트리아 빈에서 출생. 미국의 경영학자. 1933년 런던에 이주하여 경영평론가가 되었다. 1937년 영국 신문사의 재미통신원으로 도미하여 학자 겸 경영고문으로 활약하였고, 뉴욕대학교 경영학부 대학원 교수가 되었다. 현대를 대량생산원리에 입각한 고도산업사회로 보고, 그 속에서 기업의 본질과, 이를 바탕으로 한 경영관리의 방법을 전개하였다. 주요 저서에 『경영의 실제(The Practice of Management)』(1954), 『단절의 시대(The Age of Discontinuity)』(1969) 등이 있다.

망을 주고 꿈을 주려면 미래사회가 어떻게 달라질지 알아야 하지 않겠습니까? 과학기술의 진보에 대한 지식은 물론이고, 사회 전체를 아름답게 꾸며가야 하니까, 디지그노를 알아야 합니다. 한 가지 더 보태면, 사랑할 줄 알아야 합니다. 뭐든 사랑할 줄 알아야 지도자지, 내 것만 챙기는 사람은 리더가 될 수 없어요. 권력을 잡으면 돈과 명예까지를 차지하려고 하는 태도, 그건 정말 시대착오적인 행태거든요.

현장에 있는 리더

"리더는 몸으로 하는 것입니다.

창조적 상상력도 머리로 하는 것이 아니라 몸으로 하는 것입니다. 철학도 몸으로 한다고 합니다. 2008년 7월 말부터 8월 초까지 서울에서 세계철학자대회를 여는데 제가 참여했습니다. 저는 학교에서 공공철학을 강의한 적도 있습니다. 좋은 시장학교가 경험과 현장을 중시하는 이유가 여기에 있습니다. 현장에서 몸으로 경험하지 않으면 내 것이 될 수 없고, 내 안에서 새로운 것이 나올 수 없기 때문입니다. 현장에서 팀이 함께하는 것이고, 나아가 미래의 가상 상황에서 함께 상상할 수 있어야 합니다. 미래에 먼저 가 있어야 합니다.

여러분은 이 학교에 정말 잘 오셨습니다. 자신 있게 말씀드립니다만 매우 탁월한 선택을 하셨습니다. 제가 교장이라서가 아닙니다. 모르면 편합니다. 아마도 걱정은 줄어들 수 있겠습니다. 그러나 모르고 산 세월이 너무 길기에 잃은 것이 너무나 많았습니다. 낭비한 것 또한 많았습니다.

그러나 더 이상 과거의 우를 반복할 수는 없는 것 같습니다. 같은 제도와 정책을 만들어도 정부와 시장이 공생하는, 오히려 시장이 더 잘 사는 사회를 만들지 않으면 안 됩니다."

김광웅 엮음, 『우리는 미래에 무엇을 공부할 것인가』 중에서

7. 미래 사회를 위한 제언

김갑수   지금까지 선생님께서는 대학이 변하고, 학자와 학문 체계도 변하고, 리더도 변해야 한다고 말씀하셨지만, 사실 이런 변화는 우리 모두에게 요구되는 것 아니겠습니까? 결론적으로 어떤 변화가 시민사회에 요구되는 걸까요?

김광웅   우선, 자신을 안다는 게 가장 중요한 것 같습니다. 자꾸 남에게만 요구하지 않습니까? 미국의 존 F. 케네디 대통령 연설에서도 국가가 너희에게 해줄 것을 묻지 말고, 너희가 국가를 위해 무엇을 할 것인지 물으라고 했지요. 오바마 대통령 취임 때에도 주권 이야기를 했어요. 주권의 책임이 있다는 것이죠. 국민에게 주권이 있는 것은 분명한데, 그렇다고 해서 권한만 있는 것이 아니라 의무와 책임도 있다는 점을 강조한 것 같습니다.

남에게 요구하고 기대하는 것도 좋지만, 내가 누구인지, 무엇을 할 수 있는지를 알아야 남을 이해하고 설득할 수 있습니다. 그런데 대부분 사람이 내가 누군가를 모릅니다.

지식이 쌓인다고 해서 훌륭한 일을 할 수 있는 것이 아닙니다. 몸소 실천해서 남의 경험을 얻어서 깨우치면 내가 얼마든지 훌륭한 일을 할 수 있기 때문에 이분법적인 사고를 넘어서고, 합리적(reasonable) 사고만이 아니라, 서로 통용될 수 있고, 관용하고, 공감대를 얻을 수 있는(reasonable) 자세가 필요한 것 같습니다. 미래 사회를 위해서 우리 모두 그렇게 노력하는 것이 저의 바람입니다.

넘치는 교육 열정, 아이의 행복은?

| 문용린 |

"부모는 어떻게 하면 자식이 이 세상을 행복하게 살아갈 것인지에 제일 먼저 주목해야 합니다. 그래서 제가 학부모에게 자주 하는 이야기는 철학을 갖자는 겁니다. 이 사람, 저 사람 말에 너무 흔들리지 말고 내 아이에 대해서는 나만의 철학을 갖자는 겁니다.

오늘날 지구상에는 직업이 3만 가지가 넘습니다. 우리 아이를 그 3만 가지 직업 중에 어떤 것을 선택하게 하면 행복하고 즐거워할지를 생각한다면 구태여 공부를 잘해야 한다는 것에 그리 집착할 필요 없다는 겁니다.

자녀에게 학교에서 좋은 성적을 받아오라고 하기보다는, 책을 많이 읽어서 교양 있는 사람이 되라고 가르쳐야 합니다. 자녀를 좋은 대학에 보내려고 공부시키기보다는 자녀가 교양인이 되게 하고, 직업은 뭐가 됐든 간에 3만 가지 중에서 하나를 택해서 자녀가 그 일을 잘하는 사람이 되도록 기르는 것이 중요하다고 생각합니다."

문용린

서울대학교 교육학과 교수.
서울대학교 교육학과 졸업, 동 대학원 교육심리학석사,
미국 미네소타대학교 교육심리학박사.
제40대 교육부 장관, 청소년폭력예방재단 이사장, 학교폭력대책국민협의회 상임대표.
주요 저서: 『부모들이 반드시 기억해야 할 쓴소리』, 『내 아이 크게 멀리 보고 가르쳐라』, 『지력혁명』

1. 우리나라 학부모들의 교육열

김갑수   제가 퀴즈를 하나 내보겠습니다. 한쪽 귀는 꽉 막히고 다른 쪽 귀는 너무 크게 열린 사람, 누굴까요? 바로 요즘 어머니들입니다. 자기 아이에게는 귀를 꽉 닫아버리고, 주변에서 떠도는 이런저런 뜬소문들에는 귀를 활짝 열어놓고 있죠. 참 안타깝습니다. 오늘 그런 어머니들의 귀를 정상으로 돌아오게 할 '교육 의사' 한 분을 모셨습니다. 서울대학교 문용린 교수와 함께 교육과 교육의 미래에 관한 이야기를 나누도록 하겠습니다.

선생님은 연구실에만 계시는 게 아니라, 직접 어머니들을 만나 설득도 하시고 강의도 하시는데, 그 배경에는 어떤 생각이 있습니까?

문용린   교육학이라는 것이 국민과 상당히 밀접한 관계가 있잖아요? 어떻게 보면 우리 국민, 학부모치고 교육학자 아닌 사람이 없다고 할 정도로 자기 자녀 교육에 관해서는 나름대로 경험도 많고 생각도 많고,

지식도 많습니다. 그래서 저는 학부모님들과 이야기를 나누고 싶고, 또 저를 불러서 이야기를 듣고자 하는 분이 계시면 찾아가서 제가 아는 이야기를 들려 드리는 편입니다.

김갑수   교육 문제를 원점에서 출발해서 살펴봤으면 좋겠어요. 도대체 교육이란 무엇인가. 왜 교육제도가 필요한가. 이런 근본적인 문제를 두고 이야기했으면 합니다. 교육과 관련해서 인간은 타고난 본성을 바꿀 수 없다는 견해와 환경에 따라 전혀 다른 사람이 될 수 있다는 견해가 서로 대립하는 것 같습니다. 선생님은 상반된 이 두 가지 입장을 어떻게 생각하시는지요?

문용린   그것은 일종의 흑백논리입니다. 본성이냐, 환경이냐. 우리가 일반적으로 네이처(nature), 너처(nurture) 논쟁이라고 부릅니다. 타고난 것과 기르는 것 사이에 어느 쪽이 더 중요하냐는 거지요. 그러나 둘 중 하나만 고르라는 식으로 인간을 규정하기는 대단히 어렵지 않습니까? 그래서 요즘은 환경과 본성, 이 두 가지가 시간을 매개로 하여 아주 긴밀하게 상호작용한다고 생각하는 경향이 강합니다. 그러니까, 사람이 본성에 따라 본성대로만 성장하는 게 아니라, 어떤 환경에 처하느냐에 따라 본성도 바뀔 수 있다는 거죠. 결론적으로 얘기한다면 환경과 교육과 천성과 시간. 이것이 서로 관련이 있다고 이야기합니다.

김갑수 　교육학자 스키너[1]는 적절한 보상과 처벌
이 잘 병행됐을 때 아이에게 무한한 가
능성이 열린다고 하지 않습니까? 우리
나라 학부모를 보면 마치 스키너주의자
같습니다. 아이에게 학습능력이 있건
없건, 학원과 과외와 각종 교재를 들이
밀면 아이가 잘될 수 있다, 좋은 대학에
갈 수 있다고 믿는 것 같습니다.

버러스 스키너

문용린 　그렇습니다. 스키너 같은 사람은 환경의 영향을 극단적으로 중요시
한 학자였습니다. 요즘 스키너처럼 생각하는 사람은 없죠. 스키너
이론이 나온 게 1940년대, 1950년대니까요.

김갑수 　아이 교육과 관련해서 사적인 얘기를 하나 하겠습니다. 제가 아주
늦게 아이를 봤어요. 그런데 저는 우리 아이가 음악을 하는 사람이
면 좋겠다는 꿈이 있습니다. 그래서 이름도 음악과 연관된 이름을
지었고요. 그리고 음악을 할 수 있는 온갖 환경을 만들어 줬는데, 안
되더군요. 아이가 음악에 관심이 없어요.

---

1) Burrhus Frederic Skinner(1904~1990): 미국의 심리학자. 미네소타대학교, 인디애나대학을 거쳐 하
버드대학교 교수로 재직했다. C.I. 헐, E.C. 톨먼 등과 함께 신행동주의자의 한 사람으로 일컬어진다. 그
는 조작주의적 분석을 통해 조건과 결과 사이의 관계만을 기술하는 견해를 주장하여 스키너학파를 이
루었다. 주요 저서로『유기체의 행동(The behavior of organism)』(1938)『과학과 인간의 행동(Science and
human behavior)』(1953), 『행동주의자의 형성(The Shaping of a Behaviorist)』(1979), 『결과의 문제(A Matter
of Consequence)』(1983) 등이 있다.

문용린 그래도 너무 일찍 포기하지 마세요. 음악을 잘한다는 것이, 악기 연주나 노래나 작곡을 잘하는 것만이 아니잖아요. 예컨대, 모차르트 같은 사람은 서너 살 때부터 작곡하고, 청음도 뛰어났지만, 많은 성악가가 십대 후반이 넘어서야 재능을 드러냈거든요. 사람들은 기악이나 성악, 작곡 같은 걸 잘하는 사람만이 음악가라고 생각하는데, 사실은 그런 것 전혀 못해도 음악에 아주 뛰어난 감성을 지닌 사람이 있거든요. 그것도 음악을 잘하는 것 중 하나죠.

2. 과거 우리나라의 교육

김갑수   자, 이제 우리 교육이 그간 어떻게 흘러왔는지, 주마간산(走馬看山)이 될지도 모르겠습니다만, 역사적인 맥락에서 잠시 더듬어 봤으면 좋겠습니다.

전통사회에서 교육은 기본적으로 가정에서 이루어지지 않았습니까? 예의와 범절을 중시하고, 어른이 아이에게 올바르게 사는 법을 가르치지 않았습니까? 그런데 근대 이후에 교육제도나 방법 측면에서 많은 변화가 있었던 것 같습니다. 우리의 교육의 흐름을 어떻게 정리할 수 있을까요?

문용린   우리나라 말에 아주 좋은 표현이 있는데, '슖'이라는 게 있잖아요. 이 말의 어원은 삶과 앎의 복합어였대요. 어떤 의미에서 보자면, 이것이 진짜 교육의 의미였단 말이죠. 오늘날에는 앎과 삶이 분리되어 있잖아요. 그래서 교육은 앎의 영역이 되어 버리고, 삶은 그냥 삶의 영역이 되어 버렸죠.

오늘날 교육의 큰 흐름을 한마디로 얘기한다면, 너무 앎에 치우쳐 있어요. 옛날에는 단순히 지식을 가르치는 것이 교육이 아니라, 삶을 배우게 하는 거였거든요. 아이들은 인의예지(仁義禮智)라든지, 삼강오륜(三綱五倫)이라든지, 삶의 지혜가 담긴 가르침을 통해 앎과 삶이 결합한 교육을 받았던 겁니다. 그래서 '교육을 많이 받았다'고 하면 사람이 제대로 되었다는 것과 같은 의미였잖아요. 그런데 요즘은 교육을 많이 받았다는 것이 큰 의미가 없어요. 학력이 높다는 것이 더 정확한 표현이 되어 버렸죠. 그래서 오늘날 우리 교육은 앎과 삶을 구분하고, 앎에 너무 치우쳤다고 할 수 있습니다. 앎이 많다는 것이 삶의 유능성이나 풍부함과는 관련이 없어졌으니까, 앎과 삶이 본의 아니게 분리된 모습이 오늘날 교육의 현실이라고 할 수 있겠죠.

김갑수   전통사회로 거슬러 올라가 보면, 개인이 교육을 받아 이루고자 하는 소망이 바로 입신양명(立身揚名)이었죠. 예를 들어 과거에 급제하여 높은 벼슬을 살고 가문을 빛내는 것을 교육의 목표로 삼기도 했습니다. 그런데 나라가 일제의 손아귀에 넘어가자 모든 것이 달라졌습니다. 심지어 황국신민이 되는 교육까지 받지 않았습니까? 그러나 서양의 신식 교육이 들어오고 본격적인 교육기관도 세워졌죠. 근대국가 개념이 자리 잡으면서 교육도 국가의 목적에 부합하는 시민의 삶을 규정하는 내용을 담기 시작했는데, 특히 일제강점기를 거치면서 개인이 국가에 자신을 봉헌하는 성향이 어쩌면 유산처럼 남아 있는 것 같습니다.

문용린 그렇습니다. 어느 사회나 자신을 열심히 계발하고, 그 결과가 출세와 성공으로 연결되는 것이 아름다운 모습입니다. 그러나 일제시대에는 열심히 공부해서 출세하고 성공한 것이 적에게 봉사한 꼴이 되어버렸으니 얼마나 불행합니까?

인류 역사에서 이런 상황을 흔히 볼 수 있습니다. 예컨대 중국에서도 명나라를 무너뜨리고 청나라가 집권하자, 그간 학문을 갈고 닦았던 한족 인재들은 그 성과를 '오랑캐'에게 제공한 셈이 되었죠. 그래서 중국 사람들이 흔히 쓰는 난득호도[2]라는 유명한 표현이 있어요. 총명하지만, 바보처럼 굴지 않으면 살기 어려운 시대라는 뜻입니다. 우리도 일제시대 때 유능하면 유능할수록 일제에 봉사하는 꼴이 되었잖아요. 그러니까 그런 표현에서 우리는 배운 사람들이 겪어야 했던 아픔 같은 것을 엿볼 수 있죠.

그러니까, 학생들이 열심히 공부해서 학덕을 쌓은 것이 훗날 출세와 성공으로 이어져서 바람직한 조화를 이루어야 합니다. 학교에서 배운 것이 그 사람 개인의 행복도 되고, 그 사람이 사는 사회에도 공헌할 수 있는 능력(competency)이 되어야 합니다. 그런데 요즘 학교에서 배워서 생긴 능력이라는 것은 사회를 개선하고 발전시키는 데에도 도움이 되지 못하고, 자신이 행복해지는 데에도 도움이 안 됩니다. 이런 현실에서 저는 교육학자로서 참 마음이 아픕니다.

---

2) 難得糊塗: 청나라 건륭제 때 정 판교(鄭燮 판교는 호)가 거봉산으로 유람을 갔다가 만난 어느 노인과 글을 주고받으며 했던 말에서 비롯된 표현. "총명하기는 어렵구나. 어리석기도 어렵구나. 총명한 사람이 어리석어지기는 게 되기는 더 어렵구나. 하나를 버리고, 한 걸음을 물러서는 건 마음이 편해지려고 하는 것이지, 나중에 복을 받으려고 하는 것은 아니다."

3. 교육의 책임

김갑수   교육에 대한 우리 사회의 태도가 어떻게 변해왔는지를 살펴볼 때 동
        아시아권의 유교문화라는 공통분모에서 그 배경을 찾아볼 수 있을
        것 같은데, 서양에서는 그리스 로마시대에는 조금 다른 모습이었겠
        지만, 종교가 교육에서 가장 기본적인 배경과 기준으로 작용하지 않
        았습니까?

문용린   그렇죠. 기독교에서는 인간의 내면에 깃든 것을 잘 개발하는 것이
        하느님의 뜻에 충실한 자세라고 생각합니다. 그런 관점에서 일찍부
        터 유일신 사상으로 성장하기 때문에 서양의 기독교 전통에서는 교
        육을 하느님의 사업으로 여기죠.
        그래서 종교세를 걷어서 종교가 맡았던 교육을 이제는 국가가 대신
        하고 있다는 생각이 서구인 사이에 기본적으로 깔려 있습니다.
        교육에서 가장 핵심적인 주제가 인격이나 도덕 같은 것이잖습니까?

그런데 서양의 학교 교육에는 이런 인성교육이나 도덕교육 같은 것이 빠져 있습니다. 왜? 그건 교육의 가장 본질적인 문제로 종교가 맡아야 하니까요. 교육은 종교의 사업이고 종교가 사람들을 교육해야 하는 이유는 그들이 하느님의 자식이기에 하느님의 본성을 드러내 보이려면 종교가 그들을 교육하는 것이 당연하다고 여기는 겁니다. 동양에서는 교육이 하느님의 사업이 아니라 패밀리 비즈니스였지만, 서양에서는 일찍부터 교육이 퍼블릭 비즈니스였던 겁니다. 그래서 국가 돈을 걷어서 국민을 교육하는 의무교육도 서양에서 먼저 시작되었지요. 그러나 동양의 유교적 사고로는 부모가 자기 자식을 교육해야 하거든요. 우리나라만 하더라도 자기 자식을 출세시키려는 부모는 스스로 알아서 교육하는 것이 당연시되었습니다. 그럼, 국가는 뭘 하느냐? 과거시험과 같은 선발제도, 평가제도만 운용합니다. 부모가 자식을 교육하고, 국가는 평가제도만 운용해서 시험을 보게 하고 똑똑한 인재를 뽑아서 관리로 임용만 하면 된다는 식이죠. 우리나라의 전통적인 과거제도가 바로 그런 개념입니다.

김갑수   국가가 직접 교육을 담당한다는 개념 자체가 없었군요.

문용린   없었죠. 물론 성균관 같은 기관이 있었지만, 이미 부모가 충분히 교육해서 과거에 합격한 젊은이들을 국가가 필요에 따라 더욱 양성하자는 의도에서 설립된 기관이니까 서양식 교육기관의 개념과는 전혀 다르죠. 그러니까, 국가는 백성을 교육하기보다는 이미 교육된 사람을 뽑아서 관리를 등용하여 쓰는 데에만 관심이 있었던 겁니다.

그런데 참 무섭게도 그런 관념이 아직도 우리 사회에는 여전히 남아 있습니다. 그러니까, 우리나라 대다수 부모에게 자녀 교육은 스스로 알아서 하는 것이라는 사고가 팽배합니다. 그래서 부모에게 경제적 능력이 있으면 문제가 없는데, 그렇지 못할 때 자식을 제대로 교육하지 못하는 꼴이 되고 맙니다.

우리나라도 공교육 역사 60년이 되었습니다. 1948년 정부수립 이후에 국가가 나랏돈을 들여 국민을 교육한 60년 전통이 있지만, 여전히 사교육이 강한 이유는 역시 자기 자식 교육은 자기가 알아서 하는 것이라는 풍조가 사라지지 않았기 때문입니다. 그러다 보니까, 내 자식 교육에 내가 돈을 내는 것은 당연하다는 유상 교육관이 지배적입니다. 유럽에서는 전통적으로 자녀 교육에 부모가 돈을 내는 것은 납득할 수 없는 일이고, 당연히 나라가 돈을 내야 한다는 의식이 지배적이지요. 그래서 무상 교육관은 서양의 전통이기도 합니다.

4. 우리나라 교육의 근본적인 문제점

김갑수   서양과 동양의 교육관을 알아보았는데, 이제 우리 교육의 현실을 살펴보도록 하지요. 누구나 같은 의견이겠지만, 지금까지 교육은 늘 문제투성이였습니다. 교육제도는 늘 실험 상태였고요. 선생님께서도 교육부 장관을 하시지 않았습니까? 교육에 관한 아이디어는 수없이 나오는데, 우리는 왜 교육 문제로 늘 홍역을 앓아야 하는 겁니까?

문용린   여러 가지 이유가 있는데 그중 하나가 우리나라에서는 교육이 너무 '중요하다'는 겁니다. 왜 중요하냐? 우리나라에서는 교육으로 당대에 신분 변환이 가능하기 때문입니다. 전 세계에서 우리나라처럼 공부 하나 잘해서 인생이 바뀌고 신분이 바뀌는 나라는 없습니다. 자식 공부만 잘 시키면 당대에 전혀 다른 인생이 펼쳐집니다. 부모가 자식 덕을 보려는 것이 아니라, 자식이 공부만 잘하면 세상이 확 달라지는 게 부모 눈에 확실히 보이거든요. 이런 세상은 대한민국을 제

대학입시를 앞두고 간절한 마음으로 자녀의 합격을 비는 학부모들

외하고는 전 세계 어디에도 없어요. 미국이든, 일본이든, 어느 나라
든, 자식이 판검사, 변호사, 의사가 되었다고 해서 그 사람 가문이 크
게 달라지지 않습니다. 남보다 수입이 좀 많고, 전문직을 얻었으니
형편은 좀 나아지겠지만, 대번에 인생이나 가문이 달라질 정도는 아
닙니다. 그런데 대한민국의 상황은 전혀 다릅니다. 그건 아마 우리
국민 모두 이해할 거예요. 그래서 자기가 처한 신분이나 살아온 역
정에 따라서 자녀 교육에 정말 강박적으로 집착하는 사람이 무척 많
습니다. 하여튼 부모가 앞장서서 열심히 하면 신분 상승의 가능성이
눈앞에 보이는 사회니까요. 그렇다 보니까, '누구나 자식 교육만 잘
하면 팔자 고치더라!' 이렇게 되는 겁니다.

얼마 전에 교육학자들이 한국, 일본, 중국인의 교육관을 서양인과 비교한 적이 있는데, 아주 두드러진 차이를 발견했습니다. 한국, 대만, 일본의 부모는 자식 교육에 대해 '공부는 누구나 하면 된다'는 생각이 철저하다는 거예요. 그런데 미국 부모는 '공부는 아무나 해서 되는 게 아니라 소질과 적성이 있는 사람이 해야 한다'고 생각한다는 겁니다. 그래서 초등학교나 중학교에 다니는 자녀가 공부를 잘하지 못하면 서양 사람들은 '우리 애는 공부에 적성이 없는 모양이다' 이렇게 생각하는데, 동양 사람들은 자녀의 성적이 좀 뒤처진다 싶으면, '공부는 하면 되는 건데 쟤는 왜 저렇게 공부를 안 하지?' 하고 애들을 몰아붙인다는 거예요. 그런 점에서는 우리나라 사람들이 일본, 대만 사람들보다도 더 심하죠. 왜냐면 자녀가 좋은 교육을 받는다는 것이 곧바로 출세와 연결되고, 성공해서 당대에 가문을 빛낼 수 있는 엄청난 잠재력을 의미하거든요. 그래서 한국에서는 교육이 격변을 겪을 수밖에 없다는 겁니다. 어떤 교육제도를 운용하든 부모마다 생각이 다르니까요. 제도가 바뀌면 자기 자식에게 유리하다고 생각하는 사람이 있는가 하면, 그와 반대로 불리하다고 생각하는 사람도 있거든요. 이처럼, 우리나라에는 교육에 너무 민감한 사람이 많다는 거죠.

진짜 공부

"공부에 질린 아이는 결코 성공할 수 없다.

서울대를 보내는 것보다 더 중요한 건 공부를 즐기는 아이로 만드는 것이다.

학교 공부에 취미가 있는 아이라면 지식을 얻는 전형적인 공부를 시키고, 축구를 좋아하는 아이라면 공차기 공부를 게을리하지 않게 하고, 음악 듣기를 즐기는 아이라면 계속 새로운 음악을 듣는 공부를 할 수 있도록 뒷받침해 주어야 한다.

아이가 좋아하는 일을 잘할 수 있게 뒷받침하는 게 진짜 공부이며 그것이 성공의 비결이다."

문용린, 『부모들이 반드시 기억해야 할 쓴소리』 중에서

5. 집어넣지 말고, 끄집어 내라

김갑수   인간이 교육받으면 어떤 존재가 되느냐
는 문제에 관한 다양한 이론 가운데 하
버드대학 가드너[3] 교수의 다중지능 이론
을 문 교수님께서 우리나라에 소개하셔
서 큰 화제가 되었죠.

문용린   제가 대략 15년 전부터 자주 이야기하
는 다중지능은 심리학에서 출발한 이

하워드 가드너

---

3) Howard Earl Gardner(1943~): 하버드대학의 교육심리학과 교수이자, 보스턴 의과대학의 신경학
교수. 유명한 다중지능(Multiple Intelligence) 이론의 창시자이다. 많은 나라에서 그의 이론을 받아들여 기
존의 교육 체계를 가드너식으로 바꾸었으며, 그의 이론에 관한 수많은 연구소와 단체가 현재 우리나라
를 비롯한 전 세계 곳곳에 설립되어 운영되고 있다. 저서로 『마음의 틀(Frames of Mind)』(1983), 『다중지
능 이론(Multiple Intelligences:The Theory in Practice)』(1993), 『다중지능: 인간지능의 새로운 이해(Multiple
Intelligences: New Horizons)』(2006) 등이 있다.

론이지만, 교육과 관련하여 대단히 중요한 메시지를 담은 철학입니다. 한마디로 요약하면 교육은 집어넣는 것이 아니라 끄집어내는 것이라는 주장입니다. 집어넣는다는 것은 영어니 수학이니 국어니 하는 것을 아이 머릿속에 집어넣는 거죠. 오늘날 우리나라 학교는 국·산·사·자·음·미·체, 교과목을 가르치는 곳이 되어 버렸잖아요. 그러나 하워드 가드너에 의하면 그런 지식은 살아가면서 얼마든지 습득할 수 있다는 거예요. 학교라는 집중적인 과정에서는 학생의 내면에 숨어 있는 그 학생만의 소질, 적성, 능력을 끄집어내는 것이 중요하다는 거죠. 사람마다 얼굴이 다르듯이, 사람마다 내적인 텃밭의 질이 각기 다르다는 거예요. 그래서 교육을 통해 그 텃밭의 질을 알아내는 게 중요하다는 거죠. 그럼, 텃밭에는 어떤 종류가 있느냐? 사람 내면에는 대략 여덟 가지 종류의 지능이 있는 것 같다는 겁니다. 음악에 재능이 있는 사람도 있고, 운동에 재능이 있는 사람이 있고, 언어에 재능 있는 사람이 있고…. 그렇게 사람마다 여덟 가지의 잠재능력이 다른 방식으로 분포한다는 거죠.

과거에는 사람의 잠재능력을 IQ로만 평가했잖아요. 그래서 IQ가 120인 사람은 100인 사람보다 20이 높으니까 그 사람의 잠재능력도 그만큼 높다고 생각했는데, 사람의 재능을 숫자 차이로 표현한다는 건 모독이라고 보는 거죠. 그래서 사람 속에 숨은 능력, 잠재능력은 숫자로 표현될 것이 아니라 영역으로 표현되어야 한다는 겁니다. 모차르트는 음악, 피카소는 그림, 아인슈타인은 논리와 수학, 셰익스피어는 언어… 이런 식으로 그 사람이 무엇에 소질이 있는지를 살펴봐야 한다는 것인데, 그 지능을 여덟 가지로 보는 겁니다. 거기에 영성

지능 같은 것도 포함될 수 있겠죠. 초월적인 존재에 대한 예민성과 감각이 남다른 사람도 있거든요. 또 도덕지능도 있을 수 있죠. 선악에 대한 개념이 상당히 깊고 남보다 더 예민한 사람이 있으니까요. 어쨌든 하워드 가드너는 사람 내면에 자리 잡은 지능의 영역을 얘기하는데, 그것을 단일지능이론이 아니라 다중지능이론이라고 부르는 겁니다.

여덟 가지 지능

모든 인간은 여덟 가지 지능을 타고난다.
그 지능들이 서로 소통하고 결합하여,
아이는 고유한 능력을 지닌 어른으로 성장한다.

언어 지능(Linguistic Intelligence)	단어의 소리, 리듬, 의미에 대한 감수성이나 언어 기능에 대한 민감성과 관련된 능력
논리·수학 지능(Logical-mathematical Intelligence)	추상적 관계를 응용·판단하고, 수와 논리적 사고를 사용하는 능력
공간 지능(Spatial Intelligence)	시공간적 세계를 정확하게 인지하며 3차원 세계를 잘 변형시키는 능력
신체·운동 지능(Bodily-kinesthetic Intelligence)	운동 감각, 균형, 민첩성 등을 조절하는 능력
음악 지능(Musical Intelligence)	음악에 대한 전반적인 이해와 음에 대한 지각력, 변별력, 변형 능력, 표현 능력
대인관계 지능(Interpersonal Intelligence)	다른 사람들과 교류하고, 그들의 행동을 해석하는 능력
자연친화 지능(Naturalistic Intelligence)	자연현상에 대한 유형을 규정하고 분류하는 능력과 주변 환경의 특성을 고려해 일을 처리하는 능력
자기이해 지능(Intrapersonal Intelligence)	자기 자신을 이해하고 느낄 수 있는 인지적 능력

김갑수 이 여덟 가지 분야를 보면 이해가 가긴 합니다만. 굳이 이것을 지능이라는 용어로 표현했을까 싶은 것도 있어요. 자연친화라든가, 인간친화, 자기성찰 같은 것은 지능이라기보다는 인간 품성에 속하는 것인데, 왜 지능이라고 했을까요? 그리고 이러한 지능을 어떻게 개발하느냐에 따라 미래의 자기 직업과 관련을 맺게 되는 건가요?

문용린 왜 지능이라고 했느냐. 사람이 머리로 생각하는 것과 그것을 실천하는 것 사이에는 괴리가 있습니다. 머릿속에 똑같은 아이디어나 이미지가 떠올라도 어떤 사람은 그것을 실제로 종이 위에 잘 옮겨 놓는가 하면, 어떤 사람은 전혀 그러지 못합니다. 똑같은 상상을 해도, 그것을 현실에 옮기는 과정에서 차이가 나는 거죠. 그것은 단순히 그림에 재능이 있고 없고의 문제가 아닙니다. 사고를 현실에 접목하는 능력의 문제예요. 그래서 그걸 지능이라고 부르는 겁니다.

사람은 누구나 겉으로 분명히 드러나지 않는 재질이 있어요. 예컨대, 어떤 땅에 고추를 심으면 잘 자라는데, 다른 작물을 심으면 농사가 잘 안됩니다. 이처럼 사람에게도 소질이라는 게 있거든요. 다중지능은 이런 소질과 긴밀한 관계가 있어요. 그래서 어떤 분야에 소질이 있는 사람은 그걸 바탕으로 직업을 가질 수도 있고, 직업은 다르지만, 그 분야에서 훨씬 더 풍요한 삶을 살 수도 있어요. 예컨대 음악 지능이 높은 사람은 음악을 직업으로 삼을 수도 있겠지만, 다른 생업을 가질 수도 있겠죠. 변호사라는 직업을 가지고 있으면서 음악에 조예가 깊은, 음악적으로 삶의 영역이 넓은 변호사가 될 수도 있는 거죠. 그러니까, 삶의 의미와 삶의 가치를 폭넓게 갖는 거죠. 그래서 다중지능이 꼭 직업과 연결된 것이라고는 볼 수 없어요. 넓은 삶의 영역을 갖는다는 데 의미가 있죠.

김갑수 지금 말씀하신 그 여덟 가지 다중지능의 영역이 서로 연결되고 창의적으로 개발된다면 아이의 삶이 훨씬 풍요해지겠죠. 선생님은 아이의 성장과정에서 특히 정서능력을 강화해야 한다고 강조하시더군요. 부모 처지에서는 정서능력이야 있거나 말거나 성적만 좋으면 된다고 생각해서 정서적 측면을 오히려 도외시하는 수가 많습니다. 정서능력에는 어떤 의미가 있습니까?

문용린 사람의 능력을 크게 나눈다면, 사고능력, 창의능력, 정서능력의 세 가지를 들 수 있습니다. 흔히 IQ라고 말하는 사고능력은 기억하고, 계산하고, 추리하고, 지각하는 능력입니다. 사람들은 사고능력만 높으면 아주 훌륭하게 잘사는 걸로 알아요. 그런데 사고능력은 창의력과는 전혀 다른 거예요. 사고능력은 이미 존재하는 것을 전개하는 능력이에요. 기억이 없는 것을 전개할 수는 없잖아요. 그 전개의 과정을 다시 불러내는 것은 기억능력이고, 있는 것들 사이에서 크고 작은 것을 계산해내는 능력은 계산력이고, 이거냐 저거냐를 구분해내는 능력이 지각능력이고, 몇 개를 통해서 몇 개를 유추해 내는 능력을 추리능력이라고 하지요.

그런데 창의력은 없는 데서 있는 것을 만들어 내는 능력이잖아요. 그러니까, 사고능력과 창의력은 아주 다른 거죠. 그런데 사고력과 창의력이 아무리 높아도, 내가 하기 싫으면 아무것도 안 되죠. 아, 나

오늘은 그런 거 하기 싫어. 이러면 기억력, 계산력, 지각력, 추리력, 창의력이 아무리 높아도 전혀 발휘할 수 없죠. 그렇다면, 의욕이나 주의집중력, 인내력, 지구력, 이런 것들이 중요한데, 그게 바로 정서 능력이에요.

정서적 능력은 기억 잘하고, 창의력 높다고 생기는 게 아니에요. 독립적인 능력입니다. 아이의 학교 성적이 나쁘면 IQ가 낮거나 창의력이 없어서 그렇다고 생각하는 부모는 별로 없어요. 무조건 하면 된다고 생각하죠. 그런데 왜 안 하죠? 아이는 공부하기가 싫어서 그러거든요. 공부에 의욕이 없고, 동기가 없어서 그러거든요. 의욕과 동기는 무슨 능력이냐. 사고능력, 창의력이 아니라 바로 정서능력이라는 겁니다.

김갑수　부모는 그 점을 유념해야겠군요. 아이가 공부하고 싶게 만들면 성적이 올라가는데, 아이가 싫어하든 괴로워하든 일단 떠밀고 보니까요. 교육에서 부모의 역할은 무엇인지, 어떤 부모의 모습이 온당한 것인지 알고 싶군요. 지금까지 선생님 말씀을 들으면서 느낀 것이, 부모가 갖추어야 할 첫 번째 능력이 아마도 사람을 제대로 대하는 인간 친화능력이 아닌가 싶기도 합니다.

6. 아이의 행복이 우선하는 교육

문용린   부모는 어떻게 하면 자식이 이 세상을 행복하게 살아갈 것인지에 제

일 먼저 주목해야 합니다. 그래서 제가 학부모에게 자주 하는 이야

기는 철학을 갖자는 겁니다. 이 사람, 저 사람 말에 너무 흔들리지

말고 내 아이에 대해서는 나만의 철학을 갖자는 겁니다. 오늘날 지

구상에는 직업이 3만 가지가 넘습니다. 우리 아이를 그 3만 가지 직

업 중에 어떤 것을 선택하게 하면 행복하고 즐거워할지를 생각한다

면 구태여 공부를 잘해야 한다는 것에 그리 집착할 필요 없다는 겁

니다.

cf. 김정동, P.3두

자녀에게 학교에서 좋은 성적을 받아오라고 하기보다는, 책을 많이

읽어서 교양 있는 사람이 되라고 가르쳐야 합니다. 우리는 좋은 대

학에 가기 위한 공부는 많이 시키는데 교양인이 되기 위한 공부는

별로 안 시키는 것 같아요. 자녀를 좋은 대학에 보내려고 공부시키

기보다는 자녀가 교양인이 되게 하고, 직업은 뭐가 됐든 간에 3만 가

지 중에서 하나를 택해서 자녀가 그 일을 잘하는 사람이 되도록 기르는 것이 중요하다고 생각합니다. 이 얘기는 꼭 좀 하고 싶었어요. 우리 아이를 행복하게 하는 것이 중요하지, 공부 잘해서 좋은 대학 넣는 것이 궁극적인 목표는 아니지 않겠습니까? 우리가 너무 학교 공부에만 집착할 일이 아니라 교양 있는 아이를 만드는 데 집착할 필요가 있다는 생각이 듭니다.

김갑수   오늘 들려주신 말씀을 집약한 것처럼 느껴지는 구절입니다.
공부가 즐거워야 하는데, 너무나 많은 아이가 공부에 질려 있어서 불행해 합니다. 이런 지옥을 어떻게 하면 탈출하나 싶은데, 빨리 가는 게 빨리 가는 게 아니라는 말이 있지 않습니까? 오히려 천천히 가야 목적지에 더 일찍 도착한다는 얘긴데, 부모들이 반드시 기억해야 할 쓴소리입니다. 저도 학부형인데, 지금 교육 현실에 대한 말씀을 듣다 보면, 이게 길이다 싶어도 일단 명문대는 보내야 한국에선 사람대접 받는다는 깨지지 않는 통념이 있습니다. 이런 딜레마에 대해 마무리 삼아 선생님 말씀 부탁합니다.

문용린   우리 교육 현실이 자녀를 좋은 대학에 보내자는 쪽으로 쏠리고 있습니다. 그런데 문제는 부모도 원하고 주변에서도 원하고 학생도 원하지만, 실질적으로 그것이 잘 안될 때 불행이 생기는 거잖아요. 아이도 괴로워하고, 부모도 경제적으로나 심리적으로나 고통스럽고. 부모가 그런 아이를 보면 얼마나 안타깝겠습니까? 이렇게 해서 우리나라 교육에 어두운 구석이 생기는 거예요. 자살하는 아이도 생기고,

공부가 즐거운 아이

"나는 이 책을 통해 우리나라 아이들 모두가 공부를 즐기는 사람으로 크길 바랍니다.

부모가 아이들 좋아하는 걸 찾아내서 뒷바라지해주면 아이들은 시키지 않아도 즐겁게 공부하게 될 것입니다.

자기가 좋아하는 일을 직업으로 삼고 열정적으로 사는 사람이 지천일 21세기에 우리 아이만 풀죽은 사람으로 살길 원하는 부모는 아무도 없을 것입니다.

우리 아이가 행복하게 성공적인 인생을 살기 바란다면 무엇보다 즐겁게 공부할 수 있어야 할 것입니다.

자신의 꿈을 이루기 위한 노력은 모두 그 자체로 공부입니다.

아이에게 즐겁게 공부하는 방법을 알려주기 위해 또한 파행적인 교육현실에서 아이를 망치지 않기 위해 그리고 아이의 행복한 미래를 위해 원칙과 철학을 갖춘 부모가 되길 바랍니다.

공부에 질린 아이는 결코 성공할 수도 행복할 수도 없다는 사실을 명심하시기 바랍니다."

문용린, 『부모들이 반드시 기억해야 할 쓴소리』 중에서

가출도 하고, 공부에 질려서 인생을 어둡게 사는 아이들이 늘어나는데, 부모님들이 이제 결단을 좀 내리셨으면 좋겠어요. 우리 아이는 남의 아이하고 다르다. 우리 아이의 다른 점을 부모가 알아주지 않으면 누가 알아주나, 하는 생각으로 아이를 길렀으면 좋겠습니다.

이 세상에 우리 아이와 똑같은 얼굴을 가진 아이는 한 명도 없습니다. 그처럼, 우리 아이와 똑같은 소질이나 능력이 있는 사람도 없습니다. 그렇다면, 우리 아이의 고유한 소질, 적성을 발휘하면서 살 길을 부모가 찾아주어야 하지 않겠는가. 그것이 바로 부모의 책임이다, 하는 생각으로 자신 있게 자녀를 교육하시면 어떨까 합니다.

인문학적 상상을 통한
종교문화 읽기

| 정진홍 |

"종교인이든, 비종교인이든 상상력의 공간을 확보했으면 좋겠어요. 과거에는 특정 문화권에 단 하나의 종교가 있는 종교의 시대가 있었습니다. 그런데 이제는 복수 종교의 시대가 되었거든요. 그런데 종교의 시대에 사용하던 언어를 여전히 구사하니까 적합성이 없는 겁니다. 하나의 종교만이 절대적이라고 말하는 것은 하나의 종교만 있을 때 가능한 이야기인데, 여러 종교가 함께 공존하는데도 여전히 자신의 종교만이 절대적이라고 주장하는 것은 상황을 인식하지 못하는 태도죠. 그래서 적절하지 않은 언어를 발화하는 겁니다. 그럴 때 과연 내 언어에 적합성이 있는지 돌아보고, 규범의 강제를 떠나 다른 상황을 상상할 수 있는 열린 자세가 필요합니다."

정진홍

서울대학교 종교학과 명예교수, 이화여자대학교 이화학술원 석좌교수.
서울대학교 종교학과 졸업, 동 대학원 석사, 미국 샌프란시스코 신학대학교 박사.
대한민국학술원 회원, 한국종교문화연구소 이사장, 전 한국종교학회 회장.
주요 저서: 『열림과 닫힘』, 『종교문화의 인식과 해석』, 『M. 엘리아데 종교와 신화』.

1. 신의 종교, 인간의 종교

김갑수 누군가 특정한 종교를 믿는다면 자기 신앙은 우월하고 정의롭다고 생각하지만, 타 종교는 부정적인 시각으로 바라볼 수도 있을 겁니다. 또 종교가 없는 분은 종교 자체를 무상하고 허망한 것으로 여길지도 모릅니다.

외국에서는 초면에 상대방의 종교를 묻는 것을 타부로 여긴다고 합니다. 게다가 종교문제로 목숨을 건 투쟁까지 벌이는 모습을 종종 목격하게 됩니다. 다른 이의 종교를 인정하고, 신앙에 대해 자유롭게 대화하는 것이 왜 이리 어려운 걸까요?

오늘은 이화여대 석좌교수로 계시는 정진홍 교수님을 모시고 이 복잡한 종교문제를 인문학적 상상력을 통해 바라보면서 대화하는 시간을 갖도록 하겠습니다.

선생님, 사람들이 타인의 종교에 관해 이토록 관용을 보이지 못하는 이유는 무엇일까요?

이스라엘 예루살렘 서쪽 벽(Wailing Wall)에 머리를 대고 기도하는 유대인 노인(위)
히잡(hijab)을 쓰고 기도하는 아랍 소녀(아래)

정진홍 누군가 자신의 믿음과 다른 주장을 하면 거세게 반발할 수밖에 없습니다. 어찌 보면 그것이 종교의 종교성이고, 종교의 순수성이기도 하죠. 우리 사회에도 특정한 하나의 종교만 있는 것이 아니어서 문제가 생깁니다. 그래서 자기 종교만 절대화하기보다는 인간은 왜 종교를 가지고 있는가, 종교적인 삶이란 무엇인가를 조금 거리를 두고 이해하려는 자세가 필요한 거죠. 타 종교에 대한 불관용은 종교인만의 문제는 아니고, 종교에 대해 무관심한 사람들도 그 무관심한 태도가 가히 절대적입니다. 또 종교 자체에 대해 부정적인 사람들은 그 부정적인 태도가 또한 절대적입니다. 그래서 종교인을 만나든, 비종교인을 만나든, 반종교인을 만나든, 종교학을 공부하는 사람은 발언하기가 상당히 어렵습니다.

김갑수 종교를 객관화해서 하나의 문화현상으로 바라보는 것도 가능하지 않겠습니까? 그럴 때 어떤 시선이 필요할까요?

정진홍 문화라면 우선 다양성을 전제할 수 있겠죠. 그리고 시간과 공간에 따라 고유한 특성을 가지는 현상이라는 점, 또 그것이 인간의 경험에서 비롯되었다는 점도 이야기할 수 있겠습니다. 문화현상에 대해서는 그런 접근이, 그런 인식이 가능합니다.

그런데 종교에는 초월적인 차원이라든가, 인간의 지성이 도달할 수 없는 신비와 같은 전제가 있기 때문에 그 전제에 공감하지 않으면 종교 현상을 이해할 도리가 없습니다. 그래서 종교를 문화적 차원에서 바라보자는 것은 더욱 인간적인 차원에서, 우리 경험 안에 있는 현상이라는 전제에서 종교를 이해하고 싶다는 의도를 반영합니다. 그런 이해가 이루어질 때 우리가 늘 경험하고 우려하는 종교 간 갈등도 해소할 수 있지 않느냐는 기대에서 종교학이라는 학문, 종교를 문화현상으로서 바라보는 접근이 요청되는 거죠.

김갑수 선생님은 종교란 인간이 만든 것이라고 하셨는데, 그렇다면 종교에서 신의 존재는 무엇인지 설명이 필요할 것 같습니다.

정진홍 맞습니다. 그 점이 상당히 어렵습니다. 종교를 인간이 만들었다고 하면, '그럼, 신도 만들어진 거냐?' 이렇게 반문합니다. 그 '만들었다'라는 표현을 조금 조심스럽게 사용해야 하는데, 저도 좀 마구 쓰는 경향이 있습니다. 그런데 중요한 사실은 신이나 종교라는 것이 특정한 하나의 모습이 아니라, 아주 다양한 모습으로 존재해 왔다는 겁니다. 그 다양한 모습이란 요즘 말로 하자면 생태학적 조건에 따라 특징지어질 수도 있고, 또 시대적 조건에 따라 그 모습이 달랐다는 뜻이거든요. 그래서 다양한 종교가 형성되었다는 사실을 부정할 수 없는 한, 종교가 하나의 문화현상이고, 시대에 따라서 서로 다른 특징으로 조형됐다고 얘기할 수밖에 없어요. 인간이 '만들었기' 때문에 그 대상이 무의미하고 저열하다는 뜻이 아니라, 오히려 그렇게 기가 막힌 것을 만들어 낸 존재가 바로 인간이라는 겁니다. 이렇게 긍정적이고, 의미 있고, 보람 있는 삶의 모습을 빚어낸 것이 인간의 경험이니, 귀하게 아껴야 한다는 겁니다.

2. 종교는 열린 해답이다

김갑수   그러니까, 지금 자신이 아는 종교의 모습을 절대시하거나 초역사적인 것으로 여기는 것은 위험한 생각이군요. 긴 역사의 흐름에서 다양한 형태, 다양한 모습의 종교가 존재해 왔다고 하시지 않았습니까? 그렇다면, 종교나 종교현상은 인간의 역사와 늘 함께했다는 말씀이군요.

정진홍   바로 그런 이유에서 종교는 인간의 삶을 드러내는 현상이라는 거죠. 인간이 삶에서 문제에 직면하지 않는 경우는 없거든요. 그런데 그렇게 문제에 직면했을 때 인간은 늘 그 문제에 대한 해답을 찾기 때문에 삶이 의미 있는 것이 되거든요. 그 해답이 여러 사람의 경험과, 오랜 세월과, 또 특정한 문화권 안에서 축적되고 다듬어지면서 하나의 지혜로 정착되지요. 그리고 그 지혜가 구체화하려니까 특정한 사람과 연결되어 이야기되고, 특정한 언어를 만들기도 하고요. 그러면서 결국 해답으로서 기능하는 문화가 생기는 거죠. 우리는 그것을 일컬어 종교라고 합니다.

김갑수   선생님 말씀대로 인간은 끊임없이 문제에 직면할 수밖에 없죠. 신체에 이상이 올 수도 있고, 예측하지 못한 자연현상 때문에 고통을 받기도 하고. 전쟁도 일어나고…. 그런 고난을 겪으며 해답을 구하는 과정에서 지혜를 얻는 방식이 바로 종교다…. 인간이 어느 특정한 신앙을 통해 자신의 물음에 대한 해답을 찾았더라도, 끊임없이 물음을 반추하고 또 새로운 물음을 찾아가야 한다는 말씀인 것 같습니다. 그런데 어느 순간, 해답을 찾았다는 사람이 더는 질문하지 않고, 또 질문하는 행위를 불경하게 여기는 모습을 주위에서 흔히 보거든요.

정진홍   그래서 그 해답은 끊임없이 열려 있는 해답이어야 합니다. 닫힌 해답이어선 안 되죠. 왜냐면 삶 자체가 정태적이지 않습니다. 끊임없이 변화하고, 끊임없이 새로운 문제에 부딪힙니다. 따라서 원칙적으로 해답을 찾았다는 것만으로는 부족합니다. 삶은 아주 구체적이기 때문에 언어가 달라져야 하고 사유가 달라져야 하고, 때로는 사유체계도 달라져야 합니다. 그러면서 그 해답의 해답다움을 유지할 수 있어야 합니다. 그러려면 해답이 늘 열려 있어야 하죠. 다시 말하면 해답도 되물을 수 있어야죠. 그것이 진정한 깨달음이고 해답을 누릴 수 있는 태도가 아닌가 합니다.

3. 믿음만이 우월한 가치인가

김갑수   믿음은 넓은 의미의 종교에서 어떤 자리를 차지하고 있습니까?

정진홍   저는 믿음이라는 것을 '마음결'이라고 표현하고 싶습니다. 우리에게
는 어떤 총체적인 개념으로 서술할 수 없는 아주 자디잔 마음의 결
들이 있거든요. 이성, 감성, 상상, 의지 등 제각기 다른 이름으로 부
르는 마음결이 있습니다. 그런데 이들은 다 같이 마음을 이루면서도
서로 다르기에 갈등하기도 하고, 어떤 결은 다른 결보다 더 넓고 깊
은 차원의 마음을 열기도 하고, 또 어떤 결은 이 모든 결을 하나가 되
게 하여 마음이 제구실을 하게 하지요.

그런데 저는 믿음도 그런 마음결에 포함하고 싶습니다. 각각의 마음
결은 마치 무지개처럼 서로 다른 빛을 내지만, 모두 하나의 스펙트
럼에 포함되어 있잖아요. 그래서 사유나 의지나 믿음이나 모두 함께
움직이는데, 믿음에는 조금 다른 특성이 있는 것 같습니다. 주어진

모든 조건에도 불구하고 모든 것을 넘어서는 힘, 추동력이라고 할까요? 그런 게 있는 것 같습니다. 그래서 마음의 다른 결들과 단절된 것이 아니라 이어졌으면서도 모든 것을 넘어서는 그 독특한 마음결을 우리는 믿음이라고 얘기할 수 있겠죠.

김갑수 그렇다면, 선생님이 마음결이라고 표현하신 다른 모든 것 중에서 믿음은 가장 우월한 가치라는 말씀인가요?

정진홍 꼭 그런 것 같지는 않습니다. 함께 있는 것 같아요. 제가 대학에서 강의하다 보면, 아주 똑똑한 친구들이 ―물론 종교인이죠― 이렇게 말하는 것을 흔히 듣습니다. "지성적인 판단, 이성적인 길이 끝나는 데서 믿음이 시작된다." 그러면서 부정적인 영역과 긍정적인 영역을 딱 나눠 놓습니다. 그리고 '부정적인 영역에 속하는 마음결은 이런 거다'라고 규정해 버립니다. 긍정적인 차원에서 기능하는 마음결은 오로지 신앙, 믿음뿐이라는 거죠. 그러면서, 좀 격하게 표현한다면 아주 반인간적인, 혹은 반이성적인 방향으로 나아갑니다. 그런 사람은 건강하지 않은 성격을 갖게 되죠. 그런 모습을 보면서 저는 믿음을 한 차원 높은 우월한 것으로 간주하는 것이 과연 인간과 종교적 경험을 타당하게 설명하는 길인지, 회의하게 됩니다.

4. 종교언어의 특성

김갑수 선생님은 믿음의 영역이 인간의 내적 영역, 인간이 지각하는 여러
영역의 하나라고 말씀하십니다. 그런데 믿음의 한 사례로, 인간 세
계에서 도저히 일어날 수 없는 일들이 종교서적에 기록되어 있습니
다. 2천년 전, 혹은 그 이전에 일어난 일들입니다. 이것이 21세기 소
위 '과학의 시대'에 어떤 정합성을 갖는 것인가, 오늘날 신앙인도 현
대 교육을 받는데, 과거에 어떤 정령이 산다고 믿었던 시절의 관념
을 신봉한다는 것에 과연 어떤 의미가 있는지 궁금합니다. 그리고
그걸 믿어야만, 믿음을 가져야만 그 신앙을 수용하는 것이라고 하는
데, 이 점에 대해서 선생님은 어떻게 생각하시나요?

정진홍 저는 종교 언어의 특성을 이해해야 한다고 생각합니다. 그러니까,
'경전에 담긴 언어가 사실을 설명하느냐, 아니면 다른 맥락에서 발화

된 것이냐라는 문제입니다. 예를 들면
이렇습니다. 헤르만 헤세[1]의 『싯다르
타』에 재미있는 대화가 나옵니다. 싯다
르타가 고타마에게 많은 걸 묻습니다.
그러자 고타마는 이렇게 말합니다.
"내가 너를 가르치는 것은 사실을 설명
하려는 것이 아니라 인간을 구원하려고
하는 것이다."

헤르만 헤세

이 일화는 종교 언어가 과연 무엇을 위해서 발화되는지를 말해 줍니
다. 저는 이 문제를 전에 제가 가르치던 학생의 예를 들어 설명하곤
합니다.

하루는 그 친구의 얼굴을 보니까 아주 밝아졌습니다. 금세 짐작이
가더라고요. 그래서 제가 '너 여자친구 생겼구나?' 했더니 그렇다는
거예요. 제가 왜 그렇게 물었는지는 모르겠습니다만, '예쁘냐?' 했더
니, '네! 최고로 예뻐요!' 그래요. 저는 그 친구에게 애인이 생겼다는
것도 반갑고, 또 그 행복한 모습을 보니까 마음이 흐뭇해서 '점심 사
줄게, 함께 와라' 했어요. 그랬더니 이 친구가 여자친구를 데려왔습
니다. 그런데 전혀 안 예쁩니다. 그래서 처음에 저는 다른 사람을 데
려온 줄 알았어요. 바로 그런 겁니다. 사랑하기 때문에. 자기에겐 그
여학생보다 더 예쁜 사람이 없죠. 그때 제가 그 학생한테, '너 왜 사실

---

1) Hermann Hesse(1877~1962): 독일의 소설가, 시인. 단편, 시, 우화, 여행기, 평론 등 다양한 작품
을 남겼다. 주요 작품으로 『수레바퀴 밑에서(*Unterm Rad*)』(1906), 『데미안(*Demian*)』(1919), 『싯다르타
(*Siddhartha*)』(1922) 등이 있다. 『유리알유희(*Das Glasperlenspiel*)』로 1946년 노벨문학상을 수상하였다.

을 사실대로 말하지 않고, 애인이 세상에서 제일 예쁜 여자라고 말했어? 이렇게 묻는다면, 삶을 제대로 살지 못해도 한없이 분수없이 잘못 살고 있는 거죠.

이런 것이 바로 사랑의 언어입니다. 사랑하기 때문에 예쁘게 보이는 겁니다. 종교 언어가 그런 거죠. 그렇기에 사실을 서술하는 언어를 준거로 삼아서 설명한다면, 모두 거짓말이죠. 과장이거나, 비현실적이거나. 도대체 이해할 수 없는 언어죠. 그러나 어떤 사람이 어떤 경험을 통해 '이거야말로 내가 체험한 해답이다'라고 말한다면 그것은 고백의 언어거든요. 나는 네가 예쁘다고 고백하는 거야. 그래서 고백이 만들어 놓은 현실이 있습니다. 그게 종교 언어거든요. 그런데 그것을 현실로 여기고 현실의 언어로 설명하려고 할 때 문제가 생기는 거죠.

김갑수 저도 바로 그 질문을 드리고 싶은데, 인물이 그다지 출중하지 못한 애인을 세상에서 제일 예쁘다고 믿는 그 학생이 자기만 그렇게 생각하면 되는데 주위의 모든 학생에게 주먹을 휘두르며 '봐라, 예쁘지? 예쁘다고 안 하면 너 큰일 나…' 이렇게 강요한다면 문제가 아닐까요? 바로 이러한 교조주의적 태도, 원리주의, 근본주의적 자세가 문제인 것 같습니다. 책에 나오는 내용을 문자 그대로 신봉하고 그것을 현실세계에서 구현해야 한다고 주장하는 태도가 분쟁을 낳고 테러로 이어지는 것 아닙니까?

정진홍 그래서 우리가 조금 더 생각해야 할 점은, 자신의 정직함이나 성실

함이 자기가 범하는 과오의 면제조건이 될 수는 없다는 겁니다. 저는 그래서 가끔 이런 예를 듭니다. 우물 속에 있는 개구리가 하늘을 바라보면서 하늘이 동전만 하다고 말한다면, 그 개구리로서는 정직하고 성실하게 사실만을 말한 겁니다. 그런데 하늘은 동전보다 큽니다. 문제는 그 개구리의 정직성이나 성실성이 개구리가 범한 이른바 '지적 과오'를 정당화하지 못한다는 겁니다. 그러나 인간에게는 그런 과오를 범할 수 있다는 점을 끊임없이 성찰하는 능력이 있지요. 게다가 모든 종교는 인간이 스스로 성찰하도록 유도하고 가르치고 있습니다. 그런데 너무 쉽게 그런 가르침을 간과하죠.

김갑수   이미 설명해 주셨습니다만, 종교 언어에 대해 조금 더 여쭤 보겠습니다. 예를 들어 기도나 주문, 강론 같은 것도 종교 언어로 볼 수 있지 않습니까? 심지어 '묵언(黙言)'이라고 해서 말하지 않는 형태 언어도 존재하고요. 종교학에서는 종교 언어를 어떻게 설명합니까?

정진홍   기본적으로 종교 언어는 설명의 언어가 아닙니다. 그러니까 뭔가를 인식하려는, 사실을 파악하려는 언어가 아니라, 내가 느끼고 의미를 부여한 경험을 고백하는 언어입니다. 또 그런 고백을 일상화하기 위해서 끊임없이 설법도 하고 설교도 하고, 그런 것을 효과적으로 지니게 하려고 주문(呪文)도 만드는 것이 아닌가 합니다.

김갑수   일상 언어의 범주를 넘어섰다는 점에서 어쩌면 시와 뿌리를 같이하는 것인지도 모르겠습니다. 시적 발상이 바로 그런 거 아니겠습니까? 평소 우리가 사용하는 말로는 도저히 설명하거나 표현하기 어려운 것을 구현한 것이 바로 시니까 말이죠.

정진홍　네. 지금 말씀하신 바로 그 점이 중요한데요, 그 시를 읊을 수밖에 없는 존재가 인간이라고 한다면, 왜 종교가 존재해야 하는지도 이해할 수 있겠죠. 종교 언어의 특성이 무엇인지도 이해할 수 있고요. 그렇게 유추할 수 있겠죠. 그래서 지금 말씀하신 것처럼 그게 가장 중요한 것 같습니다. 시의 필요성을 이야기할 수 있듯이, 우리는 동일한 구조 안에서 종교의 필요성을 얘기할 수 있다. 또 시의 언어가 발원되어야만 산문이 비로소 산문다울 수 있는 것처럼, 종교 언어가 발원될 때 그 종교 언어로 인해서 일상적인 삶에 의미가 깃들 수 있고, 그래서 그 의미가 결국 일상적인 삶을 풍요롭게 하는 것이 아닌가 해요.

김갑수　선생님께서는 어디선가 종교에서 구현되는 언어뿐만 아니라, 새로운 종교적 몸짓이 필요하다고 역설하셨는데, 그건 어떤 내용인가요?

정진홍　두 가지를 말씀드릴 수 있겠습니다.
　　　　첫째, 종교가 몸을 폄하하는 경향입니다. 부처님은 몸을 학대하는 금욕적 태도에서 벗어나서, 깨달음의 경지는 몸을 학대해서 도달하는 것이 아니라는 가르침을 주셨죠. 그 전통이 2,500년을 지속했는데 금욕적인 몸의 학대는 아직도 계속되고 있어요. 인간이 직면한 문제는 몸의 현실에서 비롯됩니다. 만약, 인간이 병들지 않는다면,

채찍질 고행단(The Flagellants) 극단적인 형태의 기독교 참회 행위 추종자들. 스스로 육체적 고통을 가하는 행위를 통하여 죄를 씻고자 하였다. 13~14세기 유럽(특히 독일 지역)에서 유행했으나 가톨릭교회로부터 이단으로 비난받고 대부분 사라졌다. 그림은 벨기에의 둘닉(Doornik) 채찍질 고행단(1349). 벨기에 브뤼셀 박물관 소장.

굶주리지 않는다면, 늙음과 죽음이 없다면, 그렇게 절박하지 않을 겁니다. 그런데 만약 몸이 없다면 정신도 존재할 수 없습니다. 따라서 정신이 깃든 곳으로서의 몸의 존재는 아주 중요한데, 우리는 이 점을 너무 쉽게 간과합니다.

둘째, 우리는 정신을 드러내는 도구로서 몸에 긍정적인 의미를 부여합니다. 그런 사고가 종교문화에서는 일정한 의례로 정착하지요. 종교 의식을 치를 때 그저 가만히 있어도 되는데, 왜 신도들은 두 손을 모으고, 눈을 감고, 고개를 숙일까요? 가만히 있어도 되는데 왜 엎드려 절을 하거나, 두 팔을 벌리고 하늘을 향하거나, 뱅글뱅글 돌며 춤을 출까요? 왜 그럴까요?

저는 그것이 정신의 표상이기라기보다는 몸 자체가 가지고 있는 의

바라춤 불교무용, 즉 작법의 하나로 양손에 바라를 들고 빠른 동작으로 전진후퇴 또는 회전하며 활달하게 추는 춤이다. 불가에서는 모든 악귀를 물리치고 도량(道場)을 청정(淸淨)하게 하며, 마음을 정화하려는 뜻에서 춘다고 한다.

미의 분출인 것 같습니다. 인간의 삶에는 사고나 사상으로 충족할 수 없는 어떤 부분이 있고, 그것은 몸짓으로 이루어진다는 생각이 듭니다. 그래서 제사나 제식이나 의례와 같은 것들이 있다고 생각합니다. 우리가 종교를 이해하려면 사상적인 면도 봐야 하지만, 구체적으로 어떤 제식적 몸짓을 연희하는지도 봐야 합니다. 저는 의례를 통한 몸의 연희가 단순히 사상을 매개하는 수단이 아니라, 몸짓 자체의 의미가 있다고 생각합니다.

5. 한국인의 종교의식

김갑수   조금 오래된 통계이긴 합니다만, 2005년도 통계청 조사에 따르면 우
         리나라 국민 가운데 종교가 있다고 밝힌 사람이 54퍼센트라고 합니
         다. 그 가운데 불교신도가 22.8퍼센트로 가장 많고, 신교가 18.3퍼센
         트, 구교가 10.9퍼센트 정도가 된다고 합니다. 그 외에도 여러 종교
         가 공존하고 있는데, 서로 다른 종교를 믿는 사람 사이에도 어떤 공
         통점이 있지 않을까요? 그 공통점을 통해 한국인의 종교적 의식을
         살펴볼 수 있을 것 같아요.

정진홍   종교 심성이 형성되는 것은 어떤 문제에 대해 어떤 해답을 얻어 그
         것을 누리며 살아가는 것이라고 보았을 때, 두 가지 욕구가 문제 해
         결의 과정에서 추구되었고, 그것이 충족되면서 한국인의 기본적인
         종교 심성을 형성했다고 생각합니다.
         하나는 종교적 의미 체계에 대한 욕구이고 다른 하나는 현실적이고

직접적인 문제를 해결하려는 욕구인데, 이들 문제에 대해 선택한 해답의 내용이 있었을 겁니다.

첫 번째 욕구와 관련해서 우리의 신화나 민속자료를 보면 —꼭 우리 민족만 그런 건 아닙니다만— 하늘이라는 대상이 독특한 위치를 차지하고 있습니다. 신이 하늘에서 내려왔다든지, 하늘로 올라갔다든지, 하늘 아래에서 나라를 만들었다든지. 이런 이야기는 실제로 일어난 사건의 기록이라기보다는, 그렇게 의미의 원천을 찾았음을 보여주거든요. 그래서 저는 그것을 '하늘 경험'이라고 표현하고 싶습니다. 그게 무슨 교(敎)라고 얘기할 순 없는 거니까.

두 번째 욕구에 대한 해답은 어떻게 찾았을까. 지금 내게 부족한 것을 충족시켜줄 어떤 절대적인 힘만 있다면, 이 문제를 해결할 수 있으리라는 믿음이 있을 텐데, 저는 그것을 '힘 지향성'이라고 말하고 싶습니다. 어떤 절대적인 힘을 상정하고, 그 힘에 호소해서 당면한 문제를 풀려는 거죠. 저는 이 두 가지가 서로 교직(交織)하면서 한국 종교문화의 기층을 이뤘다고 생각합니다.

그런데 꼭 역사적으로 보지 않더라도, 인간이 기복적(祈福的)으로 되는 것은 자연스러운 현상입니다. 어떤 해답이 지금 여기서 내게 이로워야 해답으로서 기능한다고 생각하는 것이 당연하지 않겠습니까? 그런데 문제는 그것이 나를 넘어서서 보편적이고 공동체적인 차원의 어떤 의미와 연결되어야 한다는 겁니다. 그렇게 연결되지 않을 때, 그 기복적인 욕구는 이기적이고 독선적이고 배타적인 형태로 발전하게 되죠.

김갑수   맞습니다. 세속에서 발생하는 온갖 갈등과 분열을 치유하고 교정하
는 기능을 해야 할 종교가 보편적이고 공동체적인 성격을 상실한다
면, 오히려 갈등과 분열을 심화하게 될 테니까요. 우리가 기성 종교
에서 편 가르기가 심해지고, 극단의 이기심이 발동하는 현상을 자주
목격하지 않습니까? 기성종교들이 사회통합에 이바지할 길은 없을
까요?

정진홍   글쎄요, 저는 그것이 현실적으로 거의 불가능하다고 생각합니다. 왜
냐면 종교가 여럿이고, 또 스스로 균열한 상태니까요. 종교 자체가
그렇고, 종교와 사회가 그렇고, 또 종교와 종교 간에도 그렇습니다.
그래서 고전적인 입장에서 사회통합을 기대할 수는 없을 것 같아요.
그러나 종교는 현실세계에서 실제적인 해답을 찾는 정치나 경제와
는 달리, 더욱 근원적이고 본질적인 의미와 해답을 추구하기 때문
에 다양한 사회구성체 사이를 흘러가면서 그들을 매개하는 기능을
할 수 있다고 봅니다. 예를 들어서, 있는 자와 없는 자의 갈등이 고조
될 때 그것을 한꺼번에 통합적으로 해결하려고 하기보다는, 그들 사
이를 유영하면서 다른 방식의 해결책을 유도할 수 있겠지요. 정치와
경제가 갈등할 때에도 마찬가지로 그런 식의 매개기능을 통한 해결
을 시도할 수 있을 겁니다. 그것은 전통적 입장의 통합과는 상당히
다르죠.

6. 종교에 대한 열린 상상력

김갑수   제가 대학생 시절에 프레이저[2]의 『황금
가지』라는 책을 읽었습니다. 기억을 더
듬어 보면, 인류의 역사가 미신의 단계
에서 출발하여 종교의 시대를 지나 과
학의 시대를 맞이하고. 그다음에는 언
어로 규정할 수 없는 어떤 세상이 도래
한다고 했던 것 같습니다. 그것이 어떤
세계를 예견한 것인지는 모르겠습니다

제임스 프레이저

만, 분명한 것은 과학기술이 상상을 초월하는 발전을 이룩한 오늘날

---

2) James G. Frazer(1854~1941): 영국의 민속학자로 민족학, 고전문학의 자료를 비교 정리하여 주술(呪
術)·종교의 기원과 진화의 과정을 명확히 하려하였다. 비교종교학에 관심을 보여, 『황금가지(The Golden
Bough)』12권을 저술하였다. 그의 진화주의적 학설을 오늘날 인정되지 않으나, 신앙이나 의례를 사회·정
치조직 및 그 밖의 여러 제도에 기능적으로 관련지어서 검토하는 시점은 현재의 인류학적 연구로 이어지
고 있다.

에도 종교는 여전히 우리 사회에서 매우 중요한 위치에 있다는 겁니다. 이런 상황에서 우리는 어떻게 종교를 바라봐야 할지, 종교인의 역할은 무엇인지 궁금합니다.

정진홍 글쎄요, 자칫하면 규범적인 이야기를 해서 저도 또 하나의 종교적인 발언을 하게 될까 봐 걱정되는데요? 뭐라고 할까요… 종교인이든, 비종교인이든 상상력의 공간을 확보했으면 좋겠어요. 과거에는 특정 문화권에 단 하나의 종교가 있는 종교의 시대가 있었습니다. 그런데 이제는 복수 종교의 시대가 되었거든요. 그런데 종교의 시대에 사용하던 언어를 여전히 구사하니까 적합성이 없는 겁니다. 하나의 종교만이 절대적이라고 말하는 것은 하나의 종교만 있을 때 가능한 이야기인데, 여러 종교가 함께 공존하는데도 여전히 자신의 종교만이 절대적이라고 주장하는 것은 상황을 인식하지 못하는 태도죠. 그래서 적절하지 않은 언어를 발화하는 겁니다. 그럴 때 과연 내 언어에 적합성이 있는지 돌아보고, 규범의 강제를 떠나 다른 상황을 상상할 수 있는 열린 자세가 필요합니다.

또 하나, 많은 종교학자가 종교적인 것들을 이야기할 수밖에 없는 시대가 오지 않겠느냐고 말합니다. 종교, 종교들, 종교적인 것들. 상당히 다르죠. 우리가 이제까지 세속적인 것으로 여겼던 것들이 스스로 절대적인 해답임을 자처하면서 '이것이 의미다, 이것이 가치다'라고 말하기 시작한다면, 그것도 기존의 종교라고는 할 수는 없지만, 종교적인 것으로서 인간의 삶에 어떤 기능을 할 수 있지 않을까요? 그렇다면, 그런 변화도 수용하는 열린 상상력이 필요하겠죠.

열림과 닫힘

"우리는 어떤 인식이나 앎이나 학문도 실증 자체에서 완결되지 않는다는 사실을 잘 알고 있습니다. 그것은 '해석으로, 의미로, 실천으로' 이어지면서 비로소 '살아 있는 앎'이 됩니다.

그런데 '실증 이후'라고 할 수 있을 이러한 것들을 낳는 것은 실증이 아니라, 실증을 넘어서는, 또는 실증을 안고 펼쳐지는 '상상'입니다.

제가 이 자리에서 '상상'이나 '상상력'에 대한 논의를 자상하게 풀어낼 수는 없습니다. 다만, '앎'을 추구하는 주체의 자유로움이 확보되어야 한다는 사실, 그리고 그 자유로움은 앎에 예속될 수 있는 것이 아니라는 사실, 그리고 그렇기 때문에 앎 이전의 자유와 앎 이후의 자유를 확보한 주체가 곧 앎을 묻는 주체여야 하는데, 그러한 주체는 '상상의 날개를 펼 수 있는 사람'이라고 부르면 좋겠다는 주장을 하고 싶을 뿐입니다.

자신의 정직성을 스스로 신뢰하는 자유로운 '영혼'으로 온갖 것을 자기 나름대로 물을 수 있고, 또 다듬을 수 있는 그러한 사람이, 그러한 사람만이 학문을 할 수 있는 것은 아닐까 하는 상상을 해보곤 합니다."

정진홍, 『열림과 닫힘』 중에서

김갑수   선생님은 종교를 학문의 대상으로 삼아 평생토록 연구하셨는데, 그런 노력은 종교를 신념의 체계로만 바라보던 사람들을 자유롭게 해주었다는 점에서 의미가 크다고 생각합니다. 신앙으로서의 종교, 학문으로서의 종교. 이 간극을 어떻게 생각하시는지요?

정진홍   글쎄요, 제가 종교학을 하면서 여러 차례 질문을 받았습니다. '종교는 아는 것이 아니라, 믿는 것이다. 믿으면 간단한 것을 왜 굳이 알려고 하느냐?' 그럴 때 저는 이렇게 대답합니다.

"앎과 믿음은 서로 갈등관계에 있지 않다. 앎은 우리에게 정직한 자세를 갖추게 해주는 것이다. 믿음은 우리에게 삶을 감사하게 해주는 것이다. 그렇기에 그 둘은 늘 함께 있어야 한다. 정직하지 않은 감사도 있고, 감사 없는 정직도 있다. 그래서 그 둘은 함께 있어야 한다."

그런데 잘 생각해 보니, 그건 말뿐이고 제가 게을러서 믿지 못하는 것인지도 모르겠습니다.

새로운 시대의 윤리

| 황경식 |

"우리는 도덕적인 의무만이 아니라, 의무 이상의 행위도 합니다. 때로 살신성인(殺身成仁)하는 행동도 하고, 때로 영웅적인 희생을 할 수도 있지요. 선의로 사회에 많은 재산을 쾌척하는 것이 의무는 아니거든요. 그러니까, 도덕적으로 '의무 이상의 것'이 매우 중요합니다. 그래서 이런 내용을 담은 새로운 윤리관이 필요하다는 생각을 하게 됐습니다. 의무 윤리도 중요하지만, 전통적인 덕(德)의 윤리가 되살아나야 할 이유가 있습니다. 우선, 방금 제가 말씀드린 대로 의무만 가지고 윤리적인 실천을 다 설명하기는 어렵기에 윤리의 영역을 조금 더 확장할 필요가 있습니다. 그리고 행위, 즉 두잉(doing)만 중요한 것이 아니라, 우리의 인품과 성품, 존재 자체가 달라져야 합니다. 다시 말해 비잉(being)도 중요하다는 겁니다. 이처럼, 최근에 덕의 윤리라는 주제가 윤리학에서 새롭게 부상했습니다."

황경식

서울대학교 철학과 교수.
서울대 철학과 졸업, 동 대학원 철학과 수료(철학 박사).
미국 하버드대 객원연구원, 한국철학회 회장, 명경의료재단 이사장.
주요 저서: 『철학과 현실의 접점』, 『시민공동체를 향하여』, 『자유주의는 진화하는가』

1. 인문학의 부상, 철학의 기능

김갑수 우리 만화 가운데 「흥부전」을 각색한 『연씨별곡』이라는 작품이 있
습니다. 흥부라는 인물에 대한 우리의 고정관념을 여지없이 깨뜨린
작품이죠. 거기서 흥부는 천하에 둘도 없는 한량입니다. 팔뚝에 다
섯 글자로 '착하게 살자'라는 문신까지 새겼습니다. 정말 착하게 사
는 사람이라면 그러지 않겠죠. 그 문신을 보면서 이런 생각을 해봅
니다. 착하게 산다는 게 뭔가. 좀 고상하게 말해서 윤리적인 삶, 도덕
적인 삶이란 어떤 것인가.
　　　도덕과 윤리가 땅에 떨어졌다는 푸념은 어제오늘 들리는 이야기가
아닌데, 인문학적 관점에서 바라본 윤리학에 대해 오늘은 서울대학
교 철학과 황경식 교수님과 말씀 나눕니다.
　　　선생님, 자본주의 사회에서 모든 가치가 자본화하는 경향이 두드러
지다 보니까, 윤리와 자본 사이의 갈등을 자주 목격하게 됩니다. 그
런데 서울대에서는 최고경영자를 위한 인문학 과정을 개설했더군

요. 경영자들에게 경제학이나 경영학이 아니라 인문학을 가르친다는 발상이 조금 생소한데, 인문학이 기업이나 국가경영에 그만큼 큰 영향을 미친다는 의미인가요? 선생님이 생각하시는 인문학, 특히 철학은 실생활에서 어떤 역할을 하는지 궁금합니다.

cf. 김기현, P.23

황경식 인문학의 위기를 언급한 지는 오래되었습니다. 사람들의 관심이 법학이나 의학과 같은 실용학문에만 쏠리다 보니까, 소위 '배고픈 학문'이라는 인문학에는 사람이 별로 모이지 않았기에 그 영향력이 점차 감소했습니다.

그런데 얼마 전부터 전 세계적으로 인문학에 대한 관심이 다시 높아지고 있어요. 저는 그런 현상이 오늘날 우리가 매우 불확실한 시대를 살고 있다는 사실에서 비롯한 것이 아닌가 합니다. 미래에 대해 합리적이고 바람직한 의사결정이나 선택을 하기가 몹시 어려운 오늘날과 같은 불확실성의 시대에 실상을 정확하게 꿰뚫어보는 통찰력이 필요하고, 또 부분이 아니라 전체를 조망하는 비전이 절실하게 요구되는데, 바로 그런 연유에서 사람들이 다시 인문학에 관심을 보이는 것 같습니다.

그런데 인문학이 제공하는 통찰력과 전반적인 비전은 철학과 가장 밀접한 관계가 있습니다. 사실, 철학이 다른 분야에 비해서 매우 유용한 몇 가지 측면이 있습니다.

첫째가 바로 개념의 분석입니다. 언어의 의미를 분석하는 것이죠. 우리는 살아가면서 수많은 개념을 사용하는데, 그 개념의 의미가 모호할 때 불필요한 소모가 발생합니다. 철학은 개념을 분석해서 의미를 명료하게 규정하여 담론이 원활하게 소통될 수 있게 하지요.

둘째, 철학은 논변(論辯)을 중요시합니다. 그래서 철학의 역사를 '논변의 역사'라고도 하지요. 논변이란 어떤 주장이 있을 때 그 주장의 근거를 제시하고 논쟁하는 것을 말합니다. 그러니까, 근거 있는 주장이 바로 논변인데 우리가 상대방을 합리적으로 설득하려면 반드시 논변을 통해야 합니다. 그래서 고등학교에서 토론 교실을 개설하고, 대학입시에 논술과목이 있는 것은 이 불확실성의 시대에 상대방에게 자기 의견을 명확하게 전달하고 상대방을 설득하는 데 필요한 논변의 능력을 키워 주고, 아울러 합리적 설득의 능력을 길러 주려는 것이겠지요.

그런데 저는 무엇보다도 중요한 철학의 기능은 삶의 가장 근본적인 가치에 대해 성찰하게 하는 데 있다고 봅니다. 삶과 죽음의 문제처럼 우리가 일상적으로 관심을 두지 않는 근본적인 문제에 대해 깊이 성찰하고, 근본을 바라보고, 근본으로 돌아가게 하는 궁극적인 관심을 다시 일깨워주는 것이 철학이라고, 저는 생각합니다.

2. 새로운 윤리의식

김갑수　그렇다면, 철학이 배제된 삶이란 허황한 것일 수도 있겠군요. 요즘 주위에서 자주 들리듯이 도덕과 윤리가 땅에 떨어졌다는 진단은 그런 삶을 두고 한 말일 수도 있겠다는 생각이 듭니다.

　　　　한 가지 궁금한 점이 있습니다. 도덕과 윤리가 땅에 떨어졌다는 표현의 배경에는 그전과 비교할 때 세태가 더 나빠졌다는 판단이 개입되어 있지 않습니까? 그런데 이전 시대에도 늘 똑같은 얘기를 해왔다면, 이것은 문제라고 봅니다. 다시 말해 인간의 사회적 삶은 지속적으로 타락해 왔다는 뜻인가요?

황경식　역사학자들이 그러더군요. 모든 시대의 역사가가 '지금이 과도기다' 라고 이야기한답니다. 고대 그리스 역사가들이 그랬고, 제국주의 시대 역사가들이 그랬고, 현대 역사가들도 마찬가지입니다. 결국, 어느 사회나 문제를 안고 있다는 얘기가 되겠죠. 그러나 제가 보기에 요즘 젊은이들에게는 나름대로 아주 도덕적인 면이 있어요. 단지, 도덕의 개념이 기성세대가 생각하는 것과 조금 다를 뿐이지요. 그들은 이전 세대의 전통적인 도덕보다는 현대화한 합리적 도덕에 길들고 있습니다. 서양에서는 특히 중세를 지나 근세 이후 합리성에 바탕을 둔 도덕이 새롭게 등장하지 않았습니까? 요즘 젊은이들은 전세대처럼 도덕적 기준을 너무 높이 잡지도 않고, 현실에 잘 적응하여 실천할 수 있는 시민의 도덕성을 중요시하는 것 같습니다. 그래서 저는 세태를 한탄하는 어르신들이 요즘 세대에 대해 너무 절망적인 시선을 보내지 않으셔도 되지 않을까 생각합니다.

김갑수   윤리란 기본적으로 옳고 그름의 문제 아니겠습니까? 그런데 인간 사회가 늘 과도기에 있다고 말씀하셨습니다만, 한때 옳았던 것이 나중에 돌아보면 그렇지 않을 수도 있고, 또 긴 역사를 돌아보면 한 시대의 정의가 다른 시대에서는 정반대로 해석되는 수도 있잖습니까? 그렇다면, 과연 무엇이 옳은 것인지 판단하기 어려운데, 대체 '옳은 것'이란 무엇입니까?

황경식   과거에는 옳은 것을 규정하는 확고한 정답이 있다고 믿었습니다. 그러나 모두에서도 말씀드렸듯이, 사회가 복잡해지고 걷잡을 수 없이 변하면서 우리는 지금 불확실성의 시대를 살고 있습니다. 그래서 옳은 것에 대한 유일한 정답이 있다고 생각하지 않게 되었습니다.
물론, 모두 공유해야 하는 정답이 있습니다. 예를 들면 공중도덕을 지킨다거나, 악행을 저지르지 않는다는 등의 문제에서 이견이 있을 수 없습니다. 우리가 사회를 형성하고 살아가려면 핵심적인 도덕은 반드시 공유해야지요. 그러나 그 나머지 사안에 대해서는 각 개인의 생각에 관용을 베풀어야 할 여지가 많습니다. 이것이 바로 우리가 다원주의 사회를 살아가는 지혜이고, 또 그것이 새로운 윤리가 아닌 가 합니다.

선장의 딜레마

1841년 미국 리버풀에서 필라델피아로 항해하던
윌리엄 브라운 호.
난파될 상황에 직면한 선장은 도덕적 딜레마에 빠진다.
승객이 모두 구명보트에 올라탔으나, 인원이 초과하여
또다시 침몰위기를 맞이하게 된 것.
선장은 선택의 갈림길에 선다.
모두 함께 죽거나,
몇 사람의 희생으로 나머지 사람이 살아나거나.
선장은 모두가 살 수 있기를 조용히 기도하지만, 결국, 모두가
죽을 수밖에 없는 전멸의 운명을 기다린다.

진퇴양난의 이런 상황에서 올바른 선택은 무엇인가?"

3. 도덕적 딜레마

김갑수   만약 제가 윌리엄 브라운 호 선장이라면 어떻게 했을까요? 혼란스럽
                   습니다. 이런 도덕적 딜레마에서 우리는 어떤 선택을 해야 할까요?

cf. 김효은, P.222

황경식   이러한 딜레마를 보면, 현대사회가 당면한 다양한 문제에 단 하나만
                   의 정답이 있을 수 없음을 알게 됩니다. 제가 수업시간에 브라운 호
                   선장의 딜레마를 제시하고 해답을 요구하면, 학생들은 머리를 굴리
                   기 시작합니다. 별의별 대안이 나오고, 희한한 해결책도 나옵니다.
                   그런데 학생들은 대부분 두 편으로 나뉩니다. 선장처럼 원칙에 따라
                   행동해야 한다는 주장과 결과 위주로 상황에 대처해야 한다는 주장
                   이 서로 대립하면서 학생들은 열띤 토론을 벌이죠. 그리고 상대방을
                   설득할 방법을 찾아내는 공동탐구 형식으로 수업이 진행됩니다.

김갑수   제가 20대 학생 시절이라면 좀 미련하더라도 같이 죽고 같이 살자는

쪽으로 갔을 것 같습니다. 그런데 지금은 그렇게 판단하지 않아요. 오히려 몇 명이라도 살아남게 하는 합리적인 선택이 옳다고 생각합니다. 그러니까, 개인의 도덕성도 나이와 세월의 영향을 받는군요.

황경식   물론, 영향을 받죠. 그래서 젊은 시절의 마르크스주의자들이 나이가 들면 생각이 바뀌는 것 아니겠습니까? 그리고 이런 딜레마는 다양한 상황에서 마주치게 됩니다. 예를 들어 요즘 자주 논의되는 임신중절 문제라든지, 안락사 문제라든지, 사형제도 같은 문제는 하나의 결론을 내리고 의사결정을 하기 전에 모두가 열심히 사고하고, 토론해야 하는 사안입니다.

4. 덕(德)의 윤리

김갑수   영국의 한 장교가 위기에 빠진 부대원들을 구하려고 스스로 목숨을 희생했습니다. 그 장교의 유가족은 국가가 고인에게 공로훈장을 주리라고 기대했지만, 국가는 그러지 않았습니다. 섭섭한 마음에 유가족이 그 이유를 물었더니, 만약 국가가 그 장교의 행동을 '의무 이상의 선행'으로 규정하여 훈장을 수여한다면, 그 이후로 장교가 위기에 빠진 사병들을 구하는 것은 '의무적'인 행위가 아니라는 선례를 남기게 되므로 특별히 서훈할 수 없다는 답변을 들었다는 겁니다.

이처럼, 의무와 실천에 관해서는 생각해볼 구석이 많은 듯합니다. 우선, 실천이 따르지 않는 도덕성이란 어쩌면 기만이나 위선이라고 할 수 있지 않겠습니까? 따라서 실천은 우리에게 의무로서 강제되는데, 법이나 풍속을 통해 강제된 윤리보다는 기쁨과 행복을 느끼며 자발적으로 실천하는 도덕성이 더 중요하지 않겠느냐는 생각이 듭니다. 선생님은 저서에서 의무로서의 윤리와 의무 이상의 윤리에 대해 말씀하셨는데, 자세히 설명해 주셨으면 합니다.

황경식 우리는 도덕적인 의무만이 아니라, 의무 이상의 행위도 합니다. 때로 살신성인(殺身成仁)하는 행동도 하고, 때로 영웅적인 희생을 할 수도 있지요. 선의로 사회에 많은 재산을 쾌척하는 것이 의무는 아니거든요. 그러니까, 도덕적으로 '의무 이상의 것'이 매우 중요합니다. 그래서 이런 내용을 담은 새로운 윤리관이 필요하다는 생각을 하게 됐습니다. 의무 윤리도 중요하지만, 전통적인 덕(德)의 윤리가 되살아나야 할 이유가 있습니다. 우선, 방금 제가 말씀드린 대로 의무만 가지고 윤리적인 실천을 다 설명하기는 어렵기에 윤리의 영역을 조금 더 확장할 필요가 있습니다. 그리고 행위, 즉 두잉(doing)만 중요한 것이 아니라, 우리의 인품과 성품, 존재 자체가 달라져야 합니다. 다시 말해 비잉(being)도 중요하다는 겁니다. 이처럼, 최근에 '덕의 윤리'라는 주제가 윤리학에서 새롭게 부상했습니다.

전통적인 의무 윤리학자들은 어떤 것이 의무인가를 밝히는 데 주력했지만, 결정적인 문제는 사람들이 의무가 무엇인지를 알면서도 실천하지 않는다는 겁니다. 덕의 윤리는 바로 그 실천을 특히 강조하는 새로운 추세라고 할 수 있습니다.

김갑수 오늘날 덕의 윤리가 필요하다는 것은 행위에 앞서 그 사람의 존재 자체가 중요하다는 말씀이 아니겠습니까? 어떤 생각을 하고 어떤 가치관을 가졌는가에 따라 그 사람의 행위가 달라지니까요. 그렇다면, 그 존재의 의지가 바로 핵심적인 관건이 아닌가 싶습니다. 왜냐면 자신의 의지대로 어떤 선택을 할 때 가장 강력한 윤리적 행동을 낳을 수 있고, 또 장애에 저항하는 힘도 클 테니까요.

황경식 서양의 소크라테스나 동양의 양명학자들[1]이 주장하는 것은 '알면 행한다'는 것입니다. 우리가 진정 무엇이 옳은가를 알면, 행하지 않을 수 없다는 것이죠. 그러나 아리스토텔레스나 동양의 다른 윤리학자들은 우리가 올바른 길이 무엇인지를 알아도, 욕심이나 이기심 따위의 유혹을 받아 행하지 않게 된다고 말합니다. 사실, 배운 사람들이 오히려 나쁜 짓을 더 많이 하는 게 시속(時俗) 아닙니까? 그래서 서양에서든 동양에서든 도덕을 말할 때, 늘 인간의 허약한 의지력을 문

소크라테스   왕양명

1) 陽明學: 중국 송나라 때 주자(朱子)에 의해 확립된 성리학(性理學) 사상에 반대하여 명나라 때 양명(陽明) 왕수인(王守仁, 1472~1528)이 주창한 학문이다. 왕양명은 초기에 성리학을 공부하다가 주자의 성즉리(性卽理)와 격물치지설(格物致知說)에 회의를 느끼고 육상산(陸象山)의 설을 이어 심즉리(心卽理)·치양지(致良知)·지행합일설(知行合一說)을 주창하고 나왔다. 즉, 효는 배우고 익혀서 원리를 이해하는 것이 아니라 부모를 공경하는 자연스러운 마음의 원리를 실현하는 것으로 보았으며 효심과 효행은 구분되지 않는 하나로 인식하여 이를 지행합일설로 표현한 것이다. 마음은 기(氣)이고 마음이 갖춘 도덕성 등의 이치는 이(理)라고 한 주자의 견해에 대하여, 만물일체와 불교의 삼계유심(三界唯心)의 입장에서 마음이 곧 이(理)라고 주장하였다.

제 삼았습니다. 의지는 아는 것을 행동으로 옮기는 매개 역할을 하는데, 이 의지력이 약하면 유혹에 넘어가죠. 그래서 아리스토텔레스 철학이나 공맹(孔孟) 철학에서 가장 중요하게 여기는 것은 의지를 연마하고 단련해서 강화하는 것입니다. 의지력을 강화해서 도덕적인 용기, 다시 말해 덕(virtue)을 함양하는 것이 윤리학의 아주 중요한 주제가 되었죠. 바로 이것이 도덕적 실천을 보증하기 때문입니다. 그래서 아리스토텔레스는 어린 시절에 좋은 행위를 습관화하는 것을 매우 중요하게 여겼고, 반복적인 훈련을 강조했습니다.

공자와 맹자에게도 가장 중요한 과제가 바로 수양(修養)입니다. 의지력을 강화하는 것이 바로 수양의 핵심이거든요. 유혹이 와도 내가 옳다고 생각하는 나의 소신대로 당당하게 옳은 길을 갈 수 있는 도덕적인 용기와 의지력으로 무장하는 것이 도덕적 실천에서 아주 중요한데, 그 점을 요즘 덕 윤리학자들이 강하게 호소하고 있습니다.

김갑수　의지를 이야기할 때 저처럼 의지가 박약한 사람들은 뜨끔합니다. 그러나 의지가 약한 사람도 행복을 느낄 때 의지가 강화되는 것을 느낍니다. 어떤 충만감 같은 것을 느끼면, 힘든 줄도 모르고 밤을 꼬박 새우기도 하고 새벽부터 일을 시작하기도 합니다. 너무 소소한 예를 들었습니다만, 윤리적 삶의 실천에서는 반드시 지성적이고 논리적인 측면만이 아니라, 감성적 측면도 중요하지 않은가 싶습니다.

황경식　윤리적 실천에는 세 가지가 중요합니다. 지(知), 정(情), 의(意). 우리 마음에는 이 세 가지 기능이 있지 않습니까? 우선, 옳은 것이 무엇인지를 아는 지적인 각성이 요구되고, 그다음엔 그것을 꿋꿋하고 당당하게 실행에 옮길 수 있는 의지력이 요구되고, 마지막으로 그것을 행복하게 여기는 감정 상태가 중요합니다. 예를 들어 누군가 사회에 뭔가를 기부할 때는 행복한 마음으로 흔쾌히 해야 하거든요. 남의 눈치를 보며 억지로 하는 것은 도덕적인 행위가 아닙니다. 그래서 이런 삼박자가 잘 맞았을 때 유덕한 사람은 행복한 삶을 살게 되죠. 그런 뜻에서 덕을 행복의 기술이라고 말할 수도 있을 겁니다. 저는 요즘 학교의 윤리 교육에서도 덕성 교육을 부활해야 하지 않을까 하는 생각도 해보고 있습니다.

김갑수   지금 학교의 윤리 교육 말씀하셨는데, 의지를 통해 윤리적인 삶을 실천하기가 쉬운 일은 아니니까, 교육과 훈련이 필요하지 않겠어요?

cf. 문용린, P.121

황경식   그래서 덕 윤리에서 가장 중요한 것이 부모의 역할입니다. 아이의 기본적인 성격의 틀은 가정에서 형성됩니다. 부모가 자녀 앞에서 어떻게 행동하고, 자녀를 어떻게 가르치느냐 하는 것이 결정적입니다. 우리가 흔히 세 살 버릇 여든까지 간다고 얘기하잖아요. 세 살 때 우리는 부모의 무릎에 있습니다. 서양에도 '부모가 최상의 교사'라는 말이 있습니다.

그리고 학교의 역할도 중요합니다. 지금은 주로 강의나 토론을 통해 사고 교육만 하는데, 더 중요한 것은 체육이나 극기훈련처럼 의지력을 키우는 프로그램입니다. 그리고 또 한 가지, 감정의 조율과 관련해서 예능 교과가 특히 중요합니다. 그래서 조금 체계적인 음악 교육을 한다든지, 미술 교육을 해서 아이들의 감정을 조율하고 순화하는 노력이 필요합니다. 이처럼, 지, 정, 의를 포함한 종합적인 프로그램을 통해서 아이들의 덕 함양을 이룰 수 있다고 생각합니다.

이런 과정을 통하면 아이들의 성품이 놀랍게 변합니다. 예를 들어 한국에서는 태권도, 유도, 검도, 등 무술에 '도(道)' 자를 붙이지 않습니까? 이 도라는 게 바로 덕을 닦는 것입니다. 우리가 '도·덕(道·德)'이라고 이야기하죠. 도를 닦는 것은 덕을 함양하는 겁니다.

지혜로운 교육

고기를 주기보다, 고기 잡는 법을 가르치는 일이 더욱 중요하다.
인생은 크고 작은 문제 상황과 수많은 선택의 연속이며, 우리는
자주 딜레마에 빠져 고민한다.

문제 상황을 두고 두루두루 궁리하고 생각하는 가운데, 가장 현
명한 선택이 무엇인지 미리 따져두면 실제 상황에 부딪혀도 당
황하지 않고 슬기롭게 어려움을 헤쳐 나갈 수 있다.

혼자서 생각할 뿐 아니라, 친구들과 더불어 대화하고 토론하는
도덕적 사고 교육과 토론교실이 복잡한 현대사회의 등대이자
안내자 역할을 할 것이다.

5. 공동체적 윤리교육

김갑수   선생님이 주력하시는 일이 어린이를 대상으로 한 철학 교육 아닙니까? 어린이에게 철학을 이야기할 때 어떤 점을 강조하시는지요?

황경식   미국에서는 30년 전부터 교육개혁운동이 전개되고 있습니다. 그 운동의 가장 핵심적인 내용이 바로 어린이 철학 교육인데, 특히 논리 교육을 많이 강화하고 있습니다. 어떤 의미에서 철학의 기본이 논리이기 때문이죠. 그런데 어린이 철학교실 운영의 결과가 주는 중요한 교훈은, 논리 교육을 받은 아이들이 아주 윤리적으로 변한다는 사실입니다. 논리적 일관성을 잃으면 윤리적으로도 곧바로 문제가 생기니까요. 그래서 윤리 교육만 한다고 해서 아이들이 윤리적으로 발전하는 것이 아니고, 논리 교육이 밑받침된 윤리 교육, 즉 생각하는 윤리 교육이 매우 중요하다는 겁니다. 이것이 지금 미국 어린이 철학교실 20년 결산이라고 보고 있습니다.

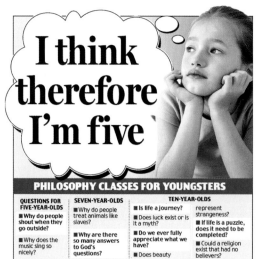

김갑수   옛날에는 '국민'이라는 말을 자주 사용했는데, 언제부터인가 '시민'이라는 용어로 대치되는 경향을 보입니다. 이런 현상은 시민사회가 그만큼 성숙한 결과겠지요. 국민은 국가에 귀속되는데, 시민은 사회라는 공동체의 구성원이라는 개념이 강합니다. 그래서 평등한 입장에서 계약관계가 중시되고, 윤리적 태도가 중요시되지요. 그런데 우리의 시민윤리 의식은 아직 성숙하지 못해서 그런지, 선진국 사회와 비교할 때 많이 취약한 것 같습니다. 이 점에 대해서 어떻게 생각하시는지요?

황경식   우리가 흔히 시민사회라고 하면, 서구적인 모델을 떠올립니다. 시민사회는 개인주의적이고, 합리적 이익을 추구하고, 또 상당히 자유주의적인 개인들의 집합체라고 할 수 있겠죠. 그런데 저는 과도하게 개인주의화한 사회는 우리의 전통과 맞지 않는다고 생각합니다. 우리의 전통적 사회는 공동체적 요소가 강합니다. 예를 들어 개인적이고 사적인 대상에도 '우리'라는 관형사를 자주 사용하지 않습니까? 우리 어머니, 우리 집, 우리 마누라…. 우리 마누라를 직역하면 서양 사람들은 깜짝 놀랍니다. 그래서 저는 시민사회적 요소에 공동체적인 요소를 결합한 시민공동체 모형을 나름대로 구상하고 있습니다. 미국의 어린이 철학교실에도 '탐구공동체'라는 말이 있어요. 어린이 철학교실을 하나의 공동체로 운영합니다. 지적으로 탐구하고 연구하는 것도 혼자 해서 되는 일이 아니라, 함께 함으로써 각자의 단점과 장점을 취사선택하고 보완하는 계기가 되기에 교실 자체도 공동체적으로 운영됩니다. 그런 것을 타산지석으로 삼아서 우리 사회도 단순한 시민사회가 아니라 시민공동체로 나아갈 수 있는 여지가 충분히 있다고 생각합니다.

6. 사랑과 성의 윤리

김갑수   공동체라는 용어를 이익집단과 구별되는 개념으로 사용하신 것 같
          은데, 그 공동체라는 개념에 따라서 바라보더라도 지금 우리 사회는
          하나의 큰 틀로 설명할 수 없는, 지극히 분화된 상태에 있지 않습니
          까? 심지어 윤리에도 생명윤리, 성윤리, 생태윤리, 사이버윤리 등 수
          없이 분화되어 우리가 포섭된 부문별로 독자적인 규율이 있습니다.
          선생님이 적극적으로 관여하시는 생명윤리의 경우는 어떤지 궁금
          합니다.

황경식   지금까지 우리는 윤리의 총론적인 이야기를 했는데, 사실은 재미있
          는 것은 윤리의 각론들입니다. 총론은 인문학적 범주에 들어가지만,
          각론은 우리 피부에 와 닿는 지극히 구체적인 문제입니다. 저는 지
          금 생명윤리에 관심을 두고 서울대학교에서도 여러 개 교실을 운영
          하고 있습니다. 요즘 학생들은 의외로 생명의료 문제에 관심이 많아

요. 우리 삶에서 가장 핵심적인 가치가 바로 생명 아닙니까? 생명보다 더 가치 있는 것은 없거든요. 그런데 그 생명과 관련된 여러 가지 의사결정이나 선택이 모두 윤리적인 문제와 관련되어 있어요. 예를 들어 임신중절이나 안락사처럼 생명과 관련된 문제에 대해 윤리적으로 허용할 수 있는 한계가 어디까지이고, 무엇이 허용될 수 없는지를 정확하게 따지지 않으면 파국이 예상되지요.

김갑수   전에 저는 개인적 삶의 문제에 국가가 관여하는 것은 문제가 있다고 생각했습니다. 독재 체제를 거치면서 강화된 소신이었는데, 이제는 생각이 바뀌었습니다. 예를 들어 복지라는 관점에서 볼 때, 개인 문제라기보다는 사회의 문제인데 국가가 방치하는 사례가 많다는 생각이 들었습니다. 우리나라 자살률이 OECD 평균의 두 배로 정말 비상사태인데, 자살은 개인적인 문제이니 국가가 개입하지 않는다는 것은 잘못된 생각인 것 같습니다. 그와 마찬가지로 생명의료 윤리적인 문제들 역시 매우 중요하다는 생각이 듭니다.

그리고 사랑과 윤리, 성도덕의 문제가 있습니다. 특히, 젊은 세대의 성은 중대한 토론 거리인데, 선생님은 이 문제에 대해 어떤 입장이신지요?

cf. 고미숙, P.182

황경식   성의 문제는 인생에 대한 자세와 밀접하게 관련되어 있습니다. 우리가 성을 가볍게 여기면 삶 자체가 진지하지 않습니다. 그만큼 성은 중요한 문제입니다.

우리가 성에 대해 가장 많이 논의하는 주제 가운데 하나는 바로 성과 사랑의 관계입니다. 교실에서 성윤리에 대해 이야기하면서 사랑이 있는 성과 사랑이 없는 성의 찬반양론을 제기하면 아주 활발한 토의가 이루어집니다. 일반적으로 보수적인 사람들은 사랑이 있는 성을 고수하죠. 반드시 사랑하는 사람, 결혼을 전제한 사람과 성관계를 할 수 있다고 주장하지요. 반면에 사랑이 없는 성도 허용되어야 한다고 주장하는 진보적인 사람도 있습니다.

김갑수 　사랑과 성적 쾌락이 서로 다른 별개의 범주라는 거죠.

황경식 　한 사람의 일생에서 진정으로 사랑하는 사람을 만나기란 그리 쉽지 않습니다. 그것은 운명이고 행운이죠. 그러니, 사랑하지는 않아도 혹은 결혼할 상대는 아니어도 성적인 파트너십은 맺을 수 있지 않으냐는 겁니다. 그렇다고 해서 혼외 성을 용납한다는 것은 아닙니다. 결혼은 신성하고 소중한 것이니까요.

아울러 사랑에 대한 정의를 내리기도 합니다. 누구나 사랑이 무엇인지 아는 것 같지만, 정작 논의를 시작하면 정의하기가 매우 어렵습니다. 사랑이 매혹이나 열정과 어떻게 다른지, 끌림이나 우정과는 어떻게 다른지, 이런 논의를 하면서 학생들은 자신의 성과 애정에 대한 관념을 정리하는 시간을 갖습니다.

김갑수 　연구 분야를 보면, 선생님을 윤리학자라고 할 수 있지 않습니까? 그런데 윤리학자는 통상 보통사람이 실천하기 어려운 과제를 강요하는 사람이라는 선입견이 있어요, 사실. 윤리적 목표라는 것은 보통

실천적 윤리학의 시대

"최근 전 세계를 걸쳐서 전개되고 있는 철학계의 주목할 만한 이벤트의 하나는 바로 실천 철학으로서 윤리학과 현실의 재회라고 할 수 있다. 이는 생명의료 윤리를 위시해서 정보사이버 윤리, 환경생태 윤리 등으로 나타나고 있으며, 흔히 이를 응용윤리학 혹은 실천윤리학으로 부르고 있다. 이로서 철학은 그야말로 현실과의 접점을 다시 찾아, 현실에서 빛을 발하는 동시에 철학 자체도 생기를 회복하고 있다.

현실을 살리고 그 덕에 철학도 살아야 한다는 명제가 오늘날 보다 더 심각하고 절실하게 다가온 적이 없다. 그러므로 철학과 현실은 만나야 하고, 또한 분명히 만날 수 있으리라 확신한다."

황경식, 『철학과 현실의 접점』 중에서

사람이 도달하기 어려운 것이잖아요. 예를 들어 기혼자의 혼외(婚外) 성행위는 도덕적으로 허용되지 않는데, 현실에서는 흔하게 벌어지는 것이 실제 사회상이 아닙니까?

황경식   정해진 틀을 가지고 교조적으로 가르치는 사람을 조금 부정적인 뜻으로 '도덕론자, 모럴리스트(moralist)'라고 부릅니다. 그런데 오늘날 철학적인 윤리학은 모럴리즘이 아니라, 상당히 개방적인 학문입니다. 예를 들어 앞서 말했듯이 사랑이 있는 성과 사랑이 없는 성 사이에서 학생들은 어떤 입장을 지지해도 좋습니다. 단, 지지하는 합리적인 이유가 있어야 합니다. 내가 왜 사랑이 있는 성을 고수하려는지, 내가 왜 사랑이 없는 성도 용납되어야 한다고 주장하는지, 자기 주장에 대한 정당한 근거가 밑받침되는 것, 그것이 철학이거든요. 그래서 철학은 하나가 아니라 여러 개의 정답을 허용하지만, 자기가 선택하는 정답에 대해 합리적으로 책임을 져야 합니다. 이유 있는 주장을 해야 한다는 겁니다. 그런 의미에서 윤리적 주장의 자유는 보장되어 있되, 철학적인 논의로서는 나름대로 아주 엄정한 기준을 지켜야 합니다.

7. 예방 윤리학

황경식   응용윤리학이나 실천윤리학은 우리가 인생에서 마주치는 다양한 문제에 대한 일종의 예방의학과 같은 겁니다. 병든 사람을 치료하는 것은 치료의학이고, 병이 나기 전에 발병 요인을 미리 제거하는 것이 예방의학입니다. 그런 의미에서 제가 하는 윤리학을 예방윤리학이라고 부르고 싶습니다. 우리는 인생에서 생명의료의 문제를 만날 수도 있고, 정보사이버 문제를 만날 수도 있고, 또 성 문제를 만날 수도 있습니다. 그러나 미리 철학적으로 깊이 성찰하고 숙고해서 나름대로 지혜를 습득한다면 실제로 그런 문제를 만났을 때 놀라거나 당황하지 않고, 슬기롭게 그 문제를 해결하고 나중에 후회하지 않으리라 생각합니다.

김갑수   선생님은 저서에서도 윤리적 실천이 가장 중요하다고 강조하셨는데, 특별히 더 강조하고 싶은 내용이 있다면 말씀해 주세요.

황경식   저는 오늘 이야기를 통해 인문학에 관한 중요한 사실을 말씀드리고
싶었습니다. 인문학이 언뜻 보기에는 무용지물처럼 보이지만, 우리
가 삶에서 겪는 어려움에 돌파구가 될 수 있는, 무용지대용(無用之
大用), 즉 무용한 듯이 보이지만 큰 쓰임이 있는 학문이라고 생각합
니다. 우리는 사소한 일에 목숨을 거는 현대인의 모습을 흔히 보게
됩니다. 그러나 문제의 겉모습보다 근본적인 뿌리를 선명하게 볼 수
있다면, 현실적인 문제에 거리를 두는 마음의 여유를 찾을 수 있을
겁니다. 바로 그런 역할을 하는 인문학이 우리의 주요 관심사가 되
어야 한다는 말씀을 덧붙이고 싶습니다.

호모 에로스, 사랑에 대한 탐구

| 고미숙 |

"신체가 온전하게 흔들리는 순간은 누군가를 사랑하게 되었을 때, 어떤 타자(他者)를 강렬하게 욕망하게 되었을 때거든요. 그럴 때 우리는 전율을 느끼고 심장이 뛰고 잠을 못 이루는 경험을 합니다. 이런 현상은 일상의 감정과는 분명히 다른 것인데, 바로 이때 우리가 새로운 삶으로 들어갈 수 있다는 거죠. 이런 폭풍이 한번 지나간 다음에는 원래 상태로 돌아갈 수 없어요. 이 폭풍을 통해서 내가 이전과는 전혀 다른 세계, 전혀 다른 삶으로 들어가게 된다는 겁니다. 그런 점에서 저는 사랑이야말로 그런 폭풍이어야 한다고 생각합니다."

고미숙

고전평론가.
고려대학교 대학원 국문학 박사.
연구공간 수유+너머 연구원.
주요 저서: 『사랑과 연애의 달인, 호모 에로스』, 『공부의 달인, 호모 쿵푸스』,
『열하일기, 웃음과 역설의 유쾌한 시공간』

1. 영원한 사랑의 신화

김갑수   누구나 살아가면서 어떤 분야에서든 달인이 되고 싶어 합니다. 그런
데 사랑만은 누구도 익숙하게 하지 못하
고 서툰 모습을 보입니다. 한 사람과의
치열한 사랑 끝에 가정을 꾸리고 아이를
낳고, 평생을 함께 살아도 그렇습니다.
고미숙 박사님은 『호모 에로스』라는
책에서 사랑을 인문적으로 성찰하셨는
데, 먼저 호모 에로스를 어떻게 정의하
시는지 알고 싶군요.

고미숙, 『호모 에로스』 2009

고미숙   인간은 누구나 에로스적 충동으로 태어나잖아요. 인간은 에로스를
삶의 근원적인 힘으로 사용한다는, 다시 말해 사랑을 통해서 존재의
자유와 행복을 추구해 간다는 뜻에서 책에 그런 제목을 붙였습니다.

김갑수   저는 사랑을 이야기할 때 늘 궁금한 점이 하나 있습니다. 사랑에 대해서는 사람마다 의견이 다르고, 또 처지에 따라서는 정반대되는 태도도 보입니다. 아주 통속한 예를 들자면, 같은 사랑이라도 남이 하면 불륜이고 자기가 하면 로맨스라고 하잖습니까? 이처럼 사랑과 관련된 문제에는 마음의 이중성이 드러나는 것 같아요. 왜 그런 이중적인 감정, 이기적인 잣대가 작용하는 걸까요?

고미숙   그건 사랑의 카오스적인 속성 때문인 것 같습니다. 그리고 사회가 그런 식의 이분법을 조장하는 측면도 있고요. 누구나 영원한 사랑, 불멸의 사랑을 꿈꾸지만, 정작 자신은 절대로 그런 사랑을 하려고 하지 않죠. 내가 누군가를 영원히 사랑하기는 원치 않으면서도 누군가가 나를 그렇게 사랑해 주기를 바라거든요. 거기에 사랑이라는 이름으로 이기적인 욕망이 개입하기 때문이죠. 이런 혼돈 자체가 아주 역동적인 힘인데, 사람들은 이걸 그런 이중잣대로 재단해서 그 카오스적인 힘을 그냥 소모하고 마는 게 아닌가 싶어요.

김갑수   지금 불멸의 사랑을 말씀하셨는데, 사랑이 아직 추상적인 단계에 있었던 중학교 시절에 저도 평생 한 사람만을 사랑하리라고 다짐했거든요. 그런데 지금까지 살아오는 동안 한 사람만 사랑하기는커녕, 수많은 연애 사건이 있었습니다. 한 사람만 사랑한다는 것이 가능하지 않았던 겁니다. 그 배경에는 여러 이유가 있습니다. 제가 사랑하는 사람이 성적 대상이 되면서 생기는 문제도 있고, 또 사랑의 감정이 한 사람에게서만 지속하지 않고 다른 사람에 대해서도 생긴다는 문제도 있습니다. 그래서 사랑에는 한계효용 체감의 법칙이 적용된다는 생각마저 들었습니다.

고미숙   유통기한이 있죠.

김갑수   그런데 허진호 감독의 영화 「봄날은 간다」(2001)에 명대사가 나오죠. "사랑이 어떻게 변하니?" 선생님은 그 말을 어떻게 해석하세요?

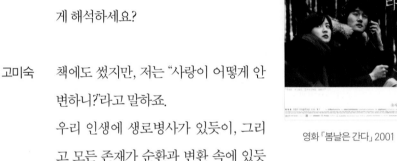

영화 「봄날은 간다」 2001

고미숙   책에도 썼지만, 저는 "사랑이 어떻게 안 변하니?"라고 말하죠.
우리 인생에 생로병사가 있듯이, 그리고 모든 존재가 순환과 변환 속에 있듯이, 사랑도 그렇게 변해가는 것이 가장 사랑답다고 생각해요.

김갑수   두 사람 사이의 가장 충만했던 상태가 계속 이어지길 바라는 것은 미몽이군요. 헛된 꿈이군요.

고미숙   사실, 그건 불가능하고, 또 그렇게 된다고 해도 그건 큰 비극이죠, 싹텄다가 충만했다가 무르익었다가 다시 어둠 속에 잠기는, 어떻게 보면 이런 것이 불멸의 사랑이 아닐까요?

김갑수　그런데 요즘 세태를 보면 사랑이 지극히 비속해진 것 같습니다. 단
　　　　적인 예로 정이현 씨가 쓴 소설, 『낭만적 사랑과 사회』라든지, 『달
　　　　콤한 나의 도시』라든지, 혹은 「섹스 앤 더 시티(Sex and The City)」
　　　　같은 드라마에 나오는 남녀관계를 보면 상대가 내게 어떤 현실적 이
　　　　득을 주느냐에 따라 마음이 고무줄처럼 늘었다 줄었다 하잖습니까?
　　　　그렇게 물신화한, 자본주의화한 사랑의 세태, 사랑의 방식에 대해서
　　　　는 어떤 의견을 갖고 계십니까?

고미숙　안쓰럽죠. 요즘 사람들은 소위 '쿨한' 사랑, 끈적끈적하지 않고, 쉽게
　　　　시작했다가 쉽게 버리기를 반복하는 사랑을 하는데, 그건 절대로 자
　　　　유가 아닙니다. 그리고 무엇보다도 그런 관계에서는 신체가 몹시 황
　　　　폐해집니다. 그래서 저는 요즘 세대에 대해 큰 연민을 품게 됐어요.
　　　　청춘을 이렇게 황폐한 사랑으로 보내고 나면, 인생의 가을과 겨울을
　　　　어떻게 보낼 것인가. 가장 소중한 자신의 삶을 대가로 치르면서 그
　　　　런 걸 쿨하다, 연애 선수다, 작업의 달인이다, 이런 식으로 포장하는
　　　　게 정말 역겹고 안쓰럽습니다. 자기 존재가 이렇게 메말라 버리는
　　　　데, 그 대가로 도대체 무엇을 얻을까요?
　　　　남자의 권력, 여성의 성적매력이라는 게 실제로 삶의 현장에서 유통
　　　　기간이 아주 짧거든요. 그런데 또다시 그 게임을 하는 거예요. 왜 그
　　　　럴까요? 다른 식의 사랑이 두렵기 때문이죠. 그리고 그렇게 하면서
　　　　도 마음은 늘 외로워요. 그렇다면, 이런 선택은 완벽하게 잘못된 거
　　　　예요. 그런데도 다른 방법을 찾지 못하니까 그런 게임을 계속하는
　　　　거죠. TV나 다른 매체에서도 끊임없이 그런 걸 주입하잖아요.

2. 현대의 왜곡된 성

김갑수 　고미숙 선생님의 책 이야기로 돌아오지요. 선생님은 이 세상에 사랑
　　　　론이나 사랑에 대한 담론이 무수히 많지만, 공허하고 추상적이라고
　　　　하시면서, 지금 이곳의 사랑 이야기, 현장의 이야기를 하셨다고 밝히
　　　　셨습니다. 그런데 사랑이 가장 빛나는 시기, 청춘시절의 사랑이 오늘
　　　　날에는 실종된 것 같습니다. 예컨대 완판본 『춘향전』을 보면 열여섯
　　　　살 소녀와 열여덟 살 청년이 온갖 방중술을 다 벌입니다. 그런데 지금
　　　　청소년들은 모두 학원이나 도서관, PC방에 가 있죠. 정말 끔찍한 일이
　　　　기도 한데. 청춘의 사랑, 어떻게 생각하십니까?

고미숙 　자연의 리듬으로 따지면 10대에 성적 욕망을 충족하고 삶이 그렇게
　　　　흘러가는데, 요즘 10대는 학교에 묶여 있고, 게임방에 가 있고, 컴퓨
　　　　터 앞에 앉아 있잖아요. 그리고 공적인 장소에서는 늘 금욕을 강요
　　　　당하지요. 그러니까 성에 관한 이야기를 자유롭게 할 수가 없습니

다. 그렇다고 완전히 눌러버릴 수도 없죠. 삼천 년 이상 내려온 욕망의 흐름인데…. 그럼, 이것을 어떡하느냐. 포르노와 같은 아주 비정상적인 방법으로 배설합니다. 이런 배설은 몸을 아주 망치는 길이고, 금욕도 신체적인 리듬을 억압하는 거예요. 그런데 이렇게 구성된 신체들이 서로 만나 연애하거나 결혼할 때 모든 것이 그 억압과 왜곡 속에서 이루어지니까, 자기가 사랑하는 대상과 성적인 욕망을 자유롭게 표현하지 못하는 거예요. 그래서 여성은 불감증으로, 남성은 부인과 썰렁한 관계로 지내는 거죠. 그리고 억눌린 욕망은 권력이나 돈으로 배설하는 방식으로 해결하는 겁니다. 그래서 이제는 섹스 없는 부부가 일반화하지 않았습니까?

김갑수   그럼 어떡하란 말씀입니까? 중고등학생들에게 자유로운 성생활을 보장하라는 얘깁니까? 당장 이런 질문이 나올 텐데요.

고미숙   일단 우리가 사랑이나 성에 대해서 가지고 있던 20세기적인 고정관념에서 벗어나는 공부와 훈련이 필요하죠. 그다음에 정말 자기가 스스로 성을 선택할 자주권이 필요합니다. 그 선택은 사람마다 다를 수 있는데, 지금은 어떤 종류의 다양성도 보장되지 않아요. 오로지 금욕 아니면 쾌락이라는 형식뿐이죠. 그건 모두 신체를 불모화하는 형식입니다. 그래서 저는 이 문제야말로 가장 중요한 공부의 주제라고 주장하는 겁니다.

3. 지나친 사랑이 아이를 망친다

김갑수   선생님은 책에서 당송팔대가의 한 사람, 유종원[1]이 지은 『종수곽탁
　　　　타전(種樹郭橐駝傳)』에 나오는 나무 기르기 달인의 이야기를 인용
　　　　하셨죠. 결국, 사랑의 기술이라는 게 있다면, 곽탁타가 말했듯이 자
　　　　연스러운 흐름을 따라 본성에 충실해야 한다는 말씀이겠죠.

고미숙   네. 제가 곽탁타 이야기를 특별히 강조한 것은 특히 요즘 엄마와 자
　　　　식의 사랑이 너무 많이 왜곡되어서 그 점을 좀 환기하고 싶었기 때
　　　　문입니다.
　　　　요즘 엄마들은 ─이제 아빠들도 거의 엄마가 다 되었는데─ 자식에
　　　　대한 사랑이 지극하다 못해 아이를 온실 안의 화초로 만들어 버리는

---

1) 柳宗元(773~819): 유·도·불(儒道佛)을 참작하고 신비주의를 배격한 자유·합리주의의 입장을 취했던
중국 중당기(中唐期)의 시인. 『천설(天說)』, 『비국어(非國語)』, 『봉건론(封建論)』 등이 그의 대표작으로
꼽힌다. 자구(字句)의 완숙미와 표현의 간결함, 정채함이 특히 뛰어났다.

아주 오래전 중국에 나무를 잘 기르는 이가 있었다.
성은 곽씨요, 이름은 탁타로서 등이 낙타처럼 굽었다 하여
붙여진 이름이었다.
그는 진정 '나무심기의 달인'이었다.
어떤 나무건 그가 심으면 모두 잎이 무성하고 튼실한 열매를 맺었다.
다른 이들이 그 비법을 훔치려고 온갖 노력을 기울였으나 도무지 알아낼
수가 없었다.

결국, 그들은 탁타에게 그 비결을 알려 달라고 사정했다.
탁타는 이렇게 답했다.

"저는 나무를 오래 살게 하거나 잘 자라게 할 수는 없습니다.
단지 나무의 섭리에 따라 그 본성에 이르게 할 뿐입니다.
나무는 본성대로 뿌리를 펼치려 하고, 흙은 단단해지려고 합니다.
그러니 나무를 심고 나서는 건드리지도 않고 걱정하지도 않으며,
다시 돌아보지도 않습니다."

하지만 탁타가 보기에 다른 이들은 이렇게 하지 않았다. 뿌리를 뭉치게 할
뿐 아니라 흙을 돋워 줄 때에도 지나치거나, 아니면 모자라게 하였다.
그렇게 하고도 마음이 놓이지 않아 아침에 들여다보고 저녁에 어루만졌다.
심지어 나무의 껍질을 벗겨 보고 살았는지 말라죽었는지 시험하고,
뿌리를 흔들어서는 흙이 단단한지 부실한지 관찰하기까지 하였다.
그러니 자신의 본성을 잃어버린 나무가 제대로 자랄 수 없었던 것이다.

상황까지 가고 있거든요. 그래서 아이가 두 발로 서서 자기가 할 수 있는 일이 거의 없는 형편입니다. 그런데 그런 행태가 사랑이라는 이름으로 이루어진다는 게 매우 심각한 문제입니다. 엄마들은 아이 사랑을 그런 식으로 초특급 서비스를 해주는 것, 일거수일투족을 다 배려해 주는 것으로 착각하고 있거든요. 그래서 심지어 아이와 친구 사이에서 벌어지는 자잘한 갈등에까지 엄마가 개입합니다. 이것은 절대로 사랑이 아닙니다. 나무를 그렇게 기르면 죽어 버립니다. 그렇게 하면 아이의 삶도 말라 죽습니다.

저희 세대에서는 부모님이 자식을 그렇게 전방위로 배려할 여건이 갖춰지지 않았기에 오히려 아이들이 빨리 성장하고 별다른 문제 없이 어른이 될 수 있었습니다. 그런데 요즘 부모들은 자식을 위해 모든 걸 배려하다 보니까, 나이 서른이 넘어서도 여전히 유년기에 있는 젊은이가 너무 많은 것 같습니다.

김갑수　저도 엄마가 대학생 아들의 수강신청까지 해준다는 말을 듣고 경악한 적이 있습니다. 서른이 넘은 사람이 '엄마, 아빠'를 입에 달고 다니고, 모든 결정 과정에 부모가 배제되면 어쩔 줄 모르는 모습을 주변에서 흔히 보게 됩니다. 부모가 자식을 이렇게 만든 건 사랑이 아니란 말씀이죠?

고미숙　삶이 왜곡되어 있지 않습니까? 그 나이에 그렇게 살면 안 되죠.

4. 사랑의 폭풍으로 성장하다

김갑수   이제 사랑의 본질적인 측면을 살펴보지요. 선생님은 사랑의 출발점
에서 몸을 주제로 삼으셨습니다만, 이런 관점은 흔히 말하는 포스트
모던 이후 철학적 관심에서 비롯된 것으로 알고 있습니다.

고미숙   인간의 육체와 정신은 별개로 존재하지 않는다는 생각이죠. 제가 아
주 좋아하는 표현 가운데 "우주로 통하는 건 몸뿐이다"라는 말이 있
어요. 내가 살아 있음, 내 존재를 확인하는 방법 가운데 가장 명확한
건 몸밖에 없다는 겁니다. 그럴 때 몸은 육체와 정신이 함께 어우러
지는 만남의 장소죠. 그러니까, 에로스가 정말 원초적인 것이라는
데 동의한다면, 이 원초적이라는 것은 쾌락이나 성욕의 문제만은 아
니거든요. 그런 점에서 신체성, 자기 몸과 다시 대화할 수 있는 능력
을 통해 자기 존재의 고유한 리듬을 알아차리게 되고, 사랑도 아주
다양한 방식으로 펼쳐질 수 있다고 생각해요.

정복자 에로스(1602)
카라바조 작품. 순진한 표정
의 에로스가 악기, 투구, 악보
등 상징적인 물건들이 어지럽
게 흩어진 곳에 서 있다. 모든
것이 사랑에 복속된 모습이
다. 베를린 국립미술관 소장.

김갑수 감정이나 사랑의 신체성은 생물학에서도 열심히 연구하는 분야 같
아요. 몸의 작동에 따라 마음이 작용한다는 건데, 선생님은 책에서
니체의 말을 인용하셨습니다. "네 안에 너를 멸망시킬 태풍이 있는
가?" 몸이라는 육체성 안에는 자신을 파멸로, 혹은 흥분상태로 이끌
고 격동시키는 무언가가 있습니다. 그것은 광기일 수도 있고, 열정
일 수도 있을 텐데, 우리가 사랑의 감정을 느낄 때 바로 이런 폭풍에
휘말리는 게 아니겠습니까? 그 폭풍의 정체는 대체 무엇인가요?

고미숙 인간이 생로병사를 겪으면서 삶의 수많은 문턱을 넘어가잖아요. 우리가 그걸 성장이라고 하고, 또 노년이라 하고, 또 언젠가 죽음이라는 문턱을 넘어야 하겠죠.

신체가 온전하게 흔들리는 순간은 누군가를 사랑하게 되었을 때, 어떤 타자(他者)를 강렬하게 욕망하게 되었을 때거든요. 그럴 때 우리는 전율을 느끼고 심장이 뛰고 잠을 못 이루는 경험을 합니다. 이런 현상은 일상의 감정과는 분명히 다른 것인데, 바로 이때 우리가 새로운 삶으로 들어갈 수 있다는 거죠.

이런 폭풍이 한번 지나간 다음에는 원래 상태로 돌아갈 수 없어요. 이 폭풍을 통해서 내가 이전과는 전혀 다른 세계, 전혀 다른 삶으로 들어가게 된다는 겁니다. 그런 점에서 저는 사랑이야말로 그런 폭풍이어야 한다고 생각하는데, 일반적으로는 그런 광기나 흥분이 휩쓸고 지나간 다음에 다시 원래 원점으로 돌아간다는 식으로 사유하는 것 같아요. 한바탕 이제 홍역을 치르고 나면 달라진 게 아니라 그냥 다시 원위치로 돌아가고, 또다시 그런 폭풍을 기다리는 게 아니라, 내가 폭풍을 경험할 때마다 새로운 세계로 들어갈 수 있다면, 사랑이라는 것은 내가 몇 번의 삶을 체험하게 하는 아주 대단한 기회가 되겠죠.

김갑수 사랑이라는 감정의 출발점에는 육체적 호기심과 충동 같은 것이 있을 텐데, 그것을 자제하면 할수록 그 감정은 더 소중한 것이 되리라고 믿습니다. 누군가를 좋아하는 감정이 곧바로 성적 관계와 연결됐을 때, 선생님이 말씀하시는 그 존재의 폭풍을 맞을 수 있을까요? 하지만 성에 대한 요즘 세태가 그렇다면, 모두 싸잡아서 '사랑도 할 줄 모르는 사람들이다'라고 말할 수도 없지 않을까요?

고미숙   물론, 요즘 사람들도 나름대로 열심히 사랑하고, 이 시대에 어울리는 사랑법을 찾아가고 있겠죠. 그러나 또 다른 사랑의 방식이 있고, 그것을 끊임없이 자기 삶의 지평에 포함해 간다면 더 충만한 사랑을 할 수 있다는, 그런 뜻으로 이해해 주셨으면 좋겠어요. 요즘 세태를 비난하려는 것이 아니라 정말 사랑이 저런 것뿐이라면 너무 안타깝다는 마음이 드는 겁니다. 그러니까, 사랑과 성이 맺는 관계는 사람마다 다 다를 수 있는데, 그것이 자기 존재, 자기 삶과 어떤 관계에 있느냐는 문제는 분명히 생각해 봐야 합니다.

김갑수   성은 상대를 자유롭게 하는 게 아니라 구속하는 경우가 더 많은 것 같아요.

고미숙   왜냐면 쾌락은 소유를 통해서만 작동하거든요. '내가 이것을 가지고 있다'는 만족감이죠. 우리가 상품을 살 때도 마찬가지 아닙니까? 구매자는 그 상품이 자기 것이 되었음을 확인할 때 쾌감을 느끼거든요. 그러나 소유로부터 자유로워지려는 행위가 이어지지 않는다면, 그것은 점점 더 많은 것을 소유해야만 유지할 수 있는 감정이죠. 그런데 쾌락의 대상을 더 많이 소유한다는 것은 달리 말하면 자기 정기(精氣)를 계속 소모한다는 거거든요. 그러니까, 자기 삶과 반비례하는 행위를 계속하는 거죠. 이런 원리라고 생각합니다.

5. 화폐권력에서 탈출하라

김갑수   각종 매체를 통해서 요즘 세태의 사랑법은 너무 많이 소비되고 유통되는데, 정작 그 안에 사랑이 있느냐고 묻지 않을 수 없습니다. 이런 세태에 대해 선생님은 '화폐권력에서 탈출하라'고 외치십니다. 무슨 뜻인지 설명해 주시겠습니까?

고미숙   우리가 자본주의의 폐단이나 상품화에 대한 이야기는 귀가 따갑도록 듣는데, 사회나 경제체제에 대한 비판을 떠나서 구체적으로 모든 것이 화폐화하는 방식으로 일상이 재구성되어 있다는 것이 문제입니다. 부모 자식 관계, 친구 관계, 사람 사이의 모든 관계가 그렇다는 거예요. 그래서 내가 내 나름의 고유한 삶의 리듬을 되찾으려 할 때 가장 먼저 맞서게 되는 대상이 바로 화폐화의 힘이라는 거죠. 이걸 이겨내지 못하면 나는 화폐의 노예로 살거나 화폐의 척도에 맞춰서 내 몸을 변형해야 하는 게 현실입니다. 이건 무슨 학술적 설명이 필요없이, 누구나 실감할 겁니다. 이런 상황에서는 아무도 행복하지 않은데, 모두 그런 식으로 자신의 일상을 잠식하고 있어요. 이 잠식된 욕망을 구출하는 것이 바로 사랑이어야 한다는 거죠.

김갑수 돈이 사랑에 깊이 관여하는 것은 극복하기 어려운 완강한 세태가 되어 버렸다는 생각이 자주 듭니다. 참 안타까운 일이죠.
이제 고 박사님의 전공인 고전에서 사랑법을 찾아보도록 하겠습니다. 선생님 책에 나와 있듯이 '사랑하되 사랑을 담지 않는 서사적 사랑'이라는 루쉰[2] 선생의 사랑법을 좀 소개해 주시죠.

고미숙 네. 루쉰은 평생 한 여인만을 사랑해서 결혼하여 10년을 살고 아이를 낳고 생을 마감했는데, 40대에 교수 시절 20대의 제자와 서로 사랑했습니다. 사랑이라는 게 지배적인 관습이나 코드에서 벗어나는 것이라면, 그런 걸 넘어설 만큼 서로 원하고 교감하게 된 거죠.
그런데 20세기 초 중국의 그 격동하던 시절에 두 사람이 사랑을 주고받는 방법

뤼신

---

2) 魯迅(1881~1936): 『광인일기(狂人日記)』, 『아큐정전(阿Q正傳)』 등을 쓴 중국 문학가 겸 사상가. 특히 대표작 『아큐정전』은 세계적 수준의 작품이며 후에 그의 주장에 따른 형태로 문학계의 통일전선(統一戰線)이 형성되었다. 그의 문학과 사상에는 모든 허위를 거부하는 정신과 언어의 공전(空轉)이 없는, 현실에 뿌리박은 강인한 사고가 뚜렷이 부각되어 있다.

이 바로 편지였는데, 그 묶음이 굉장히 두꺼워요. 그래서 저는 그걸 읽어 보면 뭔가 특별한 사랑법이 있으리라고 생각했죠. 그런데 아무리 읽어 봐도 마지막까지도 사랑한다는 말이 거의 나오지 않아요. 루쉰도 여제자도 사랑한다는 고백을 편지에서조차 하지 않는 거예요. 그리고 두 사람은 함께 있는 시간보다 떨어져 있는 시간이 더 많았어요. 그래서 그렇게 많은 편지를 주고받은 거죠. 그래도 둘은 진정으로 서로 사랑한다는 걸 느끼고 확신합니다. 그 이유가 뭘까요? 사람들은 상대의 사랑을 확인하느라고 많은 시간을 보내는데, 이 두 사람은 그저 자기가 무엇을 사유하고 있고, 무엇을 꿈꾸고, 무엇 때문에 고통받고, 무엇에 분노하고 있는지, 그 모든 것을 그야말로 통째로 주고받았을 뿐이에요. 그러니까, '사랑'이라는 말이 필요 없는 거죠. 이렇게 삶이 통째로 소통되고 서로 교감하는 것을, 우리는 사랑이라고 부르지 않습니까?

김갑수   그러니까, 일반적으로 실제 삶에서 유리된 감정을 그대로 분출하고 서로 주고받는 게 사랑이라고 생각하는데, 루쉰 선생은 사랑하는 사람과 삶 자체를 나누었다고 볼 수 있겠군요.

고미숙   네. 그래서 사랑에는 삶의 서사가 아주 중요하다는 겁니다. 내가 뭔가 이렇게 역동적으로 살고 있을 때 사랑이 찾아오고, 그때 나는 나의 삶을 통째로 보여주고 서로 나누면 되니까. 그런 사랑법이 제게는 큰 감동으로 다가왔습니다.

김갑수　여기 선생님께서 인용하신 스피노자의 말이 있군요.

"모든 인간은 자신의 능력만큼 신을 만난다."

사랑도 능력만큼 할 수 있는 것이라는 얘기가 될 텐데. 이러다간 오해를 낳습니다. 능력 있는 사람이 더 많은 사랑을 할 수 있다는 뜻으로 받아들일 수 있으니까요. 그런 의미는 아니겠지요?

고미숙　물론이죠. 그러니까 우리가 능력이라는 개념도 거의 화폐적으로 쓰고 있거든요. 그런데 우리 고전을 보면 능력은 존재가 삶과 맺는 관계에서 나오거든요. 스피노자의 말도 그런 뜻이고요. 그렇다면, 오히려 돈이 많은 사람은 능력이 모자라죠. 누군가를 사랑할 수 있는 능력, 타자를 내 안에 받아들이는 능력, 새로운 삶으로 들어가는 용기, 담대함, 이런 게 부자들에겐 없죠. 모두 화폐 뒤에 숨어 있으니까요. 그래서 이 능력, 언제든지 내가 새로운 삶을 시작할 능력이 있다면 그 능력만큼 사랑하게 됩니다. 그런데 삶과 사랑을 분리해서 사고하니까, 물질적으로 계산할 수 있는 것만 염두에 두는 거죠.

6. 공부는 에로스보다 강한 힘이다

김갑수   사랑의 신비한 속성은 우리가 세속적으로 말하는 능력과는 다른 종
류의 능력을 요구한다는 말씀인데요, 그것은 꼭 남녀 간의 사랑에만
적용되는 말은 아닌 것 같습니다. 파블
로 네루다[3]도 그의 자서전에서 사랑의
힘, 사랑의 위력에 대해 말하고 있지요.
그의 자서전이나 시를 읽은 분은 많지
않을 수도 있는데, 마이클 래드포드 감
독의 영화 「일 포스티노(Il Postino)」
(1994)를 보신 분은 많을 겁니다. 네루다

파블로 네루다

---

3) Pablo Neruda(1904~1973): 칠레의 시인으로 양곤·스리랑카·싱가포르 등지의 영사를 역임하고,
마드리드의 영사가 되어 R. 알베르티 등 전위시인과 교제하였다. 대표작 「지상의 주소(*Residencia en la
tierra*)」(1931)를 남겼으며 스페인내란 이후 정치적 자세를 첨예화하였으며 그러한 예는 「제3의 주소
(*Tercera residencia*)」(1945)에 뚜렷하게 나타나 있다. 1971년 노벨문학상을 받았다.

우리 자신이 신비이다

"최초의 탄환이 스페인 기타를 관통하고 거기서 음악 대신에 피가 솟구쳐 나오자, 내 시(詩)는 인간의 절망이 널브러진 길 한가운데서 유령처럼 서성거렸고, 시에서는 무수한 뿌리가 생겨나고 피가 강물처럼 흘렀다.

그때부터 내 길은 다른 사람들의 길과 합류하게 되었다. 그리고 문득 고독이라는 남쪽에서 민중이라는 북쪽으로 방향을 전환한 나 자신을 보게 되었다.

내 보잘 것 없는 시는 민중에게 칼이 되고 손수건이 되어, 무거운 고통으로 흘린 땀을 닦아주고 빵을 위한 투쟁의 무기가 되기를 열망했다.

우리는 그 어떤 신비도 찾지 않는다. 우리 자신이 바로 신비이기 때문이다."

파블로 네루다, 『사랑하고 노래하고 투쟁하다』 중에서

가 말한 사랑의 신비가 있지 않습니까? 현실세계에 존재하는 온갖 힘의 향배와는 전혀 다른 각도에서 바라보는 거대한 사랑의 신비. 살아가면서 언뜻 그런 신비를 체험하는 순간이 축복처럼 찾아오기도 하죠.

고미숙   저는 그 영화를 세 번 봤는데, 그때마다 눈물을 쏟았습니다. 제가 영화를 보고 운 적이 별로 없는데. 네루다와 우편배달부의 관계는 아주 짧지만 온 존재를 걸잖아요. 어떻게 보면 지극히 사소한 이야기일 수 있는데, 그렇게 강렬한 체험으로 남을 수 있었던 힘. 네루다에게는 바로 그것이 시였고, 어딜 가나 사

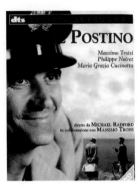

영화 「일 포스티노」 1994

랑을 만들어 내는 에로스적 힘이었겠죠. 네루다가 그런 힘으로 시를 썼다면, 제게는 공부가 에로스적 힘을 만들어 내는 게 아닌가 해요. 저는 앎이 주는 기쁨이 에로스적인 것보다 더 강렬하다고 믿고, 또 배움은 원초적으로 즐겁고, 인간의 본능은 기본적으로 즐거움이고, 즐거움이 없으면 배움이 아니라고 믿어요. 그렇게 설파한 양명학자(陽明學者)도 있어요[4].

---

4) 양명학의 대가 왕심재(王心齋, 1483~1540)는 「낙학가(樂學歌)」에서 이렇게 말했다. "즐겁지 않으면 배움이 아니고, 배우지 않으면 즐거움도 없다. 즐거운 연후에야 배운 것이고, 배운 연후에야 즐겁다. 고로 즐거움이 배움이고, 배움이 곧 즐거움이다. 아아! 세상의 즐거움 중에 이 배움 만한 것이 또 있을 것인가."

사실 그건 고전시대 공자님만이 아니라 누구나 다 확인했던 거거든요. 제게도 앎이 주는 그 즐거움보다 더 강렬한 건 없는 것 같아요. 그런데 사랑도 타자에 대해서 알아 가는 과정이고, 그 낯선 경험을 통해서 인생에 대해서 깊이 알아 간다는 점에서 배움과 명백히 결합되어 있다고 봅니다.

김갑수   네. 누구나 사랑을 잘하고 싶어 합니다. 그래서 조금이라도 더 멋진 사랑을 하려고 좋은 옷도 사 입고, 춤과 노래도 배우고, 심지어 성형수술까지 합니다. 그런데 여기 한 인문학자께서는 사랑을 잘하려면 공부를 열심히 하라고 말씀하시는군요.

그런데 그 말씀은 그리 단순한 가르침은 아닌 것 같습니다. 인생 체험에서 나온 깊숙한 이야기여서 부모 세대든 젊은 세대든 한번 새겨봐야 할 교훈이라고 생각합니다.

百尺竿頭進一步

"사랑에 관한 지도를 그리면서 많은 사람을 만났다.

그들의 목소리는 거의 똑같았다.

너무 외로워요.

그래서 사랑을 하고 싶어요.

그런데 사랑이 너무 두려워요.

거절당할까 봐, 그래서 더 외롭게 될까 봐서요.

외로움은 두려움을 낳고, 두려움은 외로움을 낳고.

대부분 다 이 지독한 사슬 안에서 뱅글뱅글 돌고 있었다.

다른 문제에 관해선 그토록 지적이고 명철한 이들도 사랑과 성이라는

문제 앞에선 어떤 행동을 해야 할지, 어디로 발을 내디뎌야 할지 몰랐다.

리무바이가 죽자 수련은 용에게 무당산으로 가라고 일러준다.

"마지막으로 부탁하건대, 앞으로는 너 자신한테 진실하게 살아."

무당산 위에 오른 용은 자신을 사랑하는 호에게 진심 어린 소원을

빌라고 한 뒤, 산 아래로 몸을 던진다.

백척간두진일보!

그렇다.

진실한 사랑을 위해 필요한 것은 단 '한 걸음'이다.

사랑에 관한 오만과 편견, 자의식을 둘러싼 망상의 그물망을 벗어나

한 걸음, 단 한 걸음만 내디딜 수 있다면, 그것이 곧 백척간두진일보다.

그러므로, 사랑하라! 두려움 없이!"

6. 사랑하라, 두려움 없이

김갑수   이안 감독의 영화 「와호장룡(臥虎藏龍)」 (2000)의 마지막 대목을 보고
느끼신 것을 이렇게 옮기셨군요. 사랑하라, 두려움 없이. 그런데 어
떻게 가느냐, 백척간두진일보군요.

영화 「와호장룡」 2000

오늘 주제는 사랑에 관한 이야기입니다. 그 사랑이 참 어렵고, 그 사랑이 훼손되어가는 것 같고…. 지금까지 고미숙 박사의 이야기를 듣다 보니, 사랑을 제대로 알지 못하는 자신을 돌아보는 소중한 계기가 된 것 같습니다.

고미숙   두려움 없이 사랑하라는 말은 그 사랑을 통해서 자기 삶을 온전히 긍정할 힘을 얻기 바라는 제 마음의 표현입니다. 두려움과 외로움에 자신을 가두고 살기보다는 그 사랑이 거절당하든, 배신당하든, 또는 돌아오지 않는 메아리가 되든 간에 한 걸음 내디뎌서 자기 존재를 온전히 긍정할 수 있다면 그거야말로 진정한 사랑의 승리가 아닐까요? 저는 여러분이 그런 사랑의 지도를 그려 가시기를 간절히 기원합니다.

뇌는 과연 윤리적인가?

| 김효은 |

"현대사회는 전례 없이 복잡하고 발전의 속도는 상상할 수 없을 정도로 빠릅니다. 하루만 흐름을 놓쳐도 따라갈 수 없는 지경이 되었습니다. 이런 상황에서 나는 무엇이고 타인이 어떤 존재인지, 그리고 그들 사이의 관계를 정립하는 데에 뇌과학적인 자료나 그에 관련된 윤리, 철학적 사고가 절실하게 필요해진 겁니다. 머지않은 미래에 뇌과학이 단순히 학문으로서 존재하는 것이 아니라 우리 삶 곳곳에 침투하는 사회가 도래할 것입니다. 그것은 아주 새롭고, 흥미롭고, 어떻게 보면 조금 위험할 수도 있는 그런 사회가 될 것입니다."

김효은

숭실대학교 철학과 전임연구원, 서울대학교 강사.
미국 워싱턴대학교 인지과학 석사, 이화여자대학교 철학 박사.
듀크대학교 방문학자, 워싱턴대 PNP 로봇랩 연구원.
주요 저서: 『윤리적 뇌』(역), 「도덕적 판단의 본성: 신경윤리적 접근」, 「인지향상약물의 윤리적 허용기준: 인지과학적 접근」, 「색깔 속성은 객관적인가」 (논문)

1. 뇌, 마음에 도전하다

김갑수   우리에게 다소 생소한 '신경윤리neuroethics'라는 분야가 있습니다.

뇌과학과 인지심리학, 윤리학, 철학 등 다양한 분야가 개입된 학문입

니다. '신경윤리'라는 용어를 처음 사용
한 사람은 윌리엄 사피어[1]라고 합니다.
이 분야는 뇌가 작동하는 방식에 대한
지식을 바탕으로 인간, 자아, 자유의지
의 본성이 어떤 것인지, 그리고 사회적
으로 어떻게 상호작용하는지를 탐구하
는 여러 분야를 망라하는 통합적 학문이
라고 하죠.

윌리엄 사피어

---

1) William L.Safire(1929~2009): 미국의 작가, 칼럼니스트, 오랜 기간 『뉴욕타임스(New York Times)』에 「언어에 대해(On Langage)」라는 고정 칼럼을 연재하였고 퓰리처 상을 받았다. 신경윤리에 관한 책들을 주로 발간하는 Dana재단 이사장을 맡으면서 신경윤리학회를 후원하고 설립하는 데 크게 이바지했다.

이 분야 전문가인 숭실대 철학과 김효은 박사님을 모시고 뇌의 윤리적 측면과 관련된 내용을 살펴보기로 하겠습니다.

우선, 이 새로운 분야가 설립된 계기가 무엇인지 궁금하군요.

김효은 아주 구체적인 사건이 있었습니다. 19세기 미국의 버몬트 주에서 철도 노동자로 일하던 피니어스 게이지 (Phineas Gage)라는 사람이 폭발 사고가 일어나 쇠막대가 머리를 통과하는 변을 당했습

미국 하버드대학교 의과대학 내 워런 박물관에 전시된 피니어스 게이지의 두개골. 쇠막대가 관통한 흔적이 선명하다.

니다. 뇌가 많이 손상되어서 죽을 줄 알았는데, 다행히도 살아났습니다. 큰 행운이었죠.

그런데 사고 전에는 아주 성실하고 예의 바르던 사람이 완전히 딴 사람이 되어 버렸습니다. 상스러운 언행을 하고, 돌출행동이 도가 지나쳐서 주변 사람들이 경찰에 신고하는 사태까지 벌어집니다. 인성이 완전히 달라진 거죠.

그래서 그 사람이 죽은 다음에 뇌를 해부해 보니까, 정서와 감정에 관련된 부위가 손상되었다는 것을 알게 되었습니다. 그래서 인성이 변하고, 자신을 통제하지 못하고, 행동의 변화가 생긴 것이 뇌의 특정한 영역과 관련이 있다고 생각하게 된 겁니다.

김갑수   그렇다면, 인간의 의식 자체가 뇌의 기능으로 형성된다는 것인가요?
        뇌와 의식 사이의 관계는 어떤 것이죠?

김효은   의식의 문제는 과학적으로나 철학적으로 몹시 어려운 문제입니다.
        철학자마다 의식을 정의하는 개념이 각기 달라서, 명쾌한 답을 내놓
        을 수 없는 상태이고, 과학자들도 몹시 어려운 주제라고 생각합니다.
        그래서 더욱 매우 흥미롭고, 앞으로 탐구해야 할 과제이기도 하죠. 예
        를 들어 신경계통만 있으면 의식이 있다고 해야 하는 건지, 혹은 감각
        이 있으면 의식이 있다고 해야 하는 건지, 혹은 나 자신을 성찰할 수
        있는 상태가 되어야 의식이 있다고 하는 건지, 의식을 어떻게 보느냐
        에 따라서 이론도 많고, 윤리적인 담론도 크게 달라집니다.

김갑수   뇌사자의 상태가 떠오르는군요. 외부 자극에 반응은 하는데, 스스로
        사물을 판단하거나 행동을 선택할 수 없다면 과연 그 상태를 의식이
        있다고 해야 하느냐는 의문을 품을 수 있겠군요.

김효은   네. 그 분야도 학자들이 계속 탐구 중인데요, 그동안 의식이 없는 것
        으로 간주했던 식물인간[2]의 뇌를 최근에 개발한 뇌영상 도구(FMRI:

---

2) 식물인간상태는 심장정지 등의 원인으로 저산소성 뇌손상을 받은 환자들이 깊은 혼수상태에 빠졌다
가 지속적으로 생존하는 경우를 말한다. 이 상태가 1~3개월 이상 지속되면 이를 지속식물상태(persistent
vegetative state)라고 하며, 이 경우 의식이 회복될 가능성은 매우 낮다. 뇌손상 후 수주일 동안 깊은 혼수
상태에 있다가 눈을 뜨는데, 처음에는 통증 자극이 있어야 눈을 뜨지만 점차 자발적으로 눈을 뜨게 된다.
팔다리를 움직이지 못하기 때문에 스스로 자세를 바꾸지 못하고 의사 표현을 하지 못한다. 호흡은 정상
이지만 스스로 기도 유지를 할 수 없다. 환자의 각성 상태는 정상이고 수면각성주기도 유지되며 자발적
으로 눈을 뜨지만, 의식의 내용이 전혀 없어 주위의 자극에 대하여 반응이 없다.
식물인간상태를 뇌사와 구분하는 것이 필요하다. 식물인간상태는 대뇌의 전반적인 손상에 의해 발생한

functional magnetic resonance imaging)로 촬영해 봤더니, 뇌의 어떤 부위는 아주 활발하게 활동한다는 사실이 새롭게 밝혀졌습니다. 식물인간으로 보이는 상태가 실제로 식물인간 상태가 아닌 경우로 밝혀질 수도 있는데, 의식이 있다는 것이 무엇인가를 판별하는 것 자체가 어렵고 '의식'이 과연 무엇인가를 규명하는 철학적 연구도 더 필요합니다. 그래서 이처럼, 이전에 의식이 없다고 여겼던 상태를 새롭게 조명할 수 있는 계기가 계속 생기고 있습니다.

김갑수　10여 년 전에 과학자들이 게놈[3]지도를 해독하는 과정에서 맞춤형 아기를 낳게 할 수 있다고 주장한 적이 있습니다. 인간의 장점만 조합해서 유전자 조작을 하면 수퍼베이비가 태어날 수 있다는 얘기였죠. 그때 참 끔찍하다는 느낌이 들었습니다만, 거기엔 분명히 심각한 윤리적 문제가 있겠죠. 만약 우성(優性)만 존재하는 사회가 온다면, 그것은 인류가 멸종으로 가는 지름길일 텐데요.

김효은　인간의 몸을 조작한다는 것은 자연적이지 않은, 인위적인 행위어서

다고 알려졌다. 그러나 뇌사는 대뇌를 포함하여 뇌간(숨골, 뇌줄기)까지 비가역적인 손상을 받아서 발생한다. 따라서 식물인간상태에 놓인 환자는 인공호흡기를 필요로 하지 않는 경우가 흔하고(호흡중추는 뇌간에 있기 때문), 적절한 음식물을 공급하고 욕창, 요로감염 등의 합병증이 발병하지 않도록 주의하면 비교적 장기간 생존하는 사례도 흔하다.
식물인간 판정을 받고 23년 동안 침대에 누워 식물인간상태에 있다가 깨어난 벨기에의 론 하우벤의 사례가 최근(2009. 11) 언론에 보도되어 관심을 끌었다. 그는 식물인간상태에 있으면서도 내내 의식이 있었다고 밝혔으며, 그의 두뇌를 첨단 장비로 검사한 결과, 뇌가 정상적으로 활동하고 있음도 확인되었다.
3) genom: 한 생물의 모든 유전 정보를 말하며 '유전체'라고도 한다. 일부 바이러스의 RNA를 제외하고 모든 생물은 DNA로 유전 정보를 구성하고 있기에 일반적으로 DNA로 구성된 유전 정보를 지칭한다.

문제가 된다는 의견이 있었죠. 그런데 잘 생각해보면 우리 삶이 모두 자연적이지는 않습니다. 그래서 그런 구분 자체가 문제 되는 건 아닌 듯싶습니다. 그보다는 사회 불평등이라든가, 권력의 집중현상이라든가 지배구조의 문제가 생길 수 있겠죠.

cf. 황경식, P.170

김갑수   선생님의 견해를 듣고 싶은 몇 가지 문제가 있습니다. 예를 들어 사형제도나, 임신중절, 안락사처럼 인간의 생명과 관련된 문제에 대해 과학자와 성직자의 입장이 대립하지 않습니까? 예컨대, 성직자들은 생명의 존엄성을 존중하기에 안락사를 반대하는데, 과학자들은 대부분 찬성하잖아요. 이것은 그런 사안에 접근하는 태도의 문제일 수도 있는데, 선생님처럼 신경윤리를 전공하는 분은 어떤 입장에 서게 됩니까? 과학적 입장입니까, 아니면 윤리적 입장입니까?

김효은   어려운 질문인데요, 신경 윤리라는 학문은 사실은 기존의 신경과학과는 조금 다릅니다. 그래서 신경논리가 아니라 신경윤리라는 용어를 사용합니다. 신경윤리에서는 항상 맥락을 중요시하죠. 일괄적으로 안락사는 된다, 안 된다는 단정적인 답을 제시하는 것이 아니라, 사회적·문화적 맥락에 따라 답이 달라질 수 있다는 것을 인정합니다. 안락사도 상황에 따라 해답이 전혀 달라지는 상황이 발생할 텐데, 맥락에 따라 각기 다르게 접근할 수 있다고 봅니다.

김갑수   그건 너무 안이한 대처방법인데요? 이럴 수도 있고 저럴 수도 있다는 얘기 아닙니까?

김효은 네. 그렇게 들릴 수도 있을 겁니다. 그래도 기본적인 입장은 있겠죠. 예를 들어 아이가 수정됐을 때 배아 상태로 존재하는데, 그 배아가 과연 언제부터 의식이 있느냐에 따라서 과학자들이 그 배아를 가지고 실험을 할 수 있느냐, 없느냐가 달라지지 않습니까? 그런 점에서 신경윤리는 기존 뇌과학자들이 과학적 사실만 가지고 논리적으로 판단할 때 다소 성찰이 부족한 점을 보완한다는 측면이 있습니다. 그렇다 하더라도 다른 분야 전문가들과 토론을 통해서 의견을 수정하는 일이 생기겠죠.

김갑수 선생님 말씀대로 맥락이 중요하다는 점에 저도 동의합니다. 예를 들어서 같은 살인이라도 정당방위가 있고, 의도적인 범죄가 있는데, 맥락을 무시하고 무조건 같은 잣대로 판단할 수는 없겠죠. 따라서 어려운 과정을 거치더라도 토론과 합의가 선행되는 것이 성숙한 사회로 가는 길이 아닌가 싶습니다.

2. 그러나 뇌가
모든 것을 설명할 순 없다

김갑수   윤리에는 뇌의 생리학적 요소보다는 인간의 의지나 선택이 중요하
다고 보는데, 뇌가 인간의 도덕성까지도 결정한다는 것이 증명될 수
있다고 확신하시나요?

김효은   일반적으로 그렇게 생각하지만, 거기에는 오해의 여지가 있습니다.
신문을 보면 연쇄살인범 이야기를 하면서, 그 사람 뇌의 특정 부분
이 손상되어 있더라는 기사가 실리기도 합니다. 요즘 그런 주제를
다룬 책도 시중에 많이 나옵니다. 그런 걸 보면 사람들은 '아, 이것 봐
라, 태어날 때부터 뇌의 이런 부분이 잘못되어 있으면, 그 사람은 나
중에 사이코패스[4]가 될 것이다. 타고난 것이니 어쩔 수 없다'라는 식

---

4) psychopath: 반사회적 인격장애증을 앓고 있는 사람. 평소에는 정신병질이 내부에 잠재되어 있다가
범행을 통하여서만 밖으로 드러나기 때문에 주변 사람들이 알아차리지 못하는 것이 특징이다.

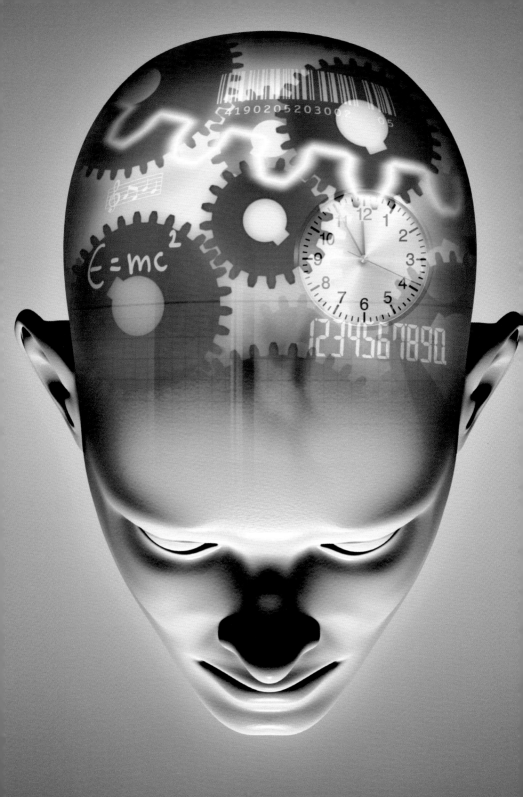

의 운명론을 믿게 됩니다. 이런 생각은 매우 위험하고 부정적인 방향으로 갈 수도 있습니다. 사이코패스들은 뇌의 일정 부위가 손상된 것이 사실입니다. 그것은 사이코패스의 마음 상태와 뇌의 상태가 연관되어 있다는 것뿐이지, 뇌의 상태가 그런 마음 상태와 동일하다는 말은 아닙니다. 최근 연구결과를 보면 사이코패스의 뇌와 동일한 부위가 손상된 뇌를 가진 정상인이 있었는데, 그는 사이코패스처럼 잔혹한 행동을 하지 않았습니다. 이러한 사례는 우리의 윤리적 생각이나 마음을 전적으로 뇌의 상태로만 환원해서 설명할 수는 없다는 것을 말해 줍니다. 다른 요소들이 함께 고려되고 설명되어야 한다는 거죠.

김갑수   뇌의 상태나 구조가 전적으로 인간 행동을 결정하는 변수는 아니다, 다른 여러 가지 요소가 함께 관여한다는 말씀이군요. 한 인간의 행동을 규정하는 여러 요소 가운데 예컨대 책임감, 의지, 이런 것들은 뇌의 연구에서 어떻게 규명합니까?

김효은   신경 윤리에서는 법적으로 어떤 사람에게 형을 내릴 때 그가 자신의 행동에 대해 책임이 있는가, 없는가를 뇌과학적인 측면에서 검토할 수 있습니다. 사실, 책임이라는 개념은 뇌 안에 있지 않다는 것이 신경윤리학자들의 일반적인 견해입니다.

김갑수   책임이 뇌 안에 있지 않습니까?

김효은 　뇌와 연관되어 있긴 하지만, 전적으로 뇌 안에 있다거나, 뇌에 의해 서 결정된다고는 말할 수 없습니다.

김갑수 　그럼, 어디에 있는 거죠?

김효은 　뇌 안에 아주 없다고는 말할 수는 없겠죠. 그러나 예를 들면 그런 뇌 를 형성해 온 가정환경, 사회, 문화와 같은 것들에 골고루 퍼져 있고, 그런 것들이 책임을 나눠서 져야 한다고 생각합니다.

김갑수 　그러니까, 존재 외적 맥락이군요. 뇌의 작용이라기보다는 그 뇌의 전체적인 사회적 관계를 고려해야 한다는 거군요. 그 문제는 단정적 으로 말하기 어렵다는 생각도 듭니다.
　　　　같은 맥락에서, 대상에 따라 뇌가 다르게 반응한다는 것을 입증한 뉴욕대학교(NYC) 교수 엘리자베스 펠프스(Elizabeth Phelps)의 실험 이 매우 흥미롭습니다. 실험의 내용은 이런 겁니다. 미국 백인이 흑 인을 대할 때 뇌의 어떤 부위가 활성화하는 모습을 영상으로 보여준 것인데, 아마도 긴장감이나 경계심 같은 것의 표출이겠죠. 그런데 가령 이 백인이 마이클 조던이나 오바마 대통령처럼 눈에 익은 흑인 의 모습을 보면 뇌가 전혀 그런 식으로 활성화하지 않았다고 하죠? 동류의 백인을 볼 때와 똑같이 작용했다는 것인데, 이 실험은 무엇 을 말하는 걸까요?

김효은 　네. 그 연구는 백인이 눈에 익은 흑인을 볼 때는 백인처럼 아주 편하게 느끼지만, 그렇지 않은 흑인에 대해서는 약간의 적개심을 보이고, 일종의 인종주의적인 생각을 하는 것이 틀림없다는 결과를 보여준다고 해석합니다.

그런데 잘 생각해 보면, 그 백인은 친숙하지 않은 흑인을 흑인이라는 범주로 인식했다는 것을 알 수 있어요. 우리는 처음 어떤 대상을 대할 때 먼저 범주로서 인식합니다. 예를 들어 흑인이다, 백인이다, 키가 작다, 크다, 혹은 안경을 썼다, 쓰지 않았다, 이런 식으로 인식하는 거죠. 그 백인이 낯선 흑인을 보았을 때 뇌가 활성화하였다는 것은 흑인이라는 범주를 인식했기 때문이지, 유독 대상이 흑인이어서 싫다거나, 배척해야겠다는 인종주의적 사고를 한 것은 아니라고 봅니다. 그 증거로서, 예를 들어 그 흑인에게 다른 범주적 특성이 있다면 백인은 그를 다른 범주로 인식할 수 있다는 겁니다. 백인과 흑인이 있을 때, 백인이라는 범주와 흑인이라는 범주로 볼 수도 있겠지만, 만약 그 두 사람이 똑같은 흰 티셔츠를 입었다면, '흰 티셔츠를 입은 사람'이라는 범주로 인식한다는 것이죠. 그럴 때 흑인이나 백인의 인종적 범주에 대해 뇌의 특정 부위가 활성화하지 않는다고 합니다.

3. 기억, 완벽하지 않은 이야기

김갑수　　인간의 뇌는 다양하게 작용하겠지만, 저는 특히 기억의 작용이 참으로 궁금합니다.

사적인 얘기를 하자면, 저는 나이를 먹어가면서 현재의 일보다는 기억에 저장된 지난 일에 대해 애착도 훨씬 크고, 생각도 더 많고, 더 많은 가치와 의미를 부여하게 됩니다. 그런데 기억은 참 이상한 요술을 부립니다. 그 당시 일기장이나 자료를 보면 제 기억과는 상당히 거리가 멉니다. 즉, 제가 편리한 대로 윤색하고 가공한 기억이 많거든요. 뇌 연구는 기억을 어떻게 규명합니까?

김효은　　철학적으로나 과학적으로 기억이 매우 중요한 의미가 있는 이유는 바로 나에 대한 기억이 나를 구성하기 때문입니다. 그 기억이 왜곡되었거나 실제로 일어나지 않았던 것이 그 기억에 섞여 있다면, 그 것은 몹시 슬픈 일이죠. 내가 나, 그리고 나를 통해 태어난 세계를 인식한 것이 모두 거짓이라는 결론에까지 이르게 되는, 지극히 충격적인 연구결과가 아주 많습니다.

김갑수 마이클 베이 감독의 영화 「아일랜드(Island)」에 등장하는 복제인간들은 자신을 인간으로 믿고, 주입된 기억을 사실로 믿고 살아갑니다. 만약 인간에게 실제로 그런 일이 일어난다면 정말 끔찍한 결과를 낳을 것 같군요. 자기가 실제로 하거나 겪지 않은 것을 사실로서 기억한다면, 집단의 기억인 인간의 역사는 과연 무엇이 될까요? 기억의 오류에 대해서, 선생님이 번역하신

영화 「아일랜드」 2005

가지니가의 책 『윤리적 뇌』에 나오는 구절을 읽어 보겠습니다.
"그것이 믿을 만하든 아니든 우리는 존재하는 기억으로부터 이론을 만들어 내고 우리 자신이나 타인에 대한 감각을 만들어 낸다."
지금 우리 대화와 같은 맥락에 있는 내용 같습니다. 보충해서 설명해 주셨으면 합니다.

김효은 기억을 잘한다는 것은 아주 좋은 일임이 틀림없습니다. 기억력이 좋으면 생활이 아주 편리하죠. 그러나 만약 우리가 모든 것을 세세하게 기억하고 있다면, 우리 뇌는 물리적으로 그 많은 정보를 처리하지 못해서 우리가 살아갈 수 없는 지경에 이른다고 합니다. 그래서 우리 기억은 어느 정도 왜곡되고, 제한되고, 필요한 부분만 남는데,

왜곡된 기억

당신이 새집으로 이사한다고 상상해 보라. 빈방에 앉아 새집
으로 옮기고 싶은 것들의 목록을 써내려간다고 해보자. 이것
이 당신이 의식적으로 기억해내는 방식이고 그 목록은 지금
당신의 삶에서 중요하다고 느끼는 것들로 구성되어 있을 것이
다. 당신은 그 목록이 운 좋게도 짧다는 것을 발견한다. 그런데
바로 다음 순간 당신이 지금 사는 집 주위를 걸어 다니면서 옮
기고 싶은 것들을 적는다고 해보자. 당신은 적을 것이 너무 많
아서 종이가 모자랄 것이고, 이사비용은 애초에 생각했던 것
보다 열 배나 뛰어오를 것이다.

과거의 기억은 영원하지 않다. 과거의 기억은 현재의 의식적
삶에서 큰 영역을 차지하지 않으며, 과거를 생각할 때 기억은
심하게 왜곡된다.

그 점을 잘 이용한다면 우리 삶을 좀 더 나은 방향으로 나아가게 하는 계기가 될 수 있다고 생각합니다.

김갑수   어디선가 이런 구절을 읽은 적이 있어요. '인간은 태어나서 지금까지 경험한 모든 것을 기억한다. 다만, 저장된 기억을 꺼내는 기억이 따로 있다. 우리는 꺼내 놓은 것을 기억이라고 생각하지만, 사실 우리가 경험한 모든 것은 일종의 데이터로 뇌에 남아 있다. 그 데이터를 꺼내는 능력이 활성화하면 소위 머리 좋고 총명한 사람이 되는 것이다. 그리고 나이를 먹을수록 꺼낼 수 있는 기억의 양이 계속 줄어든다.' 과학적 근거가 있는 주장인가요?

김효은   과학적으로도, 심리학적으로도 맞는 말입니다. 우리에게는 모두 장기기억(long term memory)[5]이 있습니다. 이것은 신경윤리라기보다는 심리학적 이야기입니다만, 사실 평소에는 이 장기 기억에 있는 모든 데이터를 꺼내 쓸 필요는 없습니다. 그리고 우리가 기억하지 못하는 무의식적인 기억도 있습니다. 기억이 필요할 때마다 꺼내 쓰는 능력을 작업기억[6]이라고 하는데, 우리는 저장된 기억을 잘 꺼내서 쓰는 사람을 보고 머리가 잘 돌아간다, 혹은 머리가 좋다고 합니다.

---

5) long term memory: 경험한 것을 수개월에서 길게는 평생 동안 의식 속에 유지하는 기억작용.

6) working memory: 단기기억과 대별되는 개념으로, 단기기억이 정보를 잠시 유지하는 수동적 개념이라면 작업기억은 그곳에서 여러 작업이 일어나고 있음에 초점을 둔 능동적 개념이다. 의식으로 들어오면 그와 연관된 장기기억의 정보가 떠오르기도 하고, 의도적으로 이미 기억하는 정보를 떠올려 새로 습득한 정보와 연관시키기도 한다. 그 의식의 역동성에 초점을 둔 개념이 작업기억이다.

5. 뇌, 그리고 이성과 감성

김갑수   신경윤리학에서는 도덕적 감각을 인간이 타고난 것으로 간주하는
              지, 아니면 사회적 필요에 의해 형성되는 것으로 간주하는지 궁금합
              니다. 일부일처제를 제도화한다든가, 친족 간의 혼인을 금지한다든
              가, 어떤 음식을 금지하는 등의 규칙이 사회적 필요에 의해서 사회
              구성원들에게 부과되는데, 이런 사안이 모두 윤리적으로 규정되지
              않습니까? 그런 문제를 뇌와 관련하여 규명할 수 있을 것 같은데요?

cf. 황경식, P.158

김효은   네, 전문가들이 그런 연구를 하고 있습니다. 인간에게 도덕적, 윤리
              적인 직관이 있느냐는 문제에 관해 윤리학에서 자주 다루는 딜레마
              가 있습니다. 특정 상황에서 사람들이 어떤 윤리적 판단을 내리는지
              를 알아보는 설문인데, 이런 겁니다. 두 갈래 철로가 있는데, 한쪽 철
              로에는 다섯 사람이 있고 다른 쪽에는 한 사람이 있습니다. 그런데
              기차는 다섯 사람이 있는 쪽으로 달려오고 있습니다. 조금만 더 오

면 다섯 사람이 모두 죽을 상황인데, 선로를 바꾸는 레버가 있습니다. 그 지렛대를 내리면 선로가 바뀌어서 한 사람이 서 있는 쪽으로 가게 됩니다. 이런 경우에 선생님은 어떻게 하시겠습니까?

김갑수   참 어렵네요. 다섯 사람의 목숨이 한 사람의 목숨보다 더 중요하다고 할 순 없잖아요. 숫자를 기준으로 생명의 경중을 따질 수는 없는 거니까. 게다가 그냥 놔두면 기차가 가던 길로 갈 텐데, 레버를 조작한다는 것은 살 수 있었던 다른 사람의 생명을 앗아기는 짓이니까요.

김효은   네. 그런데 이 설문에 답한 대부분 사람은 한 사람이 있는 방향으로 기차를 보내야 한다는 판단을 내렸습니다.

한 가지 더 볼까요? 배가 한 척 있습니다. 이 배에는 다섯 명만 탈 수 있는데 여섯 명이 탔습니다. 그래서 누군가 한 사람을 밀어서 떨어뜨려야 나머지 다섯 명이 살 수 있습니다. 이런 딜레마를 제시하고 판단을 내리라고 했을 때 사람들은 철로의 딜레마 경우보다 시간을 조금 더 길게 끌었습니다. 왜냐면 철로의 경우에는 레버를 움직여서 다른 선로에 있던 한 사람을 직접 죽이는 것이 아니라, 다섯사람을 구하는 간접적인 결과를 가져오므로, 내가 한 사람을 죽이는 데 직접적으로 개입되지 않기에 비교적 빨리 도덕적 직관을 발휘할 수 있었던 거죠. 다시 말해서 판단을 내릴 때 정서나 감정이 조금 덜 개입

되었던 것인데, 배의 사례에서는 나 자신이 한 사람을 물에 빠뜨려야 하는 상황에 직접 개입되어 판단을 내리는 데 시간이 더 걸렸던 겁니다. 실제로 이 두 가지 설문에 응답한 사람의 뇌 영상을 찍은 자료도 있습니다.

김갑수   결과는 어떻게 나왔습니까?

김효은   주체가 직접 개입되지 않은 첫 번째 상황에서는 정서에 해당하는 뇌의 부위가 발화하는 빈도가 극히 낮았습니다. 그러나 주체가 직접적으로 개입된 두 번째 상황에서는 감정과 연관된 뇌 부위가 훨씬 더 많이 발화되었습니다.

김갑수   윤리적 행동에도 감정이 작용한다는 거군요.
　　　　　윤리적 선택은 나보다 집단을 먼저 생각하는 의지의 작용인데, 인간에게는 근본적으로 생존본능이나 이기심, 감정적 측면이 있잖습니까? 이것은 윤리적 선택과 대치되지 않을까요?

김효은   네. 맞습니다. 윤리적인 판단을 내릴 때 우리는 합리적이고 이성적으로 사고한다는 것이 그동안의 통념이었고, 이성과 감정은 완전히 분리된 것으로 생각되어 왔습니다. 그런데 사실 우리의 인지작용에는 감정의 영향이 매우 크다는 연구결과가 나오고 있습니다. 그래서 요즘은 인간을 이성적, 합리적 존재라기보다는 감정이 있는 존재로 바라보는 연구가 활발하게 진행되고 있습니다.

뇌는 어디까지 윤리적인가

"인간의 본성이나 도덕적 상태는 뇌의 상태로 완전히 설명될 수 없고, 자유의지의 영역은 여전히 남아 있으며, 이 영역을 긍정적인 방향으로 계발해야 한다는 것이 이 책의 신중하면서도 적극적인 메시지이다. 그래서 '윤리적 뇌'라는 이 책의 제목은 '뇌가 윤리적이다'라는 단정적인 주장을 하기 위한 것이 아니라 '뇌가 윤리적인가? 어디까지는 그렇고 어떤 부분은 그렇지 않은가?'를 이야기하기 위한 것이다."*

마이클 S. 가자니가*, 『윤리적 뇌』 중에서

---

* Michael S. Gazzaniga(1939~): 세계적인 뇌과학자이자 신경과학자. 2008년 우리나라에서 열린 '월드 사이언스 포럼'에 참가하여 뇌과학과 사회의 관계에 대해 강연한 적이 있다. 뇌영상을 통해 마음의 기능을 탐구하는 인지신경과학이라는 제2세대 인지과학 분야를 개척한 선구자로 명성이 높다. 젊은 뇌과학자 양성을 위해 캘리포니아 데이브스대학교와 다트머스대학교에 인지신경과학센터를 설립했으며, 『인지신경과학저널』을 발간, 현재 명예 편집장을 맡고 있다. 대표 저술로 『사회적 뇌(The Social Brain)』(1985), 『마음 문제(Mind Matters)』(1989), 『자연의 마음(Nature's Mind)』(1994), 『윤리적 뇌(The Ethical Brain)』(2005) 등이 있다. 특히 인간의 뇌와 정신에 관한 학문을 집대성한 「The Cognitive Neurosciences」 시리즈는 전공자들 사이에서 그 분야의 백과사전으로 통한다.

6. 미래 사회에서 뇌과학의 역할

김효은   제가 번역한 이 책의 저자 마이클 가자
니가는 뇌과학자인데, 인지과학을 선도
적으로 이끌어 온 분입니다. 이제는 단
순히 인지과학의 차원을 넘어서서 '법학
자, 철학자, 정책 담당자들과 함께 작업
하면서 뇌과학의 연구 결과가 어떠한 윤
리적·사회적 의미를 함축하는지를 연
구하는 중이랍니다. 순수하게 학문적인

마이클 가자니가

작업도 하지만 일반인에게 도움이 되는 실용적인 프로젝트를 비밀
리에 진행하고 있다고 하더군요.

김갑수   지금까지 신경윤리에 대한 이야기를 나누었는데, 현실적으로 이 새
로운 분야가 지금 우리에게 필요한 이유는 무엇일까요?

김효은   어느 사회나 마찬가지겠지만, 현대사회는 전례 없이 복잡하고 발전의 속도는 상상할 수 없을 정도로 빠릅니다. 하루만 흐름을 놓쳐도 따라갈 수 없는 지경이 되었습니다. 이런 상황에서 나는 무엇이고 타인이 어떤 존재인지, 그리고 그들 사이의 관계를 정립하는 데에 뇌과학적인 자료나 그에 관련된 윤리, 철학적 사고가 절실하게 필요해진 겁니다.

김갑수   현재까지는 뇌과학자나 인지학을 연구하시는 전문가의 영역이지만, 머지않은 미래에 일반인이 상식으로 이 분야를 이해하는 시대가 오겠군요.
       인간의 위상은 과학 연구의 발전과 함께 놀라운 변화를 거듭해온 것 같습니다. 300년 전 인간에게 오늘날 우리는 마치 무서운 괴물처럼 보일지도 모르겠습니다. 우리가 미래를 두려워하는 것도 같은 맥락이 아니겠습니까? 그러나 과학적 연구의 빠른 속도에 제동을 거는 것만이 윤리적인 자세는 아닌 것 같습니다. 미래를 향해 나아가되, 지혜롭게 사고하고 통찰력 있는 판단을 내리는 것이 관건이겠지요. 연구자로서 선생님이 생각하시는 윤리적 뇌, 뇌 연구의 방향이나 목적을 다시 한 번 정리해 주셨으면 합니다.

김효은   현재, 뇌에 관한 연구는 아주 활발하게 진행되고 있고, 뇌에 대한 새로운 지식은 일반인에게 유행처럼 번지기도 했습니다. 저는 일단 뇌과학의 성과들을 적극적으로 받아들이고 열심히 연구를 계속하는 것이 가장 중요한 과제라고 생각합니다.

하지만 많은 사람이 우려하듯이, 뇌과학의 성과를 어떻게 해석하고 어떻게 수용하는가 하는 것은 결국 연구자와 일반인에게 달렸습니다. 머지않은 미래에 뇌과학이 단순히 학문으로서 존재하는 것이 아니라 우리 삶 곳곳에 침투하는 사회가 도래할 것입니다. 그것은 아주 새롭고, 흥미롭고, 어떻게 보면 조금 위험할 수도 있는 그런 사회가 될 것입니다. 그런 사회에서 살아가려면 정신이 항상 깨어 있어야 하고, 연구자들의 연구 결과와 주변과 사회와 문화를 늘 지켜보는 객관적이고 비판적인 자세가 필요하다고, 저는 생각합니다.

온생명으로 태어나다

| 장회익 |

"온생명이 형성되어 성장해 온 과정을 보면 대략 30~40억 년이 됩니다. 그 엄청난 기간에 성장해 오면서 온생명은 자의식을 한 번도 가져 보지 못했습니다. 인간은 10~20년 성장하면 자신이 어떤 존재라는 걸 자각하고 살아가는데, 온생명은 그 큰 생명임에도 30~40억 년이 지나서야 비로소 인간을 통해 스스로 어떤 존재인가를 자각하는 단계에 왔다고, 저는 보는 겁니다. 이것은 대단히 놀라운 일입니다. 온생명 관점에서 보면 그렇게 긴 기간을 거친 다음에야 비로소 '아하, 나는 이런 존재구나'하는 걸 느꼈고, 그것을 의식했다는 것은 바로 그 안에 있는 우리 인간이 그걸 알게 되었다는 거죠. 우리가 온생명 밖에 있는 존재가 아니라 안에 있기에 우리가 그걸 의식한다는 것은 바로 온생명이 의식하는 거라고, 저는 보고 있습니다."

장회익

서울대학교 물리학과 명예교수.
서울대학교 물리학과 졸업, 미국 루이지애나 주립대학교 물리학 박사.
전 서울대학교 물리학과 교수, 과학사 및 과학철학 협동과정 겸임교수.
주요 저서: 『삶과 온생명』, 『공부도둑』, 『물질, 생명, 인간-그 통합적 이해의 가능성』

1. 삶을 위한 앎

김갑수   서울대학교 물리학과 명예교수로 계시는 장회익 선생님의 화두는
'만남'이라는 생각이 듭니다. 선생님은 동양의 과학사상과 서양의 물
리학 이론의 만남, 근심과 희망의 만남, 과거와 미래의 만남… 이 모
든 만남에 담긴 온생명 사상을 주창하시는 분입니다.

물리학자로서의 활동 못지않게 생명 운동을 해 오신 면모가 일반인
에게도 널리 알려졌는데 학자로서, 지식인으로서의 소명의식에서
이런 사회활동이 시작되었다고 봐야 할까요?

장회익   그렇습니다. 요즘 지식인이라고 하면 으레 전문 지식인을 떠올립니
다. 그런 면에서 저는 물리학자라고 할 수 있죠.

그런데 그것이 본래 지식인의 본모습은 아닌 것 같아요. 전공 학문
을 하다 보면 아무래도 한쪽에 치중하게 되는데, 지식인 가운데 조
금 폭넓게 전체를 보려고 노력하는 사람도 필요하다고 생각합니

다. 그런 사람을 뭐라고 불러야 좋을지 모르겠는데, 군이 얘기하자면 보편 지식인이라고 할까요? 학문의 배경은 물리학이지만, 저는 그런 쪽으로 노력했습니다.

김갑수 사르트르는 가치중립적인 공부만 하는 사람을 지식 기사(技士)라고 비판한 적이 있습니다. 시대적 삶에 동참하고 동시대인과 교류하면서 자신의 사고를 실천에 옮기는 사람이 지식인이라는 얘기인데, 그런 관점에서 보자면 지식 기사와 구분되는 지식인의 삶을 선택하신 거군요.

장회익, 『공부도둑』 2008

얼마 전에 공부도둑이란 책을 내신 적도 있지만, 그동안 공부하신 것을 세상에 열심히 알리고 계시는데, 앎 중심 공부에서 삶 중심 공부로 나아가야 한다는 말씀도 하셨죠?

장회익 본래 앎의 목적은 결국 좋은 삶을 만들어 나가는 데 있지 않겠습니까? 그런데 요즘 학계에서는 앎과 삶의 관계는 도외시하고 그저 앎 자체를 추구하는 경향을 보입니다. 그것을 소위 '아카데미즘'이라고 생각해서 거기에 큰 가치를 부여하는 것 같은데, 그러다 보니까 앎의 범위나 내용은 넓고 깊어지지만, 그것이 우리 삶에 과연 어떤 의미가 있는지, 그 점에 대한 생각은 많이 모자란 것 같습니다.

그런 상황에서 지식은 아예 저 밖에 있고, 우리는 그저 조각난 부분들만 가지고 있기 때문에 실제로 삶과 앎 사이에 격차가 심각하게 벌어지고 있다고 봅니다. 그것은 본래 앎의 취지에 맞는 현상이 아니죠. 따라서 '삶을 위한 앎' 중에서 우리 삶에 직결된 내용을 다시 정리하고 정립할 필요가 있다고 생각하게 된 겁니다.

2. 낱생명이 아니라, 온생명이다

김갑수   선생님이 말씀하시는 온생명 사상은 물리학보다는 생태학적 관점
에서 출발했다고 봐야 할 것 같은데, 그 둘은 구분되는 겁니까?

장회익   원래 물리학이라는 학문 자체가 자연의 가장 밑바닥에 깔린 기본 원
리를 찾는 거거든요. 그런데 생명 현상도 자연계에 일어나는 현상이
니까. 그 기본 원리와 연결되죠. 그래서 저는 물리학을 통해 생명을
어떻게 이해할 수 있는지, 그 점에 관심을 두었습니다. 물론 우리가
통상적으로 물리학이라고 하면 물질 현상을 연구하는 학문으로 알
고 있는데, 사실 생명 현상도 그러한 기본 원리를 바탕으로 일어나
는 현상입니다. 그래서 물리학적인 원리와 연결되어야 제대로 이해
할 수 있다고 봅니다.

김갑수   그러니까 물리학자가 생명에 눈뜬 것이 그리 기이한 일은 아니군요.

장회익   맞습니다. 더구나 생명이 무엇이냐는
본질적인 질문은 결국 그것을 가장 기
본적인 원리와 연결하여 어떻게 이해할
수 있느냐는 문제로 환원되거든요. 이
런 문제를 제기한 사람은 저 말고도 많
이 있습니다. 예를 들어 현대 양자역학
을 정립한 주역 가운데 한 사람인 에르
빈 슈뢰딩거[1]라는 분도 그렇습니다. 양

에르빈 슈뢰딩거

자역학의 기본 방정식이 슈뢰딩거 방정식인데 바로 그분이 쓴 가장
유명한 책이 『생명이란 무엇인가?』입니다. 그분의 여러 저작 중에
서 이 책이 가장 널리 알려졌고, 실질적으로도 독자에게 가장 큰 영
향을 미쳤습니다.

김갑수   학문적 배경은 차치하고, 사회 전반적으로 생명에 대한 관심은 인류
에 닥친 재앙을 인식하면서부터 시작되지 않았습니까? 그런데 재미
있는 사실은 문명이 고도로 발달한 상황에서 그런 인식이 싹텄다는
점입니다. 문명이 급격히 발전하고, 인간 삶의 편의는 놀랍게 증가
했는데, 생명의 위기는 훨씬 더 고조되었죠. 발전과 위기는 마치 동
전의 양면처럼 서로 길항하는 역할을 해온 것 같습니다. 결국, 인간

---

1) Erwin Schrödinger(1887~1961): 오스트리아의 이론물리학자. 파동역학의 건설자. L.V.드브로이가 제
출한 물질파의 개념을 받아들여 미시 세계에서는 고전역학이 파동역학으로 옮겨간다는 생각을 기초방
정식으로서의 슈뢰딩거 파동방정식에 집약하였으며, 이것은 '원자이론의 새로운 형식의 발견'이었다.
1933년 노벨 물리학상을 받았다. 『생명이란 무엇인가?』,『자연과 그리스인(Nature and the Greeks)』(1954)
『나의 세계관(Meine weltansicht)』(1961) 등 다양한 분야의 저서가 있다.

이 스스로 만들어 낸 문명에 의해 생명이 위기 상황을 맞은 것이 생명을 문제적으로 인식하게 된 배경이라고 할 수 있겠죠. 선생님 역시 인간이 제어할 수 없는 지경에 이른 기술과 문명의 발전이 생명을 압살할지도 모른다는 위기감을 느끼신 건가요?

장회익　　그렇습니다. 그래서 저는 생명이란 것이 대체 무엇인지, 나름대로 이해하려고 노력했습니다. 그런데 생명에 대한 기존의 관념을 통해 이해하려니까 아무리 노력해도 뭐라고 잡아낼 방법이 없어요. 그래서 결국 저는 이런 결론은 얻었습니다. 아, 생명이라는 것은 우리가 지금까지 생각해 온 낱생명 중심의 생명관으로는 이해할 수 없구나!

김갑수　　낱생명이란 선생님이 쓰시는 용어로 개별 생명체를 말하는 거죠?

장회익　　우리는 살아 있는 것 하나하나가 생명을 가지고 있다고 믿죠. 다시 말하면 살아 있는 것의 '살아 있음'이라는 어떤 특징을 나타내는 성격을, 우리는 흔히 '생명'이라고 부릅니다. 예를 들어 사람이든 토끼든 박테리아든 그 안에 생명이 들어 있다고 생각하지 않습니까? 그런데 그 안에 들어 있다는 생명이 도대체 뭐냐? 어떤 상황에서 그것이 생명이 되느냐? 답이 안 나오는 거예요. 그래서 그 이유가 뭔가 봤더니 생명이란 것의 개념 자체가 정립되어 있지 않기 때문에 그런 겁니다.

제가 깨달은 사실은 생명을 기존의 관념으로 이해할 수 없고, 훨씬 더 큰 체계로 파악해야 한다, 생명이 이루어지려면 각각의 개체를 뛰어넘는 더 큰 모습의 전체가 필요하다는 것이었습니다. 그래서 저는 그것을 온생명이라고 부른 거죠.

그런데 문제는 무엇이 모여야 비로소 생명이 되느냐는 겁니다. 생명이라는 것도 결국 그 어떤 물질적 요소들이 모여 일정한 체계를 구성할 때 나타나는 것인데, 무엇이 어떻게 모였을 때 생명이란 현상이 나타나고, 그렇지 못할 때 생명이 되지 못하는 그 경계가 무엇인가 하는 겁니다. 이것은 곧 생명 현상이 성립되려면 반드시 갖추어야 할 최소 조건이 무엇인가를 알자는 거지요. 그것을 봐야 생명의 전체 모습이 보이거든요.

그런데 그것은 우리가 지금까지 생명체라고 불렀던, 예를 들어 사람이나 토끼나 박테리아와 같은 개체를 이루는 것만으로는 부족합니다. 왜냐면 그것 자체로는 독립적으로 생명 노릇을 전혀 할 수가 없기 때문이지요. 설령 그 개체가 우연히 생성되었다고 해도 독립적으로 살아 활동하지 못합니다. 아주 쉽게 얘기하면, 주변에 물도, 공기도 필요하고, 자양분도 섭취해야 하지요.

김갑수   생명을 유지하게 하는 온갖 환경적 요소가 필요하다는 말씀이지요?

장회익   그렇죠. 생명체 내부를 구성하는 것과 생명체 외부 곧 환경을 구성하는 것이 서로 별개가 아니라는 거죠. 이들이 함께 관련을 맺을 때 비로소 생명 현상이 발생한다는 거지요. 이들이 함께하지 않으면 생명이라고 부를 수 없다는 겁니다. 생명이란 현상이 그 안에서 나타나지 않으니까요.

김갑수   다시 한번 정리하자면, 저는 낱생명인데 제가 먹고, 마시고 숨 쉬는 등 모든 활동에 관계된 모든 것이 포함되어야만 온생명이라고 할 수 있는 거군요.

장회익   엄격하게 말하면, 그래야 생명이 되는 겁니다. 김 선생님 혼자서는 생명이라고 부를 수 없는 거죠. 그 점이 중요합니다. 생명 개념을 그렇게 이해하고 보니까, 그 생명 전체 곧 우리 온생명이 건강한 상태에 있는지 위험한 상태에 있는지 눈에 보이기 시작한 겁니다. 저는 매우 위험하다는 느낌을 받았습니다. 과거에는 우리가 낱생명의 기준으로 생명을 바라보지 않았습니까? 그러나 이제는 시각을 넓혀서 온생명의 한 부분으로 인류가 어떻게 하면 성공적으로 생존할 수 있는지, 또 온생명으로서 우리가 어떻게 살아가야 하는지를 생각해야 합니다.

사실, 인류 역사를 돌아보면 생존 자체가 아주 어려웠습니다. 주변 환경을 생존에 유리하게 변화해 가면서 더 안전하고 만족한 삶을 살려고 노력해온 거죠. 그것이 지금까지 우리 문명의 주된 방향이었습니다. 인류는 온생명의 일부로서 그 전체 안에서 생존을 유지하려고 노력해야 했는데 그 노력 자체가 쉽지 않았습니다.

인류는 놀라운 기술문명을 이룩했죠. 그러니까, 자연을 더 잘 이해하고 거기서 얻은 지식을 통해 인류의 생존에 유리하게 자연을 활용하고 변형해온 것입니다. 이것이 지금까지의 주된 과정이었습니다. 그런데 기술로 자연을 변형하다 보니까, 온생명의 생리를 거스르는 결과를 낳은 겁니다. 그래서 이대로 가다가는 인류는 물론이고 나머지 모든 동식물의 생존 자체가 위태로운 상황이 벌어진 겁니다.

김갑수   선생님은 글에서 어떻게 하면 온생명을 파악할 수 있는지를 말씀하시면서 외계인의 시선으로 바라보라고 하신 적이 있습니다. 아마 자신이 속한 맥락에서 벗어나서 객관적으로 바라보는 시선이 필요하다는 말씀인 것 같습니다.

장회익   개구리는 움직이지 않는 것은 보지 못합니다. 움직여서 눈에 띄는 것만 보이고, 정지한 것은 눈에 띄지 않거든요. 개구리가 나무를 본다면, 뿌리는 말할 것도 없고 움직이지 않는 나무등치나 가지는 보이지 않죠. 바람이 불어서 움직이는 것은 나뭇잎뿐이잖아요. 그럼, 개구리 눈에는 나뭇잎만 보일 겁니다. 다시 말해 개구리가 나무를 이해하려고 한다면 나뭇잎을 열심히 들여다보고 나무를 이해하려고 노력하겠죠. 그런데 사실 그것은 위험한 행동일 수도 있어요. 왜냐면 나뭇잎이 우리가 생각하는 생명에 해당한다면, 그 나뭇잎을 잘 살리겠다고 나무등치의 수액을 모두 뽑아다가 나뭇잎에 주사하는 상황을 상상해 보세요. 어리석게도 나무등치를 손상하고 나무 전체를 죽일 위험이 있죠. 개구리를 인간이라고 가정한다면 정말 우습고 어리석은 짓을 하는 거죠. 이런 비유는 온생명과 낱생명의 관계를 잘 설명해 줍니다. 전체 나무가 온생명이라면 우리 눈에 보이는 생명체는 잎에 해당합니다. 모두 연결되어야만 생존할 수 있어요. 그런데 우리 눈엔 줄기도, 뿌리도 잘 안 보이거든요.

지금까지는 나뭇잎만 보면서 살아올 수 있었어요. 나무둥치를 건드릴 힘이 없었으니까요. 그래서 우리의 일상적인 시각, 일상적인 이해방식이 그 정도에 머문 것이죠. 그렇다면, 개구리가 나무의 전체 구조를 이해하려면 예컨대 우리 같은 사람을 초청해서 나무에 대한 설명을 들어야 하듯이, 우리도 우리보다 한 차원 높은 지성을 가진 어떤 존재를 모셔다가 생명 전체를 한눈에 보여주는 설명을 들어야 하지 않겠어요? 즉 한 차원 높은 지적 안목이 필요하다는 거지요.

3. 온생명, 인간을 통한 자각

김갑수   그렇군요. 온생명이라는 시야가 확보됐을 때는 지구상 모든 개체의
         위상이라든가 개체 사이의 관계가 전혀 다르게 보일 수 있을 테니까
         요. 그럼, 그 안에서 인간의 위상은 어떤 것입니까?

장회익   인간도 온생명의 한 부분에 불과하지만, 다른 생명체와는 아주 다른
         특징이 있습니다. 인간에게는 지성이 있거든요. 마음이 있어요. 정
         신세계를 열어 가죠. 물론, 다른 동물도 두뇌가 있으니까 미약하게
         나마 그런 것이 있겠습니다만, 인간은 어느 정도 동물의 한계를 넘
         어서서 아주 광대한 정신세계를 열어 갑니다. 그리고 '나'라는 주체
         의식을 느끼는 존재입니다.

         온생명을 공간적으로 얘기하자면, 태양에서 온 에너지로 모든 생명
         이 활동하니까, 태양과 지구를 포함한 광대한 영역을 포괄합니다.

예를 들어 누군가 자기 팔을 움직이면, 흔히 자기 힘으로 움직인다고 생각하죠. 하지만 이것은 태양에너지로 움직이는 거거든요. 태양에너지가 녹색식물에 흡수되고 그 에너지가 음식을 통해 내 몸으로 들어와서 그 팔을 움직여 주는 거란 말이죠. 그러니까, 그런 전체 과정을 한 묶음으로 봐야 합니다.

온생명의 그 긴 시간대를 놓고 볼 때 인간은 극히 최근에 탄생한 존재예요. 그러나 인간의 뿌리는 온생명이고, 오늘날과 같은 정신적인 영향력을 가진 인간이 나오기까지 온생명은 공간적으로는 태양과 지구가 함께하고 시간적으로는 30~40억 년에 걸쳐 엄청난 뜸을 들였던 거지요.

그런데 '나'라는 개인의 처지에서 인간에게 가장 중요한 것은 스스로 주체적인 삶을 살아간다는 것, 자신만의 정신세계가 있다는 것 등이겠지요. 만약에 그게 없다면 인간은 참 공허해집니다. 삶의 의미를 찾을 수 없죠. 그저 물리적으로만 생존하는 식물인간 비슷한 존재가 되는 거죠.

온생명이 형성되어 성장해 온 과정을 보면 대략 30~40억 년이 됩니다. 그 엄청난 기간에 성장해 오면서 온생명은 자의식을 한 번도 가져 보지 못했습니다. 인간은 10~20년 성장하면 자신이 어떤 존재라는 걸 자각하고 살아가는데, 온생명은 그 큰 생명임에도 30~40억 년이 지나서야 비로소, 그것도 인간을 통해, 자신이 어떤 존재인가를 스스로 자각하는 단계에 이르렀다고 할 수 있어요. 이것은 대단히 놀라운 일입니다. 온생명 관점에서 보면 그렇게 긴 기간을 거친 다음에야 비로소 '아하, 나는 이런 존재구나' 하는 걸 느꼈고, 그것을 의식했다는 것은 바로 그 안에 있는 우리가 그걸 알게 되었다는 거죠. 우리가 온생명 밖에 있는 존재가 아니라 안에 있기에, 우리가 그걸 의식한다는 것은 바로 온생명이 그걸 의식하는 게 되지요.

그런데 그때 '우리'라는 존재가 바로 인간이거든요. 그러니까, 인간이 온생명 안에서 하는 역할은 인간 내부에서 의식을 담당하는 두뇌 신경세포가 하는 역할과 같습니다. 우리 몸에 여러 가지 세포가 있지만, 만약 신경세포가 두뇌를 형성해서 활동하지 않는다면 의식이나 정신세계가 존재할 수 없는 것처럼, 온생명도 인간이 없으면 그런 의식이나 정신세계를 가질 수 없겠죠.

다시 말해 온생명을 사람에 비유한다면 두뇌를 구성하고 의식을 담당하는 존재는 다른 생물종이 아니라 바로 인간이라는 겁니다.

생명은

생명은
자기 자신만으로 완결이 안 되는
만들어짐의 과정.

꽃도
암꽃술과 수술로 되어 있는 것만으로는
불충분하고

벌레나 바람이 찾아와
암꽃술과 수술을 연결하는 것.

생명은
제 안에 결여를 안고
그것을 타자가 채워 주는 것.

요시노 히로시

김갑수   선생님이 좋아하시는 일본 시인, 요시노 히로시[2]의 「생명」이라는
        시에서 보면 선생님께서 말씀하시는 온생명과 낱생명, 그리고 보생
        명이라는 개념이 상징적으로 표현되어 있군요.

장회익   우리는 지금까지 낱생명을 그냥 '생명'이라고 했거든요. 그런데 그것
        만으로는 생명이 될 수 없기에 반드시 뭔가가 함께해야 하는데, 그
        것이 바로 보생명입니다. 그 보생명과 낱생명이 합쳐진 전체가 온생
        명이라는 거죠. 생명은 온생명 안에서만 존재할 수 있다는 것을 요
        시노 히로시는 시적으로 표현한 것이죠.

---

2) 吉野弘(1926~): 일본 시인. 1953년 동인지 『노(櫂)』에 참여하면서 시인으로서 활동을 시작. 1957년
시집 『소식(消息)』(1957), 『환·방법(幻·方法)』(1959)을 출간했다. 1971년 『감상여행(感傷旅行)』으로 제
23회 요미우리 문학상을 받았다.

4. 몸과 마음은 하나다

김갑수   지금까지 온생명 체계 안에서 인간만이 개체 수가 늘어나고 번성하
는 반면, 나머지 생명체는 인간에 의해서 조작되고, 통제되고, 죽어
가고 멸종되어 가지 않습니까? 이 현상을 어떻게 해석해야 할까요?

장회익   저는 인간이 현재 온생명 안에서 두 가지 상충되는 역할을 하고 있
다고 봅니다. 하나는 앞서 말씀드린 정신활동을 가능하게 하는 아주
중요한 기능이고, 다른 하나는 마치 우리 몸의 암세포들이 무분별하
게 증식해서 전체 신체의 생리적 기능을 마비시켜서 결국 죽음에 이
르게 하는 것 같은 행위를 한다는 거예요. 암세포는 외부에서 들어온
박테리아가 아니라, 우리 신체 안에서 생성된 세포인 것처럼 온생명
의 중요한 성원인 인간이 기술의 발전으로 자연을 큰 폭으로 변형시
키다 보니 신체 안의 암세포와 비슷한 작용을 하고 있다는 거죠.
그러나 인간은 암과는 다르죠. 암세포는 사고할 수 없기에 자기가

기생하는 몸을 죽음으로 몰아가도 이를 알지 못하지만, 인간은 자신의 행동에 따라 온생명을 파괴할 수 있다는 사실을 자각할 수 있는 존재니까요. 바로 거기에 희망이 있습니다.

김갑수   선생님이 말씀하시는 온생명의 체계 안에서 인간 존재의 이중성, 모순된 역할에 대해 조금 더 생각해 봐야 할 것 같습니다. 선생님은 책에서 그것을 마음의 문제라고 하셨는데, 그렇다면 인간이 온생명 체계 안에서 긍정적이거나 부정적인 역할을 하는 것이 마음먹기에 달린 것이라는 말씀인가요?

장회익   그보다는 상황에 대한 정확한 이해가 앞서야겠죠. 우리가 어떤 세계에서 어떻게 살고 있는지, 우리의 몸이 사실은 온생명인데 그 안에서 우리는 어떤 위치에 있고, 어떻게 살아가는 존재인지, 이러한 문제에 대한 이해와 관심이 필요하다는 거죠. 그런 이해가 없기에 인간은 온생명 안에서 부정적인 역할을 하는 겁니다. 따라서 상황에 대한 자각이 필요한데, 거기에는 현대 과학의 시각이 큰 도움이 된다고 생각합니다.

스피노자

김갑수   서양 철학의 관점에서도 이런 문제에 대한 이해를 얻을 수 있는데, 특히 스피노자[3]에게서 많은 영감과 계시를 얻는다고 하셨지요.

장회익   고백하자면, 저는 물리학자로서 정말 이해할 수 없는 사실이 하나 있습니다. 주체라는 것, '나'라는 것이 사실 물리적으로 보자면 물질 덩어리거든요. 온생명 역시 물질로 구성된 존재인데, 어떻게 물질이 모여 그 안에서 '나'라는 전혀 이질적인 것이 나올 수 있는가? 그 점을 이해할 수 없는 겁니다. 왜냐면 물질 안에서 물질 자신이 스스로를 '나'라고 느끼고 있는 거거든요. 물질을 외부 세계에 놓고 물리 현상을 통해 물질이 어떻게 작동하는지를 관찰하는 일은 물리학이 늘 해오는 일인데, 물질인 내가 스스로 물질인 자신을 자각한다는 것은 물리학적으로는 상상할 수 없는 아주 특별한 현상입니다.

우리는 흔히 인간을 육체와 영혼이 함께 만나 공존하는 현상으로 이해하지요. 그리고 육체와 영혼이 헤어지기도 한다고 믿습니다. 일종의 이원론적 사고지요. 그런데 깊이 살펴보니까, 인간은 이원론적으로 분리된 육체와 영혼이 만난 결과가 아니라, 의식이 내부에서 스스로 형성되더라는 겁니다. 의식은 신경 활동을 통해 형성되는데, 그 신경 활동이 정지하면 의식도 함께 없어져요. 예를 들어 우리가 약물을 복용한다든가, 신체 일부가 잘려나간다면, 의식도 함께 달라

---

3) Baruch de Spinoza(1632~1677): 네덜란드의 철학자. 데카르트 철학에서 결정적 영향을 받았다. "모든 것이 신이다"라는 범신론(汎神論)의 사상을 역설하면서도 유물론자·무신론자였다. 그의 신이란 그리스도교적 인격의 신이 아니라 자연이었기 때문이다. 저서에 『데카르트 철학원리(*Renati de Cartes principiorum philosophiae*)』(1663), 『신학정치론(*Tractatus Theologico-Politicus*)』(1973), 『에티카(*Ethica in Ordine Geometrico Demonstrata*)』(1675)『국가론(*Tractatus politicus*)』(1677) 등이 있다.

지지요. 결국은 둘은 불가분의 관계입니다. 그렇다면, 육체와 영혼은 어떻게 연결되어 있는가. 인간은 이 점을 늘 궁금하게 여겼죠.

이처럼, 몸과 마음의 관계는 서양철학의 오랜 관심사 가운데 하나입니다. 그런데 현대로 올수록 이 둘은 분리된 것이 아니라 하나라는 사고가 우세해집니다. 몸과 마음은 물리적인 현상이나 정신적인 현상 어느 한 쪽으로만 환원할 수 없는데, 저는 이것을 일원이측면론(一元二側面論)이라고 부릅니다. 실체는 하나인데 두 가지 측면이 있다는 거지요. 하나는 외적인 측면, 곧 물리적인 측면인데 이것은 나름대로 어떤 법칙에 따라 움직입니다. 그런데 그 안에서 그것을 내적으로 의식하는 현상이 발생합니다. 이것이 두 번째 측면인데, 이 현상을 내면적으로 보느냐, 외면적으로 보느냐에 따라서 물질 현상으로 보거나 마음의 현상으로 보게 되지요. 둘 사이에는 미묘한 관계가 있습니다. 이러한 사실에 관심을 보였던 철학자가 바로 17세기 스피노자였습니다. 스피노자가 활동하던 시기는 근대 물리학이 출범하던 바로 그 무렵인데, 그전에는 물질세계의 질서를 전혀 몰랐습니다. 바로 그 시기에 뉴턴의 고전역학이 나오면서 물질세계가 어떤 법칙과 질서에 따라서 움직이는가를 이해하기 시작했죠.

그런데 우주에는 어떤 물질적인 질서가 있지만, 또 하나의 내면적인 질서, 곧 정신의 세계가 있어요. 언뜻 보기에 이 둘은 서로 다른 별개의 것으로 보이지만 사실 불가분의 관계를 맺고 있어요. 이 둘을 서로 다른 것이라고 보면 어떻게 이런 절묘한 관계를 맺을 수 있는지 이해되질 않아요. 그런데 사실은 둘이 아니라 '하나'라는 인식에 도달하면 문제는 간단하지요. 하나니까 그런 관계를 맺을 수밖에 없고, 단지 그것이 외면적으로 나타느냐 내면적으로 나타나느냐에 따라 물질이 되고 정신이 되는 거지요. 이런 사고는 수세기 동안 공격을 받기도 했지만, 현대로 올수록 그러한 이해에 점점 더 가까이 가고 있다는 생각이 듭니다.

개인적으로 저는 생명을 이해하면서 가장 놀라웠던 것이 그 안에서 주체의식을 가진 존재가 나타났다는 사실입니다. 우리는 사실 물질 덩어리인데, 물질 덩어리가 스스로 나서서 자기의식을 가지고 있다고 주장하는 것입니다. 물리학적으로는 이해가 안 되는 일이지요. 물질은 물리법칙에 따라 수동적으로 움직이는데 인간도 물질이니까 이 법칙에 종속됩니다. 그런데도 '나'는 의식을 가지고 있으며 움직이고 싶으면 능동적으로 의지에 따라 마음대로 움직일 수 있습니다. 이 둘을 어떻게 이해해야 하느냐는 의문을 품었다가, '아하, 물질이 특정한 구성에 이르면 그 안에 내면성이 발동하여 자신을 주체로 느끼게 되는구나!' 하고 깨닫게 되면서 해답을 얻은 것입니다. 전체 온생명 안에서 아직은 인간만이 이러한 의식을 가지게 되었고 이러한 인간을 통해 온생명이 다시 이러한 의식을 가지게 되었다고 말할 수 있어요. 그래서 우리 온생명은 30~40억 년 만에 처음으로 자신의 진로를 의식적으로 설정할 수 있는 새로운 존재로 부상하게 된 것이지요.

5. 온생명을 향한 인식의 전환

김갑수   온생명을 자각을 하는 존재임에도 온생명을 훼손하는 존재 역시 인간인 것은 틀림없는 사실인 것 같습니다. 온생명이 가야 할 바른길이 있다면, 인간은 거기서 어떤 역할을 해야 할까요?

장회익   지금까지는 낱생명 중심의 생명관을 가지고 있었기 때문에 낱생명이 가치를 논할 최종적인 대상이었죠. 거기에 모든 것을 걸다 보니까, 결국 온생명에 피해를 주는 위험한 일까지도 그냥 하는 거예요. 그래서 모순이 발생합니다. 생명을 소중히 여긴다는 건 참 좋은 일인데, 무엇이 생명인지, 어디까지가 생명인지, 어떻게 해야 생명을 소중히 여기는 것인지, 이런 문제에 걸리면 답을 찾지 못합니다. 예를 들어 박테리아도 생명이니까, 나와 똑같은 존재로 간주해야 할까? 사람의 생명은 어디까지인가? 이런 여러 가지 문제가 있거든요. 그러니까, 결국 온생명 안에서 각자가 어떤 위치에서 어떤 역할을 하느냐, 어떻게 조화롭게 함께 살아가야 하느냐는 것을 바탕으로 삼아 가치의 문제를 바라보아야 이 모든 것을 해결할 수 있어요.

개체 간의 갈등 문제도 그렇죠. 낱생명의 가치를 전부로 생각하면 이러한 갈등이 끝없이 계속되지만, 온생명 안에서 우리가 함께 살아간다고 생각하면, 내 몸의 팔과 다리가 갈등을 일으킬 이유가 없듯이 스스로 조절되겠죠. 그리고 나는 하나의 개체이기 이전에 온생명이고, 온생명으로서의 의식을 가지는 것이 중요하다는 생각을 모두 공유한다면, 많은 문제를 풀 수 있다고 봅니다.

김갑수　　그러나 지금까지 낱생명을 중심으로 살아온 사람들이 어느 날 갑자기 자신을 온생명으로 의식하는, 그런 인식의 전환이 쉽진 않을 것 같습니다. 거기에는 선도적 역할, 헌신적이고 희생적인 역할을 해야 할 지성인의 사명이 있지 않나 싶습니다.

선생님도 바로 그런 위치, 그런 입장에 대한 자각에서 출발하여 열심히 활동하시는 거라고 믿습니다. 지식인들에게, 그리고 젊은이들에게 어떤 권유의 말씀을 하실지요?

6. 나무가 아니라 숲을 바라보는 눈

cf. 고미숙, P.199

장회익　　조금 전에 말씀드렸지만, 앎이란 개인적인 목적이나 수단으로만 필요한 것이 아니라, 진정한 삶의 의미를 찾는 방편이 되어야 합니다. 따라서 전문적인 지식에만 매달리지 말고 폭넓게 전체를 연결하는 지적인 노력을 기울여야 합니다.

한 가지만 더 보탠다면, 저는 앎이라는 것 자체를 즐거움으로 삼을 수 있다고 봅니다. 그런 습관은 특히 어릴 때부터 들이는 게 중요하겠지만, 늦은 나이에도 바꾸어 나갈 수 있겠지요. 공부가 힘겹고 괴로운 것이 아니라 즐거움이 된다면 우리가 원하는 앎을 아주 쉽게 ─쉽다는 표현은 좀 이상합니다만─ 얻을 수 있거든요.

전 앎이 아직도 많이 필요하다고 봐요. 특히 광범위한 것을 이해하게 해주는 앎이 필요한데, 괴로워해서는 얻기 어렵죠. 결국, 삶이 즐겁고 공부가 즐거워야 앎을 얻을 수 있어요. 그렇게 얻은 내용을 개인만이 아니라 인류 문명에 도움이 되도록 펼쳐 나가야 합니다. 그런 면에서 현대 문명은 상당한 양의 앎을 축적하고 있지만 이를 바른 방향으로 연결하지는 못하고 있습니다. 그래서 지식인이 가장 먼저 그 점을 자각하고 길을 찾아야 한다고 봅니다.

김갑수 앎이 삶의 즐거움이 되는 경지에 이른다면 얼마나 좋겠습니까? 선생님은 앎의 과정이 삶에서 빛나는 즐거움과 보람이 되었던 체험을 하셨을 텐데, 대부분 사람은 앎의 과정이 아주 고통스럽죠. 그러나 사람이라면 마땅히 해야 할 것들이 있지 않습니까? 지금 말씀하신 온생명 체계를 이해하고, 그에 대해 공부하는 것은 인간으로서 가장 근본적인 자각을 하는 것이라는 신념이 널리 퍼졌으면 합니다.
선생님께서 말씀하신 그 앎 가운데 과학적 지식은 매우 중요하다고 생각합니다. 우리나라 출판시장의 현실을 봐도 소위 '정서적'인 내용을 담은 책은 인기가 상당히 높은데, 지식에 대한 관심은 매우 낮은 것 같습니다. 온생명으로 나아가는 길에도 일반인의 인식이 아주 중요한 관건이라는 생각이 듭니다. 왜냐면 관념이 아니라 실체를 인식하는 토대가 될 테니까요. 과학자로서 생명현상에 대한 각성을 촉구하시는 위치에 계시니까, 앞으로 전개될 과학적 발전에 대해 어떤 전망을 하시는지, 말씀해 주시면 좋겠네요.

cf. 김영한스 P.379

장회익 과학은 특히 20세기에 폭발적으로 성장했고, 앞으로도 그 성장이 계속 이어지겠죠. 지금 중요한 문제는 과학의 주요 부문을 의미 있게 연결해서 파악하는 방법을 빨리 찾아내는 것이라고 봅니다. 각각의 부문만 봐서는 과학이 전하는 전체적인 메시지를 읽을 수 없어요. 한 사람이 그 전체적인 내용을 알 수가 없거든요. 그리고 표피적인 내용만 연결한다고 해서 되는 일이 아니라, 근본적인 이해를 통해 그 내용을 볼 수 있어야 하거든요. 숲을 보지 않고 나무만 봐서는 아무것도 이해할 수 없습니다. 그런 면에서 참 어려운 작업인데, 핵심은 핵심대로 담으면서 전체를 연결해서 한눈에 보고, 그것을 일반인이 이해할 수 있는 내용이 되도록 엮어 내는 작업이 필요하다고 봅니다. 일차적으로는 과학자가 해야 할 일이겠지만, 일반인이 그것을 소화할 수 있게 다듬어 나가는 작업은 다양한 배경을 지닌 인문적 지식인의 몫입니다. 통속적으로 얘기하자면 그것이 과학문화가 되겠죠. 그렇게 제대로 된 과학문화가 이루어져야 하는데 아직 우리 문화적 바탕이 과학과는 상당히 이질적이고, 과학자는 과학을 연구하지만, 극히 전문적인 분야에 남아 있을 뿐 문화로서 과학을 수용하지 못합니다. 저는 그게 참 문제라고 봐요. 그래서 우리 모든 지식인이 자연현상을 관통하는 기본적인 원리를 먼저 파악하고 그것을 통해 다시 사물을 바라보는 수준 높은 통합적 시각을 정립하는 일이 매우 중요하다고 봅니다.

자연을 향한 인간의 본성

"여기서 우리는 한 가지 희망의 싹을 발견한다.

인간은 자연을 훼손만 하는 것이 아니라, 그 깊은 심정 속에는 이를 복원해야 한다는 마음이 담겨 있음을 작가는 보여주고 있는 것이다.

우리가 문제를 발견하고 그 해결의 방편으로 그 어떤 행위에 임하는 것도 중요하지만, 문제를 문제로 느끼기 이전에 이미 그 어떤 본능적 충동에 의해 이를 수행해 내려는 속성을 가지고 있다는 것이 더욱 큰 위안을 준다.

인위적인 문제해결의 노력에는 그만큼 실패의 위험이 따르지만, 마음 본연의 성향이 이미 그 방향으로 지향하고 있을 때에는 훨씬 더 자연스럽게 이를 수행해낼 수 있을 것이기 때문이다.

그리고 인간의 이런 자연스러운 성향을 문학이 진정 일깨워 줄 수 있다면 이것만으로도 우리는 희망의 여지를 남겨둘 수 있다."

장회익, 『온생명과 환경, 공동체적 삶』 중에서

7. 헐벗은 산에 나무를 심는 마음으로

김갑수   생명의 위기를 말하다 보면, 희망보다는 절망을 느끼게 됩니다. 그
런데 선생님은 희망을 말씀하셨군요.

장회익   네. 제가 프랑스 소설가 장 지오노[4]의 『나무를 심은 사람』이라는 책
을 읽고 느낀 건데요, 참 걱정스러운 것이 여러 증거를 통해 우리가
지금 잘못 가고 있다는 사실을 깨닫긴 해도, 어떻게 하면 마음에서
우러나와서 바른길로 갈 수 있는지, 그런 길이 과연 있는지, 확신이
없었습니다. 왜냐면 어느 길이 바른길인지를 알아도 근본적으로 우
리 본성이 그리로 향하지 않으면 그 길로 들어서기가 몹시 어렵거든

---

4) Jean Giono(1895~1970): 프랑스 소설가. 지역적 정서를 잘 표현했으며 시골의 소박한 삶을 담은 작
품을 다수 발표했다. 소설 『내 기쁨이 지속하기를(*Que ma joie demeure*)』(1935)로 큰 인기를 얻었으며, 목
축의 신(Faun)을 주제로 한 3부작을 발표했다. 국내에는 그의 서정적인 단편 『나무를 심은 사람(*L'homme
qui plantait des arbes*)』(1953)이 잘 알려졌고, 『지붕 위의 경기병(*Le Hussard sur le toit*)』(1951)은 영화로
제작되어 국내에도 소개되었다.

장 지오노, 『나무를 심은 사람』 1953

cf. 차윤정, P.286

요. 그런데 이 책을 보면 주인공은 거창한 생각이나 의도 없이, 황폐한 땅에 혼자 나무를 심어서 결국 아름다운 숲을 만들잖습니까? 마음에서 우러나와서 자연을 소생시키는 작업을 한 겁니다. 그리고 그 책을 읽은 사람은 그의 행동에 모두 깊이 공감합니다. 이것이 무엇을 의미하느냐면 '아하, 우리 깊은 곳에는 진정으로 자연을 살리는 마음이 숨어 있었구나. 그동안 이 마음이 다른 것들에 묻혀서 잊어버리고 있었지만, 이 마음만 일깨워 준다면 희망이 있겠구나' 하는 생각이 들었습니다. 그래야만 정말 우리가 뭔가를 이루지, 의무감만으로는 성공을 기대하기 어렵겠죠. 우리에게는 분명히 이런 본성이 있습니다. 그래서 저는 인문학이, 특히 문학이 그런 마음을 사람들에게서 서둘러 일깨워 줬으면 좋겠습니다.

김갑수 그리고 어쩌면 장 지오노 작품에 나오는 그 할아버지의 역할을 지금 장회익 교수님이 하고 계시는 건 아닌가요?

장회익   뭐, 그렇게 봐주신다면 정말 고맙고요.

김갑수   지금까지 말씀하신 내용의 연장선에서 생명이 질곡에 놓여 있는 오
         늘날 상황에 대한 희망의 메시지를 들려주셨으면 합니다.

장회익   많은 사람이 걱정하죠. 인류 문명이 일종의 암적 질환에 걸려 결국
         자멸하는 것이 아니냐. 그러나 저는 신앙에 가까운 한 가지 희망을
         품고 있습니다. 우리 생명이 지금 여기까지 온 걸 보면 이게 과연 우
         연이겠느냐. 뭔가 뜻이 있기에 우리가 여기까지 왔고, 또 우리가 앞
         으로 나아가려는 게 아니냐. 우리가 쌓아온 그 모든 것이 결국 그렇
         게 아주 허망하게 무너지기야 하겠느냐. 이런 생각을 하기에 절망보
         다는 현재 우리가 직면한 어려운 문제를 해결해 간다면 지금으로서
         는 전혀 생각하지 못하는 아주 높은 어떤 새로운 경지에 도달하리라
         고 믿습니다. 저는 이런 희망을 말씀드리고 싶습니다.

숲의 생명, 생명의 숲

| 차윤정 |

"오늘날 지구의 모든 생물이 당면한 총체적인 위기를 보면 절대로 국지적인 문제가 아닙니다. 예를 들어 지구온난화니 이상기후니 하는 환경재앙이 가난한 나라에 더 큰 피해를 주지만, 그렇다고 해서 선진국은 온전할 수 있느냐. 그렇지 않거든요. 숲만 보더라도, 우리나라는 그 사이에 숲의 상태가 아주 좋아졌거든요. 그렇다고 해서 우리가 환경재앙 문제를 비켜갈 수 있느냐. 절대로 그렇지 않다는 거죠. 결국, 이 모든 것이 전 지구적으로 움직인다는 겁니다. 그래서 오늘날 인류가 당면한 문제를 풀어가려면 전 세계의 환경이 건전해져야 한다는 겁니다."

차윤정

산림생태학자.
서울대학교 산림자원학과 졸업, 동 대학원 산림환경학 박사.
경원대학교 산업환경 연구소 연구원, 숲 탐방교육 전문강사.
주요저서: 『나무의 죽음』, 『숲의 생활사』, 『신갈나무 투쟁기』

1. 나는 나무다

김갑수   울창한 숲에서 산책하다가 말라죽은 나무, 고사목(枯死木)을 만날 때
가 있습니다.

그런데 나무의 죽음이란 단순히 생명이 정지하는 상태가 아닙니다.
오히려 생명의 부활을 의미하죠. 죽은 나무 주위로 수많은 생명이
모여듭니다. 생명이 모이는 지점, 고사목. 오늘 그 나무와 대화하는
시간을 가지려 합니다. 숲 관련 저술과 연구를 하고 있는 산림 생태
학자 차윤정 박사 모시고 얘기 나눠보도록 하겠습니다.

차 선생님은 책에서 어린 시절 이야기를 들려주시는데, 할머니와 함
께 숲길을 헤맨 것이 현재의 숲 전문가가 되는 데 큰 영향을 미쳤다
고 하셨습니다. 그 추억을 조금 더듬어 볼까요?

차윤정   그 당시엔 숲이 아니라 산이었죠. 울창하지도 않고 뭔가 부족한 지
형적인 산이었는데, 그래도 우리는 거기서 많은 걸 얻었어요. 할매

를 따라서 고사리는 물론이고, 여름엔 보리수, 가을엔 도토리에 이르기까지 틈틈이 산에 들어가서 모든 걸 얻었죠. 그때 왜 할매를 따라갔는지 알 수가 없어요. 그리고 혼자 다닐 수 있게 되었을 때에도 저는 숲으로, 산으로 갔던 것 같아요. 친구들과 무리지어 놀다가도 혼자 숲으로 가서 아주 오랫동안 머물렀던 기억이 나거든요.

누구나 상황이 어려울 때 상징적인 꿈을 꾼다고 하던데, 저는 힘든 일이 있으면 어릴적 산을 헤매는 꿈을 꾸곤 합니다. 공포와 고통 속에서 이리저리 헤매는 꿈이요. 그런데 이상하게도 막상 그 산에 올라 내려다보면 백두산 천지가 나오거나, 설악산이 나오거나, 아니면 미지의 산들이 보여요. 아침에 일어나서 그 꿈을 생각하면 고통보다는 행복감과 안도감이 밀려옵니다.

김갑수   어린 시절의 체험이 참 중요한 이유가 그때 모든 게 형성되거든요. 그런데 어린 시절 숲에서 자신을 나무라고 여기고 시간을 보낸다면 그건 아주 특이한 체험이 되겠군요.

차윤정   요즘도 저는 스스로 나무가 되어 보는데, 그럴 때면 나무의 힘거움이 느껴져요. 그러나 그 힘든 순간이 지나고 나는 나무다, 이건 운명이다, 이렇게 생각하는 순간 아주 자유로워지죠.

2. 숲의 세계를 엿보다

김갑수   겨울이 오면 숲은 어떻게 변할까요? 생명이 있는 나무와 풀은 계절과 기후에 적응하게 되어 있겠습니다만, 아주 고통스럽게 겨울을 나는 것은 아닌가 싶기도 하고요. 나무는 겨울을 어떻게 이겨냅니까?

차윤정   별다른 도리 없이 그냥 이겨내는 거죠. 나무의 역사는 아주 오래됐기 때문에 겨울에 대처하는 방식을 지속적으로 갖춰 왔지요. 생물학적으로 이야기할 때 낙엽을 통해 취약한 구조를 건전하게 만들고, 세포 속의 수분을 이동시켜서 빙점을 낮추고, 부동액을 집어넣어서 영하 40도, 심지어 영하 80도에서도 끄떡없이 겨울을 날 수 있지요. 하지만 나무 역시 고통을 받아요. 만일 나무가 매년 되살아난다고 생각하면 나무의 수명은 절대수명이어야 하지요. 그러나 몇백 년이든, 몇십 년이든, 나무에게도 수명에 한계가 생기는 것은 겨울철 상처 때문이에요. 무성하게 자란 나무도 잘라 보면 얼었던 부위, 터져

나갔던 부위, 죽은 부위가 고스란히 흔적으로 남아 있어요. 우리는 겨울 나무를 보고 운치 있다고 감탄하지만, 사실 나무는 몹시 힘든 시간을 보내고 있죠.

김갑수   연구자는 겨울에도 나무의 생태를 연구해야 하잖아요? 겨울 숲을 다니려면 힘드시겠군요.

차윤정   다행히도 숲이 잠들면 저희도 잠잘 수밖에 없어요. 겨울이 되면 생을 완전히 마감하는 초본도 있고, 토양 자체도 다 얼어붙어요. 그러니 우리도 그냥 마음 편히 함께 쉬는 거죠.

김갑수   오래된 숲은 바닥이 축축하지 않습니까? 자세히 보면 이끼가 깔렸는데, 이끼에는 많은 의미가 있다고 해요. 그리고 숲 속의 숲이라고 불린다던데, 그 이유는 무엇이죠?

cf. 장희익, P.254

차윤정   흔히 숲에 들어가면 큰 나무들만 보게 되지만, 사실 아주 작은 모자이크가 많이 있습니다. 이끼는 아주 오래된 생물입니다. 역사적으로도 가장 먼저 바다에서 육지로 올라온 식물군이죠. 그런데 이끼는 뿌리, 줄기, 잎의 기본적인 구조로 분화하지 못했어요. 그래서 일반 식물이 뿌리로 물을 흡수하는 것과는 달리, 온몸으로 물을 흡수하죠. 그러다 보니까 이끼가 있는 곳에는 늘 물이 있어요. 이야기가 길어지겠습니다만, 애초에 생물이 바다에서 육지로 나올 때 가장 큰 위험이 바로 건조되는 것이었는데, 이끼가 물을 품어서 땅을 축축하게 해주니까, 그 안에서 여러 생물이 생명을 유지할 수 있었던 거예요. 그런 수억 년의 역사가 지금까지도 우리 숲에서 그대로 계속되고 있는 거죠.

오래된 숲에는 물이 있게 마련이고, 그곳엔 반드시 이끼가 있게 마련이고. 이끼가 있으면 그 안에 이끼 사체를 잘게 잘라 양분으로 만들어 놓는 '톡토기'라는 작은 곤충이 있고, 또 그걸 잡아먹는 거미가 있고요. 또 죽은 이끼를 분해하는 버섯이 있고, 그 버섯을 먹는 달팽이가 있고…. 숲에는 거대한 생태적 네트워크뿐만 아니라, 눈에 잘 드러나지 않는 미세한 세계도 있어요.

지구에는 미세한 세계가 얼마나 많은지 모릅니다. 우리가 주변에서 흔히 볼 수 있는 몸크기 1.5센티미터 내외의 '뒤영벌'이라는 작은 벌이 있는데, 지구에 존재하는 모든 생물종 가운데 95퍼센트가 그 뒤영벌보다 몸집이 작아요. 그러니까 인간은 몸집이 엄청나게 큰 종이죠. 학생들에게 사람보다 몸집이 큰 생물 종수를 꼽아 보라면 수십 종을 못 넘겨요. 그런데 그 무수한 종이 어디에 있느냐 하면, 보이지 않는 세상, 보이지 않는 세계에 있다는 거지요. 그 미세한 세계가 이 생태계의 바탕을 이루고 있지요.

우리가 미생물이라고 할 때 작을 '미(微)' 자를 쓰지만, 그 작은 세계에도 나름대로 아주 정교한 분류 체계가 있거든요. 그런데 우리는 미생물이라는 범주에 그 모든 걸 몰아넣고, 오직 눈에 보이는 것들에만 관심을 보이죠. 그러나 세계는 보이는 것과 보이지 않는 것이 늘 상호관계를 맺고 있어요.

김갑수 　숲과 나무에 대한 상상력은 예나 지금이나 다를 바 없는 것 같습니다. 환상적인 숲의 이야기는 동화의 단골 소재죠. 「잠자는 숲 속의 공주」, 「한스와 그레텔」, 「늑대와 소녀」…. 그리고 우리나라 옛날 이야기에도 선비가 길을 잃어 산속을 헤매다가 원귀를 만난다는 줄거리가 흔히 등장합니다. 이처럼 우리가 숲을 신비스러운 공간으로 여기는 이유는 뭘까요?

차윤정 　오래된 숲에서는 큰 나무들이 하늘을 가리고 있잖아요. 그래서 그늘이 깊고, 습하죠. 사람들이 신비감을 품을 만해요. '옛날, 옛날 어느 숲 속에…' 이렇게 시작하는 옛날이야기가 많은 것은 그만큼 숲이 사람들의 상상력을 자극한다는 증거죠. 다시 말해 오래된 숲은 인간 세상과는 별개의 세계라는 믿음이 있는 거예요. 그곳 생물들로 구성된 그들만의 질서가 있는데, 무엇보다도 이 오래된 숲의 특징 중 하나가 고요하고 정체된 공간이라는 점이에요. 나무들의 성장도 한계에 달해 거의 정체된 듯 보이고 나무의 종류도 단순하고. 그렇다고 현란한 꽃들로 화려한 숲과도 거리가 멀고, 뭔가 거대하고 울창한 공간에서 눈에 보이지 않는 미세한 세계가 끊임없이 움직이는 곳이 바로 오래된 숲이거든요.
　사실, 우리는 잘 몰라요. 특히 우리나라에는 오래된 숲이 거의 파괴되었기 때문에 더더욱 모르죠. 그 안에서 어떤 일이 있었는지, 어떤 생물종이 어떻게 사라졌는지, 지금 우리로서는 알아낼 길이 없는 거죠. 그나마 남아 있는 것이라도 발견하고 보존하면서 미래에 대비해야 한다는 생각도 들고요.

3. 죽어서도 살아 있는 나무

김갑수   강제규 감독의 영화 「은행나무 침대」를 보면 사랑을 이루지 못한 공주와 궁중 악사가 수백 년 뒤에 은행나무로 태어나지 않습니까? 요즘도 시골에 가면 오래된 나무에 신령이 산다고 믿어서 치성을 들이는 모습을 흔히 볼 수 있는데, 이처럼 숲이나 나무에 영혼이 있다는 믿음에는 어떤 근거가 있는 건가요?

차윤정   글쎄요. 인간 영혼의 존재도 과학적으로 입증되지 않았지만, 우리는 영혼이 존재한다고 믿지 않습니까? 그렇다면, 나무의 영혼도 존재한다고 믿을 여지가 충분히 있다고 봐야겠지요. 그리고 동서고금을 막론하고 어느 문명권에서나 나무를 숭배해온 역사와 전통이 있거든요. 「은행나무 침대」를 말씀하셨지만, 은행나무는 인간의 시간을 초월한 나무입니다. 수백 년을 살아가면서 과거와 현재의 삶을 들여다보고 인간의 시간을 연결해 주죠. '저 나무는 내 조상이 생존해 있던 시절에도 서 있었고, 내가 죽은 다음에도 서 있을 것이며, 해마다 새로 살아나고 풍요로운 열매를 맺는다'고 생각하면, 나무는 위엄과 풍요와 신비의 중심에 서서 영적인 존재로 숭배의 대상이 되는 겁니다. 물질이 생물계를 순환하니까 나무도 우리와 물질을 공유하고. 또 오래 살다 보니까 그 생명현상에도 어떤 정신이 깃들어 있다고 생각하는 거죠.

김갑수　나무의 수명은 영혼이 깃들어 있다고 믿을 만큼 길고, 앞서 말씀하신 대로 이론적으로는 무한정 살아야 하는데, 수많은 상처를 받아서 수명이 정해진다는 것이죠? 모든 나무가 수백 년을 사는 건 아니지 않습니까? 나무에도 정해진 수명이 있겠죠?

차윤정　오래 사는 나무는 장미나 목련처럼 화려한 꽃을 피우지 않습니다. 꽃이 있는지 없는지도 몰라요. 그리고 열매나 씨앗, 종자가 맛있는 과육으로 과장되지도 않아요. 전략적으로 자신을 절약해서 내성을 키우고 오래 견디는 겁니다. 반면에 장미나 목련처럼 수명이 짧은 나무는 아름다운 꽃을 피웁니다. 그런데 설령 한 개체가 오래 살지 못하더라도 그 자손이 계속 계통을 이어간다면, 그것 또한 연장된 수명이라고 말할 수 있지 않을까요? 다시 말해 오늘날에도 여전히 우리 곁에서 사랑받는 장미나 목련의 수명 역시 긴 것이 아닐까요?

김갑수　개체의 죽음을 넘어 종이 번성하거나, 개체 자체가 오래 사는 식으로 생명을 연장하는 거군요.

가장 오래된 나무
미국 캘리포니아 주 인요(Inyo) 국립공원에 있는 이 나무(Bristlecone Pine)의 수령은 4,500년으로 알려졌다

차윤정 그렇다고 봐야죠. 제한된 개체로 길게 살거나 많은 개체가 짧은 주기로 삶을 이어가거나 궁극적으로 지금 우리와 함께 있으니 성공한 셈이지요. 좀 다른 얘긴데, 생물학적으로 짧게 살수록 환경에 대한 적응력은 훨씬 더 크다고 보아집니다. 왜냐면 유전자 교체를 매우 짧은 시간 내에 할 수 있기 때문이죠. 그러니까, 환경 변화에 대한 적응력이 그만큼 커지는 거예요.

김갑수 나무가 오래 살았다고 하면 대략 어느 정도 되나요?

차윤정 통상적으로 300~400년. 그런데 5,000년을 산 나무도 있어요. 인간은 매 순간을 늘 깨어 있는 상태로 살아가잖아요. 그러나 나무는 상황이 좋지 않으면 사는 걸 멈춥니다. 살아 있는 기간과 정지한 기간을 합치면 그들에게 1년은 10년 단위일 수도 있어요. 그렇게 5,000년을 산다는 거죠.

김갑수 대단하네요. 그런데 300년을 살았다, 심지어 5,000년을 살았다고 할 때 결국 죽는다면 무엇으로 어떻게 죽는지 궁금하군요. 사람은 숨이 끊어지면 죽는 것처럼, 나무에도 죽음을 결정하는 요소가 있나요?

차윤정 나무의 운명을 생각해 보면 아주 다각적이에요. 동물이 원하는 모든 물질을 나무가 생산해 내거든요. 뿌리, 줄기, 잎, 열매, 꽃… 동물은 이 모든 것을 스스로 만들어 낼 수 없으니까, 그걸 먹고 생존해야 합니다. 흙 속에 있는 균들은 뿌리를 갉아먹고, 지상의 애벌레는 잎을 같아먹고, 줄기의 갈라진 틈에는 곰팡이가 들어가서 목질을 같아먹죠. 또 바람이 가지를 치고 나간 자리에 물이 차면 그 안을 물벌레가 같아먹죠. 나무가 젊고 왕성할 때는 그 정도의 손실이나 상처는 별것 아닌데, 이런 과정이 계속되면 상처가 깊어지는 거죠. 그러다가 어느 순간, 극복할 수 없을 정도로 상처가 커지면서, 서서히 죽음의 징후가 더 강해집니다.

나무가 죽을 때, '나 죽어' 하면서 탁! 눕는 일은 거의 없죠. 거의 죽은 상태로 수명의 후반을 살고, 서서히 쓰러져서 완전히 흙으로 돌아갈 때까지도 생명이 남아 있죠. 나무가 죽어 가면 곤충들이 파먹거나 그 안에 들어가서 산란도 하죠. 나무가 쓰러진 다음에도 마찬가지에요. 줄기 틈을 벌려 보면 구멍이 촘촘하게 나 있습니다. 그리고 그 안에 애벌레가 들어 있거나, 하다못해 곰팡이 포자까지 들어 있어요. 그래서 아이러니하게도 나무가 살아 있는 동안에는 가지, 줄기, 뿌리 등 살아 있는 조직이 전체 몸의 5퍼센트밖에 안 되는데, 나무가 죽으면 살아 있는 세포가 45퍼센트로 늘어나요. 다른 생물들 때문이죠.

김갑수   나무를 생각하면 죽음이라는 의미와 개념을 다시 규정해야겠어요.

차윤정   나무는 전 조직이 수백 년을 살지 않지요. 살아 있는 조직과 죽은 조직이 공존하지요. 죽은 조직은 살아 있는 동안에도 이미 다른 생물들에게 이용됩니다. 그래서 나무를 그 자체로서 서식지가 되는 생물이라고 합니다.

4. 나무를 보고 인간의 삶을 생각하다

김갑수 도심이라고 해서 나무가 없는 게 아니지 않습니까? 길을 따라 가로
수가 서 있는데, 먼지와 매연을 뒤집어쓰고 서 있는 모습도 보기에
안쓰럽지만, 더 안타까운 것은 늦가을부터 낙엽이 지면 도시에서는
쓰레기가 됩니다. 사실, 낙엽이 쓰레기가 아닌데 말이죠.

차윤정 생태계에서는 잎이 떨어져서 분해되어야 흙에 자양분이 생깁니다.
사실, 흙 자체에는 양분이 별로 없어요. 낙엽이나 생물의 잔해가 영
양분이 되지요. 그래서 낙엽이 분해되고 영양물질이 빗물에 녹아 흙
속에 들어가야만 나무가 다시 활용할 여지가 있는데, 도시는 분해의
과정이 없는 생태계죠. 뭔가 어긋난 생태계입니다. 그러다 보니까
도시에 있는 나무는 영양이 결핍된 상태예요. 그래서 사람이 자연을
대신해서 양분을 주기도 하지만, 도시의 나무들은 이런저런 스트레
스가 많지요. 어떻게 보면 죽지 못해 사는 거예요.

거듭나는 나무

"나무를 통해 연결된 다양한 생물은 나무의 일부를 전혀 새로운 형태의 물질로 만들고, 때로는 나무를 벗어난 새로운 곳으로 이 동하거나 흙으로의 귀환을 앞당겼습니다.

물질의 흐름은 복잡해지고 풍성해집니다. 사람이 잘라서 숲 밖 으로 가져가지 않는 한 나무는 숲의 새로운 물질로 거듭납니다. 생물이란 결국 이 물질의 순환을 이끄는 장치입니다. 단순한 물 질들이 특정한 생물의 몸으로 거듭나면서 고유한 생명력을 갖 게 된다는 것은 참으로 경이로운 현상입니다.

같은 물질을 공유하는 생명들이 그토록 다양한 생명력을 갖는 다는 것은 생물들의 고유한 영혼이 존재하지 않고는 불가능할 것입니다."

김갑수   나무한테는 미안한데, 만약에 도심에 가로수 한 그루 없다고 가정하면 정말 삭막해서 살 수가 없어요. 나무도 못할 노릇이고 우리도 못할 노릇인데, 그러면서 그냥 사는 거죠. 차 선생님이 쓰신 『나무의 죽음』 에필로그에 이런 말이 있습니다.

"중국 하얼빈의 숲에 갔었습니다. 숲 가운데 흩어진 죽은 나무의 불그레한 흔적을 보았습니다. 울컥, 눈물이 쏟아졌습니다."

숲에서 나무를 보고 우는 사람은 아마 차 선생님밖에 없을 텐데, 어쩐지 공감이 가요. 그때의 심경을 되새겨 보신다면?

차윤정   그때 국제 워크숍이 있어서 갔다가 발표하고 일행과 함께 주요한 산림 지역을 탐방했습니다. 제가 카메라에 필름을 갈아 넣느라고 꾸물대는 사이에 일행은 이미 앞서 간 상황이었는데, 양지뜸이 있는 자리를 보니까 불그레한 나무의 흔적이 있는 겁니다. 산에 전신주를 설치하려고 나무를 베어낸 자리였어요. 그 나무가 숲 안에 있었더라면 온갖 생명체가 들어찼을 테지만, 숲 바깥에서 뒹구는 전신주를 보니까 마치 운명처럼 쓰러져 있는 모습이 너무나 처연해서 여러 가지 생각이 들었어요. 그래서 나무의 죽음을 구체적으로 글로 쓰면서 의미를 부여해 보고 싶다는 생각을 했었죠.

김갑수   그 나무는 참 고독한 죽음을 맞이했군요.

차윤정   고독한 죽음이었죠. 특히 그곳이 하얼빈이라는 점이 저에게는 몹시 가슴 아프게 다가왔습니다. 그래서 더욱 눈물이 났던 것 같습니다.

그곳에 머무는 동안 광활한 땅을 보며 과거에 이곳에 강제로 이주되어 척박한 땅을 옥토로 바꾸어 놓았던 억척스런 한인들의 역사가 떠올랐는데, 혼자서 그렇게 썩어가는 나무를 보니 끝내 고향의 흙으로 돌아가지 못하고 이국땅에서 쓸쓸하게 죽어갔을 사람들이 생각났습니다. 아무도 돌보지 않는 낯선 곳에서 고생하다가 맞이한 죽음이 몹시 가슴 아팠습니다.

김갑수   베어져서 나뒹구는 나무를 보고, 고향을 떠나 낯선 땅에서 사라져간 우리 선조의 모습이 떠올랐다는 말씀이군요.

요즘은 영원히 숲과 함께하는 분도 있습니다. '수목장(樹木葬)'이라고 해서 주검을 매장하는 장례를 말하는데, 정확하게는 유골을 묻는 것 이죠?

차윤정   인간의 육신이 흙으로 돌아가는 것은 자연스러운 일이죠. 성경에서 도 사람은 흙에서 태어나 흙으로 돌아간다고 하잖아요. 그런데 사실, 흙으로 돌아가야 할 것은 뼈가 아니라 살이에요. 장례문화를 보면 그 지역의 생태계 분해작용과 연관성이 많은 것 같아요. 사람의 육신이 땅에 묻히면 3년 내에 살은 다 썩어요. 그런 데 티베트처럼 흙이 없 는 곳에서는 시신이 썩 지 않으니까 조장(鳥 葬)을 하거나 풍장(風 葬)을 하잖아요.

시신을 조장(鳥葬)하고 있는 티베트인

우리나라에서는 매장문화가 가장 합당하다고 생각해요. 왜냐면, 사 람의 육신에는 단백질은 물론이고 영양분이 풍부해서 다양한 생물 들에게 요긴하지요. 갑자기 숲 바닥에 큰 동물의 주검이 주어진다면 아마 숲 안에서는 한바탕 잔치가 벌어질 거예요. 다음해에 생겨난 나뭇잎은 그 빛이 다를 겁니다. 예전에는 그렇게 인간의 육신이 자 연으로 돌아갔잖아요. 그런데 이제 땅이 묘지로 넘쳐나는 상황이 되니까, 화장(火葬)이나 수목장까지 하게 된 거죠. 원래 수목장이란 가장 부패하기 쉬운 면포로 시신을 싸서 자연에 온전하게 돌려주는 행위인데, 요즘처럼 화장하고 남은 뼛가루를 묻는 것은 그 의미가 조금 다르다고 봅니다.

김갑수   저는 수목장을 아주 긍정적으로 생각하는데, 지금 지적하셨듯이 화장해서 뼛가루만 묻는 것은 자신을 온전히 자연에 되돌려준다는 취지에 비춰볼 때 충분하지 못한 것은 사실이군요.

우리 모두 언젠가는 이승을 떠나죠. 어쩌면 그렇게 떠난다는 사실을 까맣게 잊고 사는지는 모르겠습니다만, 차 선생님하고 나무의 죽음을 이야기하다 보니까 인간의 죽음에 대해서도 생각하게 됩니다.

나무의 관점에서 세상을 바라보니 여러 가지가 새롭게 다가옵니다. 사실, 우리에게 나무의 가치는 유용한 목재로 혹은 완상의 대상으로 그 효율성에 따라 규정되어 왔습니다만, 곰곰이 생각해 보니 생명과 삶과 죽음과 같은 근본적인 문제들을 사유하는 계기가 되기도 하는군요.

그렇게 숲은 인간의 삶을 본질적으로 완전히 바꾸어놓기도 하지요. 가령 헨리 데이빗 소로[1] 같은 분은 자연 속으로 돌아가서 문명에 대해 성찰하는 삶을 살지 않았습니까? 차 선생님도 소로의 삶에 공감

---

1) Henry David Thoreau(1817~1862): 미국 사상가 겸 문학자. 하버드대학교 졸업 후에 선배인 에머슨을 알게 되어 그의 집에서 3년간을 기거하며 '초월주의자 그룹', 즉 콩코드 집단에 가담, 기관지 『다이얼』에 번역물이나 논문을 실었다. 1845년 여름부터 1847년 가을에 걸친 월든 호반에서의 생활을 바탕으로 쓴 『숲속의 생활(Walden, or Life in the Woods)』(1854)은 미국 문학의 고전이 되었다. 그는 자연뿐만 아니라 사회문제에 대해서도 항상 민감한 반응을 보여 왔다. 멕시코 전쟁에 반대하여 인두세(人頭稅)의 납부를 거절한 죄로 투옥당했으며 그때 경험을 기초로 쓴 『시민 불복종(One Civil Disobedience)』은 후에 간디의 운동 등에 커다란 영향을 주었다.

하는 사람으로서 한마디 하실 수 있을
거 같아요.

헨리 데이비드 소로

cf. 정희석, P.240

차윤정 저는 현대인이 현실 생활을 버리고 완전
히 자연으로, 숲으로 돌아갈 수는 없다
고 생각해요. 그래도 사람은 여전히 숲
이나 자연에 의존할 수밖에 없습니다.
제가 안타까운 것은 인간이 만물의 영장
을 자처하면서 마치 자연에 대해 지배권을 가진 것처럼, 모든 걸 해
결할 수 있다는 듯이 자만에 빠져 있다는 점이죠. 숲에 있는 어떤 생
물도 자기 혼자만 살려고 하지 않아요. 물질도 기운도 절대로 한쪽
으로 몰리거나 쏠리지 않아요. 그랬으면 생태계 자체가 진작에 단순
해졌겠죠.

절대적인 강자, 절대적인 약자가 없이 모든 생명이 늘 공존하는 곳이
바로 숲인데, 사람은 숲에 있는 미물보다도 못하다는 거에요. 정말
인간이 만물의 영장이라면 모든 인간이 다 잘 살아야죠. 고통 받는
사람이 없어야죠. 그런데 인간사에는 절대강자와 절대약자가 너무
많다는 거예요. 어떻게 만물의 영장이라는 인간이 자기 동족이 저런
상황에 놓였는데, 그토록 매정하고 무심할 수 있을까. 그건 사람으로
서 할 도리가 아니지요. 모든 사람이 제대로 살아갈 수 있도록 돌보
는 것, 그것이 '인간종'의 뛰어난 점이 되어야겠지요.

5. 숲에서 인류의 미래를 보다

김갑수   과거에는 생물학이든 생태학이든 그저 자연과학의 한 분야로만 생각했어요, 연구하고, 분석하고, 지식을 생산하는 학문으로만 간주했죠. 그런데 이제는 그렇지가 않아요. 인간이 앞으로 어떻게 살아가야 하는지, 그 방향을 제시하는 과제를 짊어지게 되었다는 겁니다. 교단에 서는 연구자들은 학생들에게 어떤 메시지를 전해야 할지 진지하게 고민하겠죠?

차윤정   그렇죠. 대학생 정도 되면 인류의 미래에 책임을 져야 할 세대라고 생각합니다. 특히 오늘날 지구의 모든 생물이 당면한 총체적인 위기를 보면 절대로 국지적인 문제가 아닙니다. 예를 들어 지구온난화니 이상기후니 하는 환경재앙이 가난한 나라에 더 큰 피해를 주기는 하지만, 그렇다고 해서 선진국은 온전할 수 있느냐? 그렇지 않거든요. 숲만 보더라도, 우리나라는 과거 50년 전에 비해 숲의 상태가 아주

좋아졌거든요. 그렇다고 해서 우리가 환경재앙 문제를 비켜갈 수 있느냐. 절대로 그렇지 않다는 거죠. 결국, 이 모든 것이 전 지구적으로 움직인다는 겁니다. 우리만이 잘 한다고 해서는 피해갈 수 없으며, 전 지구의 환경이 건전해져야 한다는 거죠.

그래서 저는 학생들에게 지금이야말로 지구적인 지성을 갖출 때라고 이야기 합니다. 그야말로 '세계화'가 되어야지요. 숲에 직접 나무를 심지는 않더라도 환경재앙으로 인해 고통 받는 사람들을 생각하고, 또한 지구의 환경을 개선하기 위해 노력하는 사람들을 지원하라고 이야기하지요. 숲은 단순히 여분의 땅이 아니고 더구나 여가의 땅만이 아니라 지구 환경을 결정하는 주요 시스템이라 가르치죠. 적어도 젊고 패기 있는 대학생 시절만이라도 개인적인 이해관계는 물론이고 국지적인 이해관계보다 더 중요한 전 지구적인 상황에 대해 지구적인 시민의식을 발휘하라고, 학생들에게 요구하고 있어요.

김갑수 도시에서 나고 자라면 자연이 굉장히 낯섭니다. 그래서 자연을 만나러 가도 그저 술이나 마시고 고기나 구워먹는 정도로 놀다가 돌아오지요. 인간과 자연의 관계가 쾌락보다는 사랑의 관계라면 좋을 텐데, 사랑하는 법을 배운 적이 없으니 자기가 원하는 것만 얻고 돌아오면 그만이라는 식이 되어버린 겁니다.

저는 우리가 숲에 들어가서 무언가를 해야 한다는 생각에서 해방되었으면 좋겠어요. 사랑도 그런 것이 아니겠어요? 뭔가를 요구하고 얻으려고 하지 말고, 그저 있는 그대로의 상대를 인정하고 아끼면 되듯이, 자연 속에서 가만히 있으면 되는 거죠. 거닐고, 바라보고, 쓰

다듬고, 물을 주면서 친구처럼 아껴주면 되지 않겠어요? 숲에 레저 시설까지 만들어 가면서 모두 파괴해야 할까요?

차윤정   우리나라 여건에서 우리 국민이 가장 쉽게 접근할 수 있는 여가문화의 장소가 바로 숲이거든요. 그래서 통계를 보면 주말마다 거의 천만 명 정도가 산을 찾는다고 해요. 삶이 고달파서 휴식하고 도피하려고 산으로 가는 건 말릴 수 없겠지만, 거기서 무엇을 어떻게 하고 돌아오는지, 이제 성찰할 때가 되지 않았나 합니다.
숲에 가면 아주 많은 나무가 있는데, 열 그루의 나무가 모여 숲을 이룬다면 그 효용이 나무 한 그루의 열 배로 나오지 않아요. 백 배로 나오거든요. 숲은 어떤 생태 체계보다도 시너지 효과가 큰 구조입니다. 그래서 우리가 조금만 힘을 모으면 엄청난 효과를 낼 수 있고, 그 효과는 바로 우리에게 돌아옵니다. 숲은 우리가 비료나 물을 주지 않아도 스스로 성장합니다. 그저, 있는 그대로 잘 두고 보기만 해도 되지요. 거창한 생각을 품고 숲에 갈 필요는 없겠지만, 그래도 숲이 있어야 거기 갈 수 있겠죠. 그냥 조심하시기만 해도 될 것 같습니다.

김갑수   선생님이 『나무의 죽음』을 쓰실 때 심경을 들려주시면 숲에 대한 생각도 그대로 전달되겠군요. 한말씀 해주시죠.

차윤정   저는 이 책의 서문을 쓰면서 많이 울었습니다. 저는 제 부모님의 뼛가루를 강물에 뿌렸는데, 일부는 아마 강가의 식물들에게 양분이 되었겠지요. 어느 시인이 '서러운 풀빛'이라고 말했듯이, 해마다 봄이

나무의 죽음

"글을 쓰는 내내 제 주위의 소중했던 사람들의 죽음을
생각하지 않을 수 없었습니다.
하얀 뼛가루가 뿌려진 강가의 버드나무가
더욱 눈부시게 보이는 이유를 알 것 같았습니다.
미국 북서부의 거대한 더글라스 전나무 숲에서 느끼던
그 고독감을 이제 알 것 같습니다.
중국 하얼빈의 어느 숲에서 보았던 죽은 나무의 흔적이
왜 그리 서러웠는지도 알 것 같습니다.
이제 숲을 걸어 나오면서 나뭇잎에게
새로운 말 걸기를 해야 합니다.
당신은 어느 영혼으로부터 왔나요?
우리 어디선가 만난 적이 있지요?"

차윤정, 『나무의 죽음』 서문 중에서

되면 풀빛이 너무나 애절하고 간절해서 이 땅의 어느 강이든 봄맞이를 꼭 나갑니다.

그토록 보고 싶었던 미국의 레드 우드 숲에 섰을 때, 흥분보다 더 큰 고독감을 느꼈는데, 이방인인 저로서는 그곳의 나무들과 아무것도 공유하는 것이 없었어요. 오히려 그 땅에서 살다 간 인디언의 역사를 떠올리니 약한 인간의 고통스러움이 쓸쓸하게 다가와 한편으로 몹시 서러웠습니다. 앞서 말씀드렸듯이 하얼빈에서도 이주 한인들이 생각났고요.

결국, 땅의 역사라는 것은 그 땅에서 살아가는 생물의 역사고 그 생물에는 우리 인간도 포함됩니다. 그래서 저는 우리 산하의 풀들이 낯설지 않기에 말을 걸 수 있어요. 우리는 언젠가 만났을 거예요. 나는 당신의 몸이었고, 당신은 내 몸이었고. 지금 그렇지 않다면, 언젠가 반드시 그렇게 되겠죠.

모든 이 땅의 살아가는 것들이 같은 공기로 숨을 쉬고 같은 물질을 공유하지요. 모든 생물은 태어나고 성장하고 사망하고, 다시 태어나고, 때로 다른 생물의 몸으로 말이지요. 지금 우리가 가지고 있는 것이 온전히 우리의 것이 아니지요.

모든 사랑의 기본은 '측은지심(惻隱之心)'이 아닐까 생각합니다. 사람이든 길가의 풀이든, 어쩌면 고통일지도 모르는 '삶'에 대한 이해와 배려, 그것이 사랑이 아닐까요? 인간이라는 사실에 너무 자만하지 말고, 가진 것에 너무 자만하지 말고 겸손하고 겸허하게 주변을 돌아보면서 살아야겠지요.

왜 '책'이어야 하는가

| 도정일 |

"고전을 읽어야 합니다. 고전 독서를 개인의 노력에 맡겨둘 수도 있겠지만, 특히 대학에서는 학생들에게 고전을 읽게 해야 합니다. 학생들은 앞으로 사회가 올바른 방향으로 나아가도록 주도적 역할을 해야 할 사람들이거든요. 그들에게 고전 독서는 결정적으로 중요합니다. 강제로라도 읽게 해야 합니다.

한쪽에서는 '시대가 바뀌었으니 고전 같은 것은 이 시대에 적시성(適時性)이 없다, 그건 옛날 얘기에 불과하다'라고 말합니다. 또 한쪽에서는 '요즘 젊은 세대에게 고전은 너무 어려우니 쉽게 읽을 수 있는 책을 읽게 하자'라고 주장하는 사람도 있습니다. 그런가 하면, 문명이 형성되는 과정의 근간에는 책이 있다고 믿는 사람도 있지요. 우리가 뿌리를 내린 이 동양문명이나, 조석으로 상대하는 서구문명이나, 이제 형성되기 시작한 세계문명은 인간의 사유나 지향, 갈망 같은 것들 위에 세워지는 것 아닙니까?"

도정일

경희대학교 영어영문학과 명예교수. 책읽는사회문화재단 대표.
경희대학교 영어영문학과 졸업, 미국 하와이대학교 문학석사, 문학박사.
주요 저서: 『시인은 숲으로 가지 못한다』, 『전환의 모색』(공저), 『대담─인문학과 자연과학이 만나다』(공저).

1. 인문학, 사람답게 사는 길

김갑수   우리나라에서 인문학자를 말할 때, 가장 먼저 떠오르는 분이 바로
도정일 선생님입니다. 선생님은 특히 '책읽는사회문화재단' 대표로
계시면서 책과 관련하여 열심히 활동하고 계신데, 활동의 내용은 주
로 어떤 것입니까?

도정일   사람들은 '책읽는사회'라는 시민운동이 책을 열심히 읽자고 독려하
거나, 책 읽으면 좋은 사람이 된다고 주장하는 시민의 모임으로 알
고 계시는데, 사실 책읽는사회의 설립취지는 '생각하는 사회를 만들
자'라는 데 있습니다.

김갑수   그러니까, 독서의 장려보다는 더 큰 범주의 활동으로 봐야겠군요.
생각하는 사회와 같은 맥락의 이야기입니다만, 사람들은 인문학에
대해서 이중적인 감정을 품는 것 같습니다. 한편으로는 '아, 인문학,

그거 중요하지. 꼭 해야 하는 거야.' 그러면서도 정작 인문학에 시간을 할애한다든지, 적극적인 관심을 표명하지는 않습니다. 사람들 심리에 일종의 오리엔탈리즘이 있다고나 할까요? 경제나 경영 같은 현실적 용도가 있는 분야는 존중하지 않는 척하지만, 실제로 그쪽 분야에 대한 수요와 요구는 대단히 크거든요.

반면에 인문학은 좀 제쳐놓았다가 나중에 들여다봐도 괜찮은 것, 당장 관심 두지 않아도 큰일 나지는 않은 것이라는 생각이 지배적인 것 같아요. 인문학은 도대체 무슨 쓸모가 있는 것일까요?

cf. 김기현 P.22

도정일   인문학의 쓸모를 따지면 상당수 인문학자가 아주 단호하게 '그것은 쓸모없는 것이다'라고 대답할 겁니다. 정말 쓸모없어서 그런다기보다는 하도 세상이 쓸모만 따지니까 그렇게 반응하는 거지요. 사람들은 '쓸모'라고 생각되는 것 바깥의 쓸모들을 생각할 겨를이 없거든요. 그러니까 인문학자들은 '당신들이 말하는 그런 쓸모라면 인문학은 쓸모없는 것이다,' 이렇게 대답하는 거지요. 사실 인문학은 쓸모가 많은, 쓸모가 많은 정도가 아니라 그 쓸모의 중요성을 따질 때 아주 위대한 정신습관, 태도, 학문입니다.

그런데 사람들은 인문학을 몹시 어렵게 생각하죠. 철학이니 역사니 문학이니 하는 것은 교육받고 교양 있는 사람이나 하는 것, 배부르고 시간 여유가 있는 사람이나 하는 것으로 생각해서 거리감부터 느끼거든요. 그러나 사람은 누구나 사람답게 살고 싶은 갈망에서 인문 문화적인 가치를 추구하며 삽니다. 옆에 누군가 굶주리고 있다면 먹을 것을 가져다주고, 누가 아프면 병실에 찾아가 위로합니다. 남의 경조사에 예의를 표하는 것도 마찬가지입니다. 그런 의미에서 보자면, 반드시 인문학자가 아니더라도 우리는 누구나 인문 문화적 환경에서 살고 있습니다. 다만, 인문학은 그러한 문화를 일구어 오는 과정에서 인간이 유별나게 잘 성취한 것, 예를 들면 예술이나, 과학이나, 학문 같은 분야에서 성취한 것을 좀 더 적극적이고 전문적으로 연구하는 거지요. 그래서 전문적이고 어렵다는 인상을 주지만, 사실 인문학적인 관심이라는 것은 결국 우리가 어떻게 하면 사람이 사람으로 살 수 있는 사회를 만들 것인가, 하는 현실적인 관심과 직결되어 있습니다.

김갑수   독일과 무역을 하는 사업가 친구가 있는데, 우리가 흔히 말하는 인문적 소양에 대한 관심이 아주 많습니다. 그래서 제가 뭐 하러 그렇게 거기다 시간을 들이고 애쓰느냐고 물으면, 이 친구 하는 말이 있어요. 독일인 사업가와 대화하다 보면, 폴 클레의 그림이 어떻고, 쇤베르크 음악이 어떻고, 니체 철학이 어떻고, 어려운 이야기를 많이 한다는 거예요. 그래서 그 독일 사람한테 사업도 바쁜데 무슨 교양 사설이 그리 장황하냐고 물으니까, 그런 걸 모르면 독일 사회에서는 사람 축에 끼워주질 않아서 어쩔 수 없다고 대답하더랍니다. 문화적으로 일정한 수준에 도달한 사회는 인문적 소양이 바로 그 사람의 인격을 드러내는 지표가 아닌가 하는 생각이 들었습니다.

도정일   우리가 삶의 질에 대해 자주 이야기하지 않습니까? 삶의 질에는 물론 물질적인 토대가 필요합니다, 돈이 있어야 합니다. 그런데 돈이 있다고 해서 삶의 질이 자동으로 높아지는 것은 아니죠. 겉보다는 안을 귀하게 여기는 것이 인문학적 태도입니다. 그 '안'을 채우는 것은 돈이 아니라 삶의 의미, 가치, 아름다움, 목적 같은 무형의 자산입니다. 이 자산의 특징은 외적 운수 변동에 관계없이 평생 줄지 않는 재산이라는 점입니다. 돈은 있다가 없다가 하지만, 내적 자산은 한 번 축적되면 없어지지 않습니다. 줄지도 쪼그라들지도 않아요. 나는 그걸 '인문학적 자본'이라 불러요. 전철 안에서, 커피숍 같은 데서 사람 기다리다가, 심지어 조깅하면서도 노래하듯 시를 암송하는 사람들이 있습니다. 그들에게는 그 몇 편의 시가 말하자면 삶을 살찌우는 무형의 인문학적 자본 같은 거지요.

인문학에 대한 가장 큰 오해는 그게 대학에서나 하는 학문이고 전공자에게나 해당되는 분야라는 생각입니다. 그렇지 않습니다. 삶의 의미와 가치는 인문학 전공자들만의 관심사가 아니라 모든 이의 관심사니까요. 인문학이나 인문적 정신은 그래서 소수의 전유물 아닌 만인의 것입니다.

김갑수   달리 말하자면, 인문학적 관심은 '사람답게' 살려는 요구에서 비롯된 것이라고 할 수 있겠군요.

2. 제어하기 어려운 사회 변화

김갑수   이전에 선생님께서 '몰가치 사회의 도래'라는 표현을 하신 적이 있는 걸로 기억합니다. 예전에는 우리가 어떤 방향으로 나아가야 한다는 거의 선험적인 지향점이 있었던 것 같은데, 지금은 그런 게 전혀 보이지 않습니다. 각 개인이나 가정이 얼마나 돈을 많이 벌고 윤택하게 사느냐는 문제에 모든 것을 거는 것 같습니다.

도정일   역할 모델을 보면 압니다. 요즘 사람들의 역할 모델은 화려한 직종에서 돈을 많이 버는 인물입니다. 대표적으로 연예인이나 스포츠 스타, 잘나가는 CEO, 펀드매니저 같은 사람들이죠. 이처럼 물질적 성공을 거둔 사람들을 선망의 대상으로 삼고, 그들의 삶의 모형에 따라 자기 인생 목표를 설정하는 젊은이들에게는 종종 심각한 갈등과 좌절이 따를 수 있습니다.

젊은 세대 선망의 대상이 된 연예직종. 그러나 그들 중에서 과연 몇 퍼센트나 연예인으로 성공할 수 있을까?

김갑수   그렇겠죠, 그렇게 성공한 사람이 몇이나 되겠습니까?

도정일   1퍼센트도 안 될 겁니다. 그런데 사회는 계속해서 그 1퍼센트가 되라고 부채질합니다. 거기에 끼지 못하면 패배자가 된다는 메시지를 계속 보내는 거지요.

김갑수   심지어 신장이나 용모에 어떤 기준을 두고 그 기준에 미달하면 '루저'로 간주하는 황당한 세태까지 있지 않습니까?

도정일   병든 사회의 구체적인 징조입니다. 과거에는 정치와 사회의 민주화라는 명분을 통해 젊은 세대가 결집할 수 있었지만, 지금은 경제적

평등이나 사회 정의라는 가치를 중심으로 젊은 세대가 결집하기에는 이 명분 자체가 개인주의적인 젊은 세대에게 아주 아득하게 느껴지는 겁니다.

김갑수 다수를 위해 나를 희생한다는 것은 생각하기 어려운 문제겠죠.

도정일 그렇죠. 내가 성공하면 그만이지, 사회 정의니 뭐니 거창한 이야기를 할 필요가 있느냐고 생각할 겁니다. 우리 사회를 어떤 사회로 만들 것인지 고민하기보다는 우선 나부터 성공하고 보자는 추세가 지배적인 것 같습니다. 이것은 젊은 세대가 스스로 경계해야 할 정신의 함정 아닌가 합니다.

김갑수 세대론에서 출발한 단서입니다만, 우리 사회 전체를 설명할 수 있는 틀이기도 한 것 같습니다. 외환위기를 거치면서 우리 사회에는 전반적인 공포가 확산했고, 그러다 보니 부(富)에 대한 선망이 사회를 지배하게 되었고, 또 그 선망만큼 이루어질 수 없는 꿈 때문에 좌절감이 팽배한 것 같습니다.

그런데 사회 변화의 또 하나 큰 문제는 디지털 신문명입니다. 지금 우리는 디지털 문명의 초입기에 있다고 하지 않습니까? 수십 년 후에 사회가 어떤 모습이 될지 상상할 수 없고, 인간도 대부분 신체를 개량해서 호모사피엔스가 아닌 뭔가 다른 이름으로 불러야 한다는 이야기까지 들립니다. 이러한 디지털 문명에 우리는 어떻게 대처해야 할까요?

도정일 모릅니다. 내가 '모른다'고 말씀드리는 이유는 기술이나 사회의 발전에 대해 우리가 전망하고 예측할 수 있는 변화의 존속기간이 지극히 짧아졌기 때문입니다. 그래서 인간의 미래 사회가 어떤 방향으로 흘러갈 것인지, 지금 '디지털 문명'이라고 부르는 것이 어떤 인간 사회를 도래하게 할 것인지를 전망하기는 대단히 어렵습니다. 우리가 할 수 있는 일은 현재 우리가 포섭된 디지털 문명이라는 것의 명백한 한계를 인식하고 그것의 문제점을 파악하면서 그 위에서 이 디지털 문명의 인간화를 끊임없이 시도하는 수밖에 없습니다.

cf. 박정자, P.340

디지털 시대의 도래와 함께 우리가 예상하고 경계해야 할 가장 큰 위험 가운데 하나는 거대한 감시와 통제 체제입니다. 아무도 이 체제를 빠져나갈 수 없습니다. 옛날에는 감시와 통제의 주체가 정치권력이었지만, 지금은 아닙니다. 디지털 기술 자체가, 사회가, 시장이, 사회 구성원 각자가 각자에 대해 감시와 통제의 기능을 수행하고 있거든요. 몰래 카메라, CCTV 정도가 아닙니다. 우리가 어디 가서 물건을 사고 카드를 사용하면 구매정보가 모두 기록됩니다. 누가 무슨 상품을 좋아하고, 어떤 구매 패턴을 보이는지, 구매력은 어느 정도인지, 모든 것이 파악됩니다.

오늘날 디지털 기술은 사실상 현대인을 옴짝달싹할 수 없게 발가벗기고 있고, 그 동작 하나하나를 포착하고 기록해 두고, 저장된 자료

를 어딘가에 사용하고 있습니다. 감시와 통제의 권력이 정치에서 시장으로 옮겨 갔다는 사실, 그리고 그 감시 주체가 대중이며 우리 자신이 된 현상은 이전에 상상할 수 없었던 현실입니다.

요즘 개인정보 유출이니 프라이버시 침해니 하는 말이 자주 들립니다만, 이런 것은 디지털 시대가 가져올 수 있는 명백한 반사회적 경향입니다. 지금 우리가 디지털 문명이 꽃피고 있다느니, 기술발전이 빨라지고 정보의 속도가 광속화하고 있다느니 예찬만 늘어놓을 때가 아닙니다. 정신을 차려야죠.

김갑수   개인의 사적 공간은 사라질 거라는 전망이군요, 그렇다고 러다이트 운동[1]을 할 순 없고. 되돌릴 수 없는 일이 되어 버린 거군요.

도정일   그래서 누군가는 말했습니다. 디지털 문명, 정보화는 사회를 윤택하고 풍요롭게 하겠지만, 그 사회를 휩쓸어 어딘가로 떠내려 보내는 거대한 홍수가 될 수도 있다고. 그 말이 맞는 것 같아요.

---

1) Luddite Movement: 1811~1817년 영국의 중·북부 직물공업 지대에서 노동자들이 실업과 생활고의 원인을 공장에 기계를 도입한 탓으로 돌리고 일으킨 기계파괴 운동.

3. 종이책, 전자책의 미래

김갑수　　디지털 환경에서 우리 미래에 대한 말씀을 해주셨는데, 아주 구체적
　　　　　인 문제를 이야기해 보지요. 오늘의 논점이기도 합니다. 종이책의
　　　　　운명은 도대체 어떻게 될 것이냐. 종이책의 생명력이 끈질기게 존속
　　　　　하고 있습니다만, 종이책 혹은 더 나아가서 활자는 과연 어떤 운명
　　　　　에 처할 것인지 의문이 생깁니다. 왜냐면 디지털은 모든 것을 영상
　　　　　으로 전환하잖습니까? 책의 운명을 어떻게 예견하십니까?

도정일　　인간에게는 공통적으로 중요하다고 여겨지는 네 가지 능력이 있습
　　　　　니다. 기억하는 능력, 생각하는 능력, 상상하는 능력, 표현하는 능력
　　　　　이 그것입니다. 그중에서 표현하는 능력은 매체에 따라 달라질 수
　　　　　있으니 제외하더라도, 인간이 기억하고 사유하고 상상하는 이 세 가
　　　　　지 능력은 다른 동물의 수준과 현격히 다릅니다. 왜 차이가 생겼느
　　　　　냐? 인간은 끊임없이 그 세 가지 능력을 개발하고 사용하고 발전시

켜 왔기 때문입니다. 그런데 인간이 기억과 사유와 상상의 능력을 가장 잘 고양하고 개발하고 그것을 유지하고 발전할 수 있게 한 매체가 바로 책입니다.

김갑수 저도 선생님 의견에 동의합니다. 제 아이가 지금 중학교 2학년 학생인데, 이 녀석은 디지털 세대인데도 모니터 화면보다는 책을 읽고 감동하고, 종이책을 많이 읽습니다. 하지만 최근에 전자책에 대한 논의가 급증하고 대기업이 전자책 시장에 뛰어드는 것을 보면, 언젠가 디지털 화면이 종이책을 완전히 대체하는 날이 오지 않을지 궁금합니다.

도정일 그럴 수도 있을 거라는 가능성을 열어 놓고 인정해야죠. 전자책도 책이고 그 형식의 책은 계속 진화할 겁니다. 그런데 지금 단계에서 보면 인간의 진화나 생물학적 변화는 단기간에 일어나지 않습니다. 수만 년 걸립니다. 디지털이라는 새로운 환경이 닥쳤다고 해서 인간이 급속하게 자신의 생물학적 조건을 바꿀 수 있을까요?

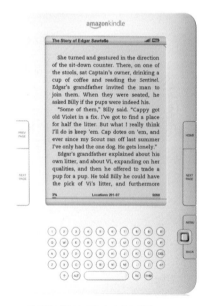

인터넷 서점 아마존의 전자북 킨들(Kindle)

게다가 집중적인 독서를 할 때는 10분, 20분이 아니라 서너 시간 이상 정신 에너지를 소비하는데, 현재의 디지털 기술로는 인간의 시각적 능력이 디지털 스크린을 통해 그런 집중적인 독서와 사유를 할 수 없게 되어 있습니다. 현재의 디지털 매체는 우리 시각을 덜 자극하고, 사유를 허용하며 상상을 가능하게 하는 안정된 매체가 아닙니다. 게다가 이미지는 상상을 죽이는 경우가 많아요. 그래서 독서 활동의 대표적인 매체는 여전히 책이 될 것이고, 이 조건에 급격한 변화를 도입할 수는 없으리라 봅니다.

책의 세계

"책의 세계는 정신의 자기회귀를 강화하는 고독한 성찰과 불안한 의심의 극장, 의식이 의식을 만나 협상하고 교섭하는 대화의 극장, 인간이 유한성의 조건 속에서 그 유한성에 보복할 모든 가능한 책략들을 꾸미는 음모의 극장이다.

그 극장을 유지하는 데 필요한 정신적 비용은 싸구려가 아니다. 지금 문명과 사회는 일종의 갈림길에 서 있다.

하나는 사람들로 하여금 그 극장을 떠나 편하고 힘들지 않은 오락과 쇼의 세계에 들어가도록 인도하는 길이고, 다른 하나는 인간이 자기 손으로 계발하기 시작한 능력들의 약화와 위축에 동의하지 않기 위해 그 정신의 극장을 더 잘 유지할 것을 종용하는 길이다.

전자는 결코 후자를 대체하지 못한다. 우리 시대가 그 대체에 동의하는 순간, 인간은 천사 앞에서 별로 자랑할 것이 없는 자기 강등의 길로 들어설 것이 확실하다."

도정일, 「고독한 성찰과 불안한 의심의 극장」, 『책, 세상을 탐하다』 중에서

4. 왜 고전을 읽어야 하는가

김갑수 어렸을 때 저희 집에는 세 종의 책이 있었습니다. 『삼국지』, 『수호지』, 『초한지』. 그것만 계속 읽다 보니까, 아에 외워 버렸습니다. 그런데 어린 시절 독서 체험은 오랫동안 아주 강렬하게 뇌리에 남는 것 같아요. 학교에서 반장 선거 때가 되면 제가 불쑥 나서곤 했습니다. 제 기질과는 어울리지 않는 행동인데, 아무래도 『삼국지』 영향이었던 듯싶습니다. 선생님은 어린 시절에 어떻게 책을 접하셨는지 궁금합니다.

도정일 나도 초등학교 때 열심히 읽었던 것이 열여덟 권짜리 『삼국지』였어요. 세대 간에 이렇게 공유하는 경험이 있다는 것이 매우 흥미롭습니다. 제갈공명이 출사표를 쓰고 나가는 장면이 있잖아요. 그 대목을 읽으면서 얼마나 가슴이 뛰었던지, 중학교 3학년 때까지도 가끔 출사표를 썼습니다. 무엇에 대한 출사표였는지는 기억나지 않지만.

그리고 고등학교 2학년 때 어느 선배가 도스토옙스키[2]의 영문판 『죄와 벌』을 구해다 줬어요. 그때까지 우리말 번역이 없었습니다. 그래서 그 책은 내가 영어로 읽은 최초의 책이 되었습니다. 그래도 영어를 좀 한답시고 내심 자만하고 있었는데, 첫 페이지, 첫 단락부터 이해가 안 되는 겁니다. 그래서 두 페이지를 읽고 의미를 파악하는 데 일곱 시간쯤 걸린 것 같습니다. 그렇게 악전

도스토옙스키

고투하면서 읽는데, 책에 어떤 미친 여자가 등장합니다. 남편은 감방에 갇혀 있고, 여자는 삶의 어려움과 남편이 당한 부당한 처사 때문에 미쳐버린 거예요. 이 여자가 시장 바닥을 떠돌면서 혼자 웃다가 중얼거리기도 하면서 절규하는 질문이 하나 있었습니다. 정의는 어디에 있는가…. Where is justice? 온종일 그러면서 시장바닥을 돌아다녀요. 정의는 어디에 있느냐는 그 질문이 이후 평생토록 내 뇌리를 떠나지 않았습니다.

김갑수   일생의 화두를 책에서 발견하신 셈인데, 책이 인간에게 얼마나 큰

---

2) Fyodor Mikhailovich Dostoevskii(1821~1881): 모스크바 출생. 톨스토이와 함께 19세기 러시아 문학을 대표하는 세계적인 문호. '넋의 리얼리즘'이라 불리는 독자적인 방법으로 인간의 내면을 추구하여 근대소설의 새로운 가능성을 열어놓았다. 농노제적(農奴制的) 구질서가 무너지고 자본주의적 제관계(諸關係)가 대신 들어서려는 과도기의 러시아에서 시대의 모순에 고민하면서, 그 고민하는 자신의 모습을 전적으로 작품세계에 투영한 그의 문학세계는 현대성을 두드러지게 지니고 있으며, 20세기의 사상과 문학에 깊은 영향을 끼쳤다. 대표작으로 『죄와 벌』(1866), 『백치』(1868), 『악령』(1872), 『카라마조프의 형제들』(1880) 등이 있다.

영향을 주는지 알 것 같습니다. 이처럼, 책이 인간의 삶에 미치는 영향은 매우 중요한데 요즘 유행하는 '책맹'이라는 표현이 있습니다. 컴퓨터를 모르는 사람을 컴맹이라고 부르듯이, 책을 모르는 사람을 두고 하는 말 같습니다. 통계를 보니 서울시민 세 사람 가운데 한 사람이 1년에 단 한 권의 책도 읽지 않는다고 하는군요. 고전 한 줄 읽지 않는 겁니다. 돌아보면 제 인생에도 고전의 독서가 참 중요했다는 것을 오랜 세월이 흐르고 나서야 깨달았는데, 선생님은 고전 독서에 대해 어떤 견해를 갖고 계신지요?

도정일 고전을 읽어야 합니다. 고전 독서를 개인의 노력에 맡겨둘 수도 있겠지만, 특히 대학에서는 학생들에게 고전을 읽게 해야 합니다. 학생들은 앞으로 사회가 올바른 방향으로 나아가도록 주도적 역할을 해야 할 사람들이거든요. 그들에게 고전 독서는 결정적으로 중요합니다. 강제로라도 읽게 해야 합니다.

한쪽에서는 '시대가 바뀌었으니 고전 같은 것은 이 시대에 적시성(適時性)이 없다, 그건 옛날 얘기에 불과하다'라고 말합니다. 또 한쪽에서는 '요즘 젊은 세대에게 고전은 너무 어려우니 쉽게 읽을 수 있는 책을 읽게 하자'라고 주장하는 사람도 있습니다. 그런가 하면, 문명이 형성되는 과정의 바탕에는 책이 있다고 믿는 사람도 있지요. 우리가 뿌리를 내린 이 동양문명이나, 조석으로 상대하는 서구문명이나, 이제 형성되기 시작한 세계문명은 인간의 사유나 지향, 갈망 같은 것들 위에 세워지는 것 아닙니까? 그런데 문명은 어떻게 형성되어 왔습니까? 과거는 단순히 지나간 시간이 아닙니다. '나'는 어떻게 만들어졌고, '나'는 누구인가 하는 것을 복수로 표현하면, '우리'는 어떻게 만들어져 왔고, '우리'는 누구냐는 질문이 됩니다. 바로 그런 질문에 대한 대답으로서 나는 고전의 세계가 일종의 강요된 교육 영역이 되어야 한다고 생각합니다. 물을 마시기 싫다는 말을 물가에 끌어다 놓는 것과 같은 의미의 강요가 아니라, 말하자면 '설득된 강요'가 필요하다는 것이 더 정확한 표현이겠죠. '고전은 이러이러하기에 중요하다. 그리고 고전을 읽는 데에는 이러저러한 접근법이 있다. 그래서 고전 읽기가 내 삶에 적극적으로 필요한 행위다'라는 것을 스스로 깨달을 수 있도록 먼저 동기를 부여해야 합니다.

그런데 요즘 행태를 보면, 이러한 동기부여는 무시한 채 학생들에게 '필독서 100권 목록'을 가져다 안기고, 교수들 자신도 읽지 않은 책들을 읽으라고 강요한다면, 순진한 학생들은 시키는 대로 그런 책들을 사다가 몇 쪽 떠들쳐 보겠지요. 그런데 요즘 학생들은 어릴 적부터 책을 읽으며 자란 세대가 아니어서 책을 보면 모르는 말이 너무 많아요. 어휘력의 빈곤이 이루 말할 수 없습니다. 그런데 개념을 모르면 독서가 안 되잖아요. 모르는 말이 하나쯤 나오면 참았다가, 두 개쯤 나오면 짜증을 내다가, 세 개째 나오면 아예 책을 집어던집니다.

고전 교육이 왜 강제되어야 하느냐. 교육은 절대로 민주적인 것만은 아닙니다. 신세대든, 구세대든 간에 반드시 알아야 할 어휘나 개념이 있습니다. 그런 것을 만나게 하는 것이 바로 교육입니다.

김갑수 그런 점에서 고전 독서는 다분히 교육의 영역이라고 할 수 있겠군요.

도정일 그렇습니다. 제가 고전 교육과 관련해서 학생들로부터 노골적으로 질문을 받거나, 질문은 안 해도 학생들 가슴속에서 끓고 있을 질문을 짐작할 때가 있습니다. '교수님, 우리가 왜 이 책을 읽어야 합니까? 이 책이 나온 지 수백 년, 수천 년이 되었는데, 우리가 왜 이걸 읽어야 합니까? 우리가 고전 교육을 하거나, 고전을 읽으라고 권유할 때 절대로 이 질문을 망각해서는 안 됩니다.

왜 고전을 읽어야 하느냐. 오늘날 기술은 과거와 비교하면 엄청나게 발달했고, 사회관계도 현대화하였고, 복잡해졌고, 자본화하였습니다. 그렇다면, 기술 환경이나 사회관계가 완전히 달라진 지금 시점에서 왜 옛날 책을 읽어야 하는가. 이 질문에 대한 중요한 답변이 있습니다. 아무리 사회가 달라져도, 인간에게는 바뀌지 않는 경험의 조건들이 있습니다. 예를 들어 인간은 언제 어디서 살든 유한성의 경험을 피할 수 없습니다. 인간은 죽는 존재입니다. 한계가 많습니다. 무한히 살 수도 없고, 능력이 무한할 수도 없습니다.

길가메시[3] 서사시는 대략 4,500년 전에 쓰어졌습니다. 그 서사시의

---

3) Gilgamesh: 고대 메소포타미아 수메르 왕조 초기 우르 제1왕조의 전설적인 왕으로 재위는 기원전 2600년경으로 추정된다. 수많은 신화나 서사시에 등장하는 영웅이다. 그의 무훈담을 기록한 「길가메시 서사시」는 수메르, 바빌로니아 등 고대 동양 여러 민족 사이에 널리 알려진 이 신화적 영웅의 모험담을 모두 12편의 사시(史詩)로 엮은 것으로, 기원전 24세기 무렵에 지어진 것으로 추정된다.

주제 가운데 하나가 인간은 왜 죽는가, 영원히 살 길은 없는가 하는 겁니다. 길가메시 왕은 죽어서 바닥에 쓰러져 있는 친구 앞에서 눈물을 흘리고 탄식하며 묻습니다. 오, 친구여, 나도 너처럼 죽어서 영원히 일어설 수 없단 말인가…. 이러한 유한성의 경험은 시대를 초월합니다.

또한, 인간에게는 좌절과 고통의 경험이 있습니다.

셰익스피어[4]는 400여 년 전에 태어난 시인이잖아요. 그런데 『로미오와 줄리엣』을 보면 요즘 텔레비전 연속극의 주제 그대로입니다. 원하지 않는 남자와 결혼하게 된 줄리엣은 엄마한테 하소연하는 대목에서 하늘에 대고 절규합니다. '저 구름 위에는 지금 내 슬픔의 바다를 들여다봐 줄 아무런 동정의 눈길도 없단 말인가….' 내가 지금 슬프고 답답한데 내 마음을 알아주고 위로해 줄 신의 눈, 동정의 눈길이 저 흰 구름 위에 없느냐는 겁니다. 이건 하느님한테 편지쓰기죠. 이런 좌절과 고통의 경험은 수천 년 전이나 지금이나 우리가

길가메시 상(루브르 박물관 소장)

『로미오와 줄리엣』(프란체스코 하예즈 그림, 1823)　　　　　셰익스피어

벗어날 수 없는 조건입니다.

또 있습니다. 양심의 경험이라는 게 있습니다. 뭔가 잘못해 놓고 벌
벌 떠는 경험 있잖아요. 그리고 고민합니다. '이렇게 하는 것이 옳은
것일까, 저렇게 하는 것이 옳은 걸까…' 이처럼 양심의 경험을 하게

---

4) William Shakespeare(1564~1616): 영국이 낳은 세계 최고의 시인, 극작가. 희·비극을 포함한 37편
의 희곡과 여러 권의 시집, 소네트집을 남겼다. 평생을 연극인으로서 충실하게 보냈으며, 자신이 속해 있
던 극단을 위해서도 전력을 다했다. 주요 작품에는 「로미오와 줄리엣(*Romeo and Juliet*)」, 「베니스의 상인
(*The Merchant of Venice*)」 등이 있고, 특히 「햄릿(*Hamlet*)」, 「리어왕(*King Lear*)」, 「오셀로(*Othello*)」, 「맥베드
(*Macbeth*)」를 4대 비극으로 꼽는다.

하는 삶의 조건도 예나 지금이나 다름없습니다.

고전은 인간의 경험이 종속되었던 이런 근본적인 조건들에 대한 인간의 반응을 기록해 놓았습니다. 그런 반응은 시대에 속박되지 않아요. 시간적 거리와 상관없이 여전히 우리 가슴을 칩니다.

하나만 더 이야기할게요. 우리가 어떤 책을 고전으로 삼아야 할 것인가. 앞서 말씀드린 대로 첫째는 우리로 하여금 끊임없이 역사의 책임을 느끼게 하는 책, 인간 경험의 근본적 조건을 생각하게 하는 책입니다. 둘째는 역사 앞에 서 있는 우리의 책임을 끊임없이 환기시키는 책입니다. 역사 앞의 책임이란 어떤 걸까요? 예를 들면 이런 게 있습니다. 인류는 1차 대전, 2차 대전을 일으켜 수백만의 인명을 희생시켰습니다. 그처럼 파괴와 살육을 저질러 온 전쟁의 역사 앞에서 인간은 결코 자유롭지 않습니다. 그러나 젊은 세대는 이렇게 말합니다. '우리가 왜 그걸 책임을 져? 우리는 그때 태어나지도 않았어. 무슨 상관이 있다고 우리가 책임을 져? 6·25전쟁을 내가 일으켰나? 한국이 일본의 식민지가 되었을 때 내가 나라를 팔아먹었나?' 그런데 그게 그렇지 않습니다.

내가 지금 역사에 대한 책임이라고 하는 것은 그때 일어난 그 사건을 책임지라는 말이 아닙니다. 그동안 인간을 불행하게 했던 수많은 역사적 사건, 불행한 역사가 있었습니다. 제국주의, 파시즘, 전체주의, 식민주의, 독재, 환경파괴 등 지난 100년만 돌아보아도 인간을 괴

따뜻한 인간 사회

"어떤 사회도 공동체적 성격을 갖지 않고서는 사람과 사람을 따뜻하게 이어주는 인간의 사회를 만들기 어렵습니다. 이해관계의 충돌 때문에 풍비박산 나는 사회일수록 더욱 그렇습니다. 지금 우리 사회가 그렇지요. 어떤 가치의 공유에 의한 결속이 거의 불가능한 사회가 되었어요. 문화는 한때 동질성의 공급자로 여겨졌지만, 지금은 문화조차도 반목, 대립, 갈등의 기원이 되어 있습니다. 결속과 연대가 가능한 것은 월드컵축구 때뿐입니다. 그러다 보니 아주 기이한 형태의 아주 광적인 애국주의, 대한민국주의 같은 것이 등장하죠. 저는 동질성주의자가 아닙니다. 다만, 제가 중요하다고 생각하는 것은 사회가 적어도 사람이 살 만한 사회로 유지되자면 사회 성원들이 인정하고 공유하는 최소한의 기본적 가치들은 있어야 한다는 것입니다. 그래서 저는 근년 지역사회 시민단체들이 벌이는 '공동체복구' 운동이 아주 의미 있다고 생각합니다. 공동체가 거의 무너지다시피 한 것은 도시지역이건 시골이건 대차가 없습니다."

도정일, 『전환의 모색』 중에서

롭혀 온 역사적 사건들이 인간에 의해 자행됐잖아요. 현대인이 잊지 말아야 할 역사 앞에서의 책임이란 이런 겁니다. 나는, 우리 사회는, 우리 세대는 이러한 실패의 역사, 잔인한 역사, 파괴와 살육의 역사를 되풀이해서는 안 된다는 의식, 그것이 바로 역사에 대한 책임입니다.

5. 정의로운 사회를 위하여

김갑수   오늘 선생님과 책을 매개로 하여 우리 사회의 현주소를 찾아가 보고, 또 앞으로 이 시대가 어떻게 흘러갈지를 내다보는 다양한 이야기를 나눴습니다. 아마도 『전환의 모색』에서 인용한 구절이 말하는 공동체적 가치가 더 나은 미래 사회의 단서가 아닐까 싶습니다.

cf. 김영한 P.376

도정일   저는 매학기 대학 강의에서 학생들에게 세 가지 질문을 던지는 것으로 수업을 시작합니다. 첫째, "나는 어떤 사회에 살고 싶어 하는가?" 둘째, "우리는 어떤 사회를 만들고자 하는가?" 셋째, "내가 할 수 있는 일은 무엇인가?" 이 세 가지 질문입니다. 요즘 학생들이 하도 생각을 안 하고 산다고 해서, 자극 삼아 생각할 화두를 던져주는 거죠.

우리는 사회를 건강하게 유지하려는 사회적 사유를 끊임없이 해야 합니다. 그런 사유는 '우리는 지금 어떤 사회를 어떻게 만들려고 하는가? '우리는 어디로 가려고 하는가?'라는 질문 앞에서 우리 자신을 돌아보는 능력일 것입니다.

우리가 살고 싶은 사회가 어떤 사회인지는 누구나 알고 있을 겁니다. 예를 들면 굶주리는 사람이 없는 사회, 부당한 일로 눈물 흘리는 사람이 없는 사회, 가난이나 질병이나 박탈과 같은 것이 최소화되어 모든 사람이 고르게 삶의 기쁨을 누릴 수 있는 사회. 이것은 누구나 목표로 삼는 이상적인 사회의 모습일 겁니다.

이런 사회의 핵심이 바로 사회정의라고 생각합니다. 평등은 위대한 사회적 정의이지만, 너무 추상적이어서, 나는 이렇게 말하고 싶습니다. 어떤 사회의 자원, 즉 교육, 의료, 건강, 기타 정신적 영역까지를 포함한 모든 자원을 그 사회의 구성원들이 공유하고 함께 나눌 수 있고, 나눔의 바탕 위에서 자기발전을 이룰 수 있게 해주는 기초 조건, 이것이 바로 사회정의라고 생각합니다.

판옵티콘, 그 안의 권력

| 박정자 |

"유리집을 꿈꾸는 불면증 환자였던 홉스 시대의 군주는 여전히 왕성한 호기심으로 온 세상을 내려다보고 있다.

누가 어느 백화점에서 어떤 물건을 얼마나 사는지, 누가 어느 은행에서 돈을 얼마나 저축하고 얼마나 꺼내 쓰는지, 누가 어느 서점에서 어떤 종류의 책을 얼마나 사는지, 그리고 누가 누구와 얼마나 자주 통화를 하는지 군주의 호기심은 끝이 없다.

그의 유리집도 아담한 집 한 채가 아니라 지구만큼 거대하게 확대되었고, 시선 반경도 지구만큼 광활하게 확장되었다.

현대의 군주에게 시선은 공간도, 시간도 제한이 없다. 그래서 거대한 유리집 안의 군주는 감시하느라 잠을 설칠 필요도 없다. 언제고 마음 내킬 때 저장된 파일을 열어보기만 하면 된다. 그러면 이 군주, 이 권력은 도대체 누구인가?

국가 권력인 것은 분명하지만, 그것만이 전부는 아니다. 익명의 권력, 그것은 바로 우리 이웃이나 우리 자신일 수도 있다는 것에 우리 시대의 미스터리가 있다."

박정자

상명대학교 명예교수.
서울대학교 불어불문학과 졸업, 동 대학원 석사, 문학박사.
전 상명대학교 불어교육과 교수, 전 상명대학교 사범대학장.
주요 저서: 『시선은 권력이다』, 『빈센트의 구두』, 『로빈슨 크루소의 사치』.

1. 시선의 역학

김갑수 저는 지하철을 매우 자주 이용하는 편인데, 지하철 안에서 좀 난감한 상황에 부닥치곤 합니다. 시선 때문입니다. 앞사람과 눈이 마주치면 참 불편합니다. 그래서 눈을 내리깔고 휴대전화를 만지작거리기도 하고, 책 읽는 척, 조는 척, 이런저런 행동을 하게 되죠. 아마 이런 기분은 저만 느끼는 게 아닐 겁니다. 시선이라는 게 사람 사이 관계에서 참 많은 걸 의미한다고들 합니다.

박정자 교수님은 사람 사이의 관계만이 아니라 인간이 활동하는 공간이나 사회의 관습 같은 것 역시 권력관계를 통해 설명하십니다. 그리고 특히, 시선이 권력의 표상이자 도구라고 말씀하십니다. 우리가 현실에서 시선의 권력을 자각할 수 있는 현상에는 어떤 것이 있을까요?

박정자 예를 들어 우리가 엘리베이터에 탔을 때 아무도 없으면 마음이 편안

장 폴 사르트르   메를로퐁티   에드문트 후설

하죠. 그런데 낯선 사람이 엘리베이터 공간 안으로 들어오면 몹시 불편하고 불안해집니다. 엘리베이터라는 사물 앞에서는 편하던 마음이 왜 사람들 앞에서는 불편해지는 걸까요? 현상학적 존재론에서 그 설명을 찾을 수 있을 것 같습니다. 사르트르[1]나 메를로퐁티[2] 같은 실존주의자는 모두 후설[3] 현상학의 연장선에 있습니다. 후설은 우리

1) Jean-Paul Sartre(1905~1980): 프랑스의 작가·사상가. 시몬 드 보부아르와 평생 반려했다. 철학논문 『존재와 무(L'Etre et le Néant)』(1943)는 무신론적 실존주의의 입장에서 전개한 존재론으로, 제2차 세계 대전 전후 시대 사조를 대표한다. 『실존주의는 휴머니즘이다(L'Existentialisme est un humanisme)』(1946) 를 통해 문학적 주장을 밝혔으며, 『변증법적 이성비판(Critique de la raison dialectique)』(1960)은 그의 사상적 발전을 보여주는 노작이다. 소설 『구토(La Nausée)』(1938), 희곡 『파리떼(Les Mouches)』(1943), 『닫힌 방(Huis-clos)』(1944), 『더러운 손(Les Mains sales)』(1948) 등을 남겼다. 1964년 노벨문학상을 거부했다.

2) Maurice Merleau-Ponty(1908~1961): 프랑스의 철학자. E.후설의 후기사상의 영향을 받아 생활세계의 현상학적 기술(記述)을 실존주의적 입장에서 기도한 저서, 『지각의 현상학(Phénoménologie de la perception)』(1945)을 저술했다. 『변증법의 모험(Les Aventures de la dialectique)』(1955)에서 사르트르를 신랄하게 비난하여 그와 사상적 결별을 고하였다. 저서로 『행동의 구조(La Structure du comportement)』(1942) 『휴머니즘과 폭력(Humanisme et Terreur)』(1947) 등이 있다.

3) Edmund Husserl (1859~1938): 독일의 철학자. 의식의 분석과 기술을 통해 엄격한 학문으로서 철학을 정립하려는 현상학을 창시했다. 이 방법은 체험생활의 구조와 관심 속에서 모든 철학 체계와 과학 체계가 생겨나고 이론이 발달한다는 점을 지적함으로써, 관찰을 강조하는 경험론과 이성·이론을 강조하는 합리론 사이의 대립을 해소하려는 노력이었다. 처녀작 『산술의 철학(Philosophie der Arithmetik)』(1891) 이래 『논리학 연구(Logische Untersuchungen)』(1900~1901) 등의 저작을 남겼으며 『순수 현상학 및 현상학적 철학을 위한 여러 고안(Ideen zu einer reinen Phänomenologie und phänomenologischen Philosophie)』(1913)에서 자신의 현상학적 사고체계를 완성했다.

의식의 지향성을 이야기했지요. 무슨 말이냐면, 우리의 의식은 처음에는 아무것도 없는 공허의 상태, 그저 투명한 상태에 있는데, 일단 그 앞에 무언가가 나타나면 그때부터 그리로 향하는 지향성이 있다는 거지요. 대상으로 향해서 그 대상을 의식하는, 그런 작용을 한다는 거지요.

김갑수   대상이 의식의 활동을 촉발한다는 건가요?

박정자   그렇죠. 애초에 의식은 무(無)의 상태에 있습니다. 그런 의식 상태에 있는 우리 존재를 대자존재라고 하지요. 우리 의식 앞에 나타나는 대상을 영어로는 오브젝트(object), 불어로는 오브제(objet)라고 하는데, 객체, 또는 물체, 사물이라는 뜻입니다. 그러니까, 우리 의식 앞에 나타나는 대상은 그것이 사람이건 물건이건 우선 사물로, 물건으로 인식된다는 겁니다. 제가 여기 이렇게 앉아 있을 때, 누군가 문을 열고 들어와서 저를 본다면 그 사람의 눈에 저는 사람으로 보이는 것이 아니라, 일단 이런 탁자와 의자와 별로 다를 것이 없는 사물로 보인다는 것입니다.

김갑수   미술에서 흔히 말하는 오브제로 인식된다는 말이군요.

박정자   네. 그러나 저는 엄연히 인간이죠. 제 안에도 의식이 들어 있지 않습니까? 엄연히 저도 인간인데, 그 사람은 주체고 저는 대상의 관계가 성립된 것이죠. 대상은 곧 물건입니다. 그러니까, 엄연히 인간인 제가 그 사람에게는 물건으로 전락한 것이죠. 기분 나쁠 수밖에 없죠. 그리고 뭔가 불안하고. 그래서 다른 물건 앞에서는 편안하던 마음이 다른 사람 앞에서 그렇게 불안해지는 겁니다.

김갑수 그러니까, 인간을 사물화하는 시선이 바로 불편함, 공포감의 원천이군요. 영화나 문학작품을 보면 남의 시선이 주는 불안, 공포, 이런 것들이 자주 묘사됩니다. 김영하 씨의 베스트셀러, 『퀴즈쇼』라는 작품이 있죠. 거기서도 주인공이 편의점 주인에 대해 몹시 불쾌해하는 장면이 나옵니다. 편의점 주인이 자기를 하찮은 존재로 바라본다고 생각해서 증오에 가까운 감정을 품지 않습니까? 시선이 인간 사이를 대등한 관계가 아니라, 바라보는 자와 바라보여지는 자의 비대칭 관계로 설정한

김영하, 『퀴즈쇼』 2007

다는 거죠. 바라보는 자는 우월한 존재, 힘 있는 존재, 바라보여지는 자는 열등한 존재, 힘없는 존재라는 식의 관계가 설정된다는 겁니다.

박정자 예를 들면 사르트르의 『구토』라는 소설 있지 않습니까? 거기서 주인공 로깡뗑은 자기가 사는 도시의 명사들 초상화가 나란히 걸려 있는 시립박물관을 방문합니다. 그런데 실제 인간도 아닌 초상화 인물들의 시선 앞에서 갑자기 주눅이 들면서 자기 존재가 후줄근하게 느껴집니다. 자기는 가족도 없고, 직업도 없고, 내세울 것도 없는 사

회의 아웃사이더인데, 초상화의 인물들은 모든 것을 다 갖춘, 모든 것을 이룬 사람들이거든요. 그들의 그 자신만만하고 오만한 시선 앞에서 자신의 초라하고 부끄러운 존재가 그대로 드러나는 걸 느낍니다. 그래서 로캉탱은 아, 과연 내가 살아갈 가치가 있는 인간일까, 나는 길에 나뒹구는 돌멩이나 풀 같은 존재

사르트르, 『구토』 1938

가 아닐까, 이런 생각을 합니다. 타인의 시선이 그렇게 무서운 거지요. 사르트르는 그런 타인의 시선을 「메두사」[4]에 비유합니다. 그리스 신화에 등장하는 메두사는 머리카락이 모두 뱀으로 되어 있고, 그 앞에 서면 사람이 돌로 변하는 무서운 괴물이죠. 사르트르는 타인의 시선이 마치 그 메두사처럼 앞에 있는 사람을 돌로, 다시 말해 사물로 만들어 버린다고 생각했던 겁니다. 그런 점에서 인간 사이의 만남은 내가 그 사람의 대상이 되느냐, 내가 그 사람을 대상으로 삼느냐 하는 그런 치열한 싸움이라고 말할 수 있겠죠.

「메두사」(카라바죠 그림), 1598

---

4) Medusa: 그리스 신화에 나오는 괴물로서 스테노, 에우뤼알레, 메두사로 이루어진 고르고 세 자매 가운데 하나인 마녀로서 고르고 메두사라고도 부른다.
고르고 자매는 원래 아름다운 여인들이었으나, 유독 미모가 출중한 메두사가 포세이돈과 함께 아테나 신전에서 정을 통하던 중 아테나 여신에게 들키면서 여신의 저주를 받아 흉측한 괴물로 변했으며, 메두사의 모습을 직접 보는 사람은 돌로 변하는 마법이 걸렸다.

2. 효율적 감시체제, 판옵티콘

김갑수　공리주의 철학자 제레미 벤담[5]은 18세기에 판옵티콘(pan opticon)이라는 원형감옥을 고안했다고 하죠. 공리주의자답게 죄수들을 가장 효율적으로 감시할 수 있는 아주 독특한 감옥을 설계한 것 같은데, 이 판옵티콘이 무엇을 말하는지 설명해 주시겠습니까?

제레미 벤담

---

5) Jeremy Bentham(1748~1832): 영국의 철학자·법학자. 인생의 목적은 '최대 다수의 최대 행복'의 실현에 있으며 쾌락을 조장하고 고통을 방지하는 능력이야말로 모든 도덕과 입법의 기초원리라는 공리주의(功利主義)를 주장하였다. 행복을 증가시키기 위해서는 경제적으로 자유방임(自由放任)해야 한다고 주장하였으며, 한계효용이 점감(漸減)하는 이상, 부가 다른 조건상으로 동일하다면 더욱 평등하게 이를 분배하는 편이 전부효용(全部效用)을 증가시킨다고 하여 분배의 평등을 중시하였다. 변호사를 하다가 나중에 민간연구자가 되었는데, 의회의 개혁과 같은 정치활동에도 관여하였다.

박정자 판옵티콘은 라틴어에 어원이 있는 용어입니다. 우선, 판(pan)이란 '범(凡)', '모든', '전체'라는 뜻이죠. 옵티콘(opticon)은 '바라봄'이라는 뜻입니다. 그러니까, 판옵티콘은 한눈에 모든 것이 다 보이는, 그런 구조물을 말합니다.

18~19세기 영국의 공리주의 철학자 제레미 벤담은 감옥 건물을 나름대로 구상해서 그 건물을 판옵티콘이라고 불렀고, 또 그것을 책으로도 썼습니다. 판옵티콘의 원리는 아주 간단합니다. 마치 도넛처럼 둥글고 가운데가 뚫린 원형 건물인데, 한가운데에 망루가 서 있습니다. 원형 건물에는 칸칸이 독방이 하나씩 들어 있죠. 그런 상태에서는 망루에서 감시자가 한 번만 빙 둘러보면 각각의 독방을 한눈에 들여다볼 수 있습니다. 그런데 재미있는 것은 망루에 창이 사방으로 뚫려 있고, 안에는 지그재그식으로 칸막이가 쳐 있습니다. 멀리서 수감자들이 망루를 바라보면 빛을 차단하는 칸막이 때문에 안에 사람이 있는지 없는지 알 수 없죠. 그렇지만, 망루에서는 죄수들이 들어 있는 독방을 속속들이 볼 수 있습니다. 왜냐면 각각의 감방이 건물의 앞쪽과 뒤쪽을 관통해서 들어가 있어서 빛이 비치면 그 역광으로 안에 있는 수감자 모습이 환히 보이기 때문이죠. 그러니까, 간수는 죄수를 훤히 보고 있는데 죄수는 간수를 전혀 볼 수 없는, 그야말로 시선의 비대칭성이 극대화된 건축구조입니다.

김갑수 최대다수의 최대행복, 벤담의 공리주의를 우리는 그렇게 배우지 않습니까? 이런 판옵티콘의 기획이야말로 바로 그런 공리주의적인 사상을 담고 있다고 볼 수 있을 텐데요, 최대다수의 행복을 위해서 죄

① 제레미 벤담이 고안한 판옵티콘 설계도(1791)
② 이탈리아 건축가 아루-로맹(N. Harou-Romain)의 감옥 구상도(1840)
③ 아일랜드 더블린의 킬마인햄 교도소
④ 쿠바 후벤뚜드 섬에 있는 프레시디오 모델로 교도소
⑤ 네덜란드 아르헴 교도소
⑥ 미국 일리노이 주 스테이트빌 교도소

수들, 격리해야 할 사람들을 효율적으로 통제하겠다는 의도가 담겨 있겠죠. 그런데 이런 시스템이 통제되어야 할 대상이 아니라 이제 모든 사람으로 점점 확대되어 적용되는 게 아닌가 싶어요.

책에서 보면 원형감옥이 실제로 완성되진 못했다 하더군요. 그런데 재미있는 사실은 그 이후 원형 건물이 더 많이 세워지고. 벤담의 구상이 아주 폭넓게 구현되었는데, 이것은 어찌 보면 감시의 의지가 반영된 것이 아닌가 하는 생각이 듭니다.

박정자   그렇습니다. 벤담은 이 건축물을 지으려고 정부의 재정지원을 요구했고, 정부도 이 판옵티콘을 지을 단계에 있었는데, 행정부가 포기했습니다. 그래서 벤담은 파산했지요. 판옵티콘이 실현되지는 못했지만, 19세기 이래 20세기에 이르기까지 판옵티콘의 원리는 거의 모든 건물에 스며들어 있습니다.

김갑수   판옵티콘이 벤담의 구상으로만 끝났다면 우리가 기억하지 못할 수도 있었겠지요. 그런데 미쉘 푸코가 판옵티콘을 감시와 처벌에 의해서 지탱되는 근대 사회의 원리의 예로 들지 않았습니까?

박정자   사실 벤담이 이런 감옥의 설계도를 구상했다는 것을 후세 학자들은 이해하지 못했습니다. 이렇게 위대한 정치사상가, 철학가가 왜 하필이면 감옥 설계도를 만들었을까? 그래서 이건 그저 해프닝이다, 그렇게 치부해 버렸고 판옵티콘이라는 책도 150년 동안 완전히 망각 속에 파묻혔죠.

미쉘 푸코, 『감시와 처벌』

그러다가 1975년에 미쉘 푸코[6]가 『감시와 처벌』이라는 책을 쓰면서 근대 이후 규율 권력의 원형이 판옵티콘에 있다고 말하면서부터 이 판옵티콘이 새롭게 각광받게 되었습니다.

김갑수   아까 말씀 중에 판옵티콘의 특징이 시선의 비대칭성이라고 하셨는데, 오늘날 사회도 같은 맥락에 있는 게 아닌가 합니다. 이 시선의 비대칭성이라는 개념을 조금 더 자세히 설명해주세요.

박정자   우선, 판옵티콘이 규율 권력에 아주 효율적인 이유를 세 가지 측면

---

6) Michel P. Foucault(1926~1984): 프랑스의 철학자. 정신의학에 흥미를 느껴 연구했으며 서양문명의 핵심인 합리적 이성에 대한 독단적 논리성을 비판하고 소외된 비이성적 사고, 즉 광기(狂氣)의 진정한 의미와 역사적 관계를 파헤쳤다. 정신병과 사회적 관계를 밝힌 『임상의학의 탄생(Naissance de la clinique)』(1963)을 저술하였으며, 1966년에는 역사를 통해 지식의 발달과정을 분석한 『말과 사물(Les Mots et les Choses)』을 저술하였다. 1969년 『지식의 고고학(L'Archéologie du savoir)』에서는 전통적인 사상사를 비판하였다. 1970년대에는 부르주아 권력과 형벌제도에 대한 분석의 결과물인 『감시와 처벌(Surveiller et punir)』(1975)을 저술하였다. 또한, 1976년부터 1984년 사망할 때까지 3부작 『성의 역사(Histoire de la sexualité)』를 저술하였다.

에서 생각할 수 있을 것 같습니다.

첫째는 학생이건 노동자건 수감자건 간에 통제받는 주체를 철저히 대상화한다는 점입니다. 앞서 말했듯이 감시자는 수감자를 볼 수가 있지만, 수감자는 감시자를 볼 수 없고. 또 칸이 막혀 있어서 옆방의 수감자나 동료와 소통할 수도 없습니다. 다시 말해 완전히 정보의 대상일 뿐, 소통의 주체가 아닌 겁니다. 같은 처지에 있는 사람끼리 의논해서 탈출을 시도할 수도 없고, 서로 위로할 수도 없고. 대화도 할 수 없으니 완전히 물건 상태에 있는 거죠. 그저 '대상'일 뿐입니다. 이처럼 판옵티콘은 인간을 철저히 대상화해서 쉽사리 통제하지요.

둘째는 피감시자를 조건화할 수 있습니다 누군가를 감시하려면 지속적으로 바라봐야 하죠. 하지만 어떻게 24시간 한순간도 시선을 떼지 않고 바라볼 수 있겠습니까? 그런데 피감시자가 망루 안을 볼 수 없으면 감시자가 없어도 늘 있다고 믿게 마련입니다. 그리고 늘 감시당하고 있다고 생각하니까 스스로 행동을 조심하겠죠. 감시의 효율성을 최대한 높이려면 지속적인 감시가 필요한데, 그게 아주 잘 확보되는 것이죠.

그리고 세 번째는 자동성입니다. 이런 장치를 한번 만들어 놓으면, 누가 작동하든지 자동으로 움직입니다. 예를 들어서 누가 정보기관의 수장이 되든 간에 정보통제 메커니즘이 자동으로 굴러가는 것과 같죠.

이처럼 아주 적은 비용으로 고효율의 감시를 할 수 있습니다.

3. 권력의 전략 수정,
공개처형에서 감옥으로

김갑수   판옵티콘이 18세기 근대 이후의 산물이라고 본다면, 그전에도 감시
와 처벌의 방식이 있지 않았습니까? 예를 들어 공개처형처럼 수많
은 사람을 모아놓고 본보기로 한 사람을 잔인한 방법으로 죽이는 관
습도 있었습니다. 그에 비하면 오늘날 형사제도는 더 인간적이고 더
합리적인 모습으로 진화했다고 말해도 될까요?

박정자   군주시대, 왕조시대에는 형벌이 정말 잔인했습니다. 말로 옮기기에
도 끔찍한 고문이 많이 있었죠. 그리고 그런 고문 끝에 죄수가 죽으
면 시체를 광장에 공시했습니다. 이상하게 보일 수도 있지만, 그런
고문이나 처형이 일어나는 날이면 도시는 완전히 축제 분위기였습
니다. 그 끔찍한 장면을 구경하러 나온 사람들이 소리를 지르고 환
호하고, 집단적으로 열기에 들떴던 거지요. 그런 고문이나 처형은
일벌백계의 효과가 있었을 겁니다. 권력에 대한 경외심이나 죄수에

중세시대 이교도를 고문하는 모습을 재현한 판화들

대한 분노도 있었을 겁니다.

그런데 어느 순간 그런 관계가 역전되기 시작했어요. 합법적으로 법을 집행하는 사형집행인이 대중의 조롱을 받고 분노의 대상이 되었고, 죄수는 오히려 영웅시되었던 겁니다. 그래서 죄수의 탈출을 돕기도 하고, 사형장에서 죄수를 탈취해서 달아나는 일도 벌어졌던 겁니다. 왜 그런 현상이 일어났을까요?

우선, 끔찍하게 고문을 당하는 죄인에게 동정심이 생겼을 수 있겠죠. 그리고 또 다른 이유는 민중이 죄수의 주장에 동조하는 현상이 생겼던 겁니다. 처형을 앞둔 죄수로서는 무서울 게 없으니 무슨 말이든 다 합니다. 사회의 모순이라든가, 제도의 불공정성이라든가, 권력의 압제라든가, 이런 것들에 대한 비판에 대중이 공감하게 된 거죠, 그래서 권력을 조롱하고 죄수를 영웅시하는 상황이 벌어졌던 겁니다.

권력에는 이런 현상이 몹시 위험하죠. 그래서 공개적인 고문이나 처형이 민중에게 위협이 되기보다는 오히려 저항과 폭동의 계기가 될 수 있다는 사실을 깨달은 권력은 전략을 완전히 수정합니다. 그래서 이제

18세기 영국에서 있었던 공개처형장의 모습을 재현한 목판화. 당시 공개처형은 주민들에게 놓칠 수 없는 구경거리였다.

부터는 죄인을 감옥에 가두고 교화하는 쪽으로 방향을 바꾸죠. 사형도 아주 은밀하게, 사람들이 볼 수 없는 곳에서 집행하게 됐습니다.

보통 법률사가들은 이것을 인도주의적인 진화로 간주합니다. 그러나 푸코는 이런 주장을 한마디로 부인하고 권력의 전략수정으로 보는 것이지요.

4. 빛과 권력

김갑수 앞서 판옵티콘 애기할 때 감시하는 자는 빛이 차단되어 보이지 않는
다, 감시당하는 자들이 빛에 노출되어 환하게 드러난다고 하지 않았
습니까? 결국, 빛의 향방에 따라 권력의 관계를 파악할 수 있다는 얘
기가 아니겠습니까?

박정자 네. 감시는 시선으로 하는 것인데, 빛이 없으면 볼 수가 없죠. 캄캄한
곳에서는 감시할 수 없습니다. 그러니까 빛은 감시에 가장 기본적인
조건입니다. 예를 들어 고야의 그림을 보면 어둠 속에서 죄수들이
우글거리는 지하감옥의 장면이 자주 나옵니다. 얼핏, 그런 지하감옥
보다는 불이 환하게 밝혀진 깨끗한 현대식 감옥이 훨씬 인간적이라
고 생각할 수도 있습니다. 그러나 사실 어둠은 우리를 감춰줘서 마
음을 편하게 해주지만, 강렬하고 밝은 빛은 우리를 적나라하게 드러
내는 잔인한 면이 있습니다. 역설적으로 강제적인 빛은 우리에게서

어둠 속에 숨을 권리를 박탈한다고 말할 수도 있겠죠. 그런 면에서 우리는 빛이 가진 권력의 속성을 읽을 수 있습니다.

예를 하나 들어볼까요? 1970년대 초에 뉴욕 시 전체가 완전히 정전된 적이 있었습니다. 그런데 단순히 정전이 됐다는 사실 하나만으로 약탈, 방화가 일어나고 무정부 상태가 됐어요. 이상하지 않습니까? 단지, 빛이 없어진 것뿐인데 권력이 완전히 해체된 겁니다. 그러니까, 빛은 권력이다, 이렇게 말할 수 있겠죠.

요즘 상황에 비추어서 빛을 좀 더 확대해서 생각해도 좋을 거 같아요. 오늘날은 바야흐로 전기, 전자광선의 시대입니다. TV, 컴퓨터 모니터, 휴대전화…. 그런데 TV, 컴퓨터, 휴대전화는 대단한 권력의 도구이자 권력을 실어 나르는 수단이 아닙니까? 그리고 언제부터인가 촛불시위가 자주 벌어지는데, '어둠은 빛을 이기지 못한다'라는 구호를 적은 플래카드를 본 적이 있습니다. 빛은 정의요 선이고, 어둠은 불의요 악이라는 상식적인 주장인데, 푸코는 그런 상식을 뒤집어서 빛은 권력이고, 어둠은 피지배자의 영역이라고 말했던 거지요.

5. 정보판옵티콘 시대

김갑수 제레미 벤담의 판옵티콘이 한정된 공간에서 현시적으로 감시하는 효율적 체제였다면, 오늘날의 감시체제는 무한히 확대된 공간에서 더욱 은밀하고, 치밀한 방식으로 작동하는 것 같습니다.

그 상징적 사례가 아마도 「트루먼 쇼」라는 영화가 아닐까 싶습니다. 등장인물은 자유롭게 실제 삶을 살고 있다고 믿었는데, 결국 거대한 스튜디오에서 조작된 삶을 살고 있었던 거죠. 세상 사람들은 TV를 통해서 마치 연속극을 보듯이 그의 일거수일투족을 실시간으로 바라보고 있는데, 그런 사실을 모르는 건 자기 혼자뿐이죠. 그는 어마어마한 판옵티콘에 갇혀 있으면서도 그 사실을 모르는데, 우리의 삶도 그처럼 거대한 정보 판옵티콘 안에서 우

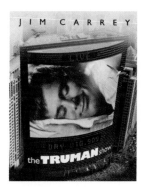

영화 「트루먼 쇼」 1998

리도 모르는 사이에 통제되고 있는 건 아닌가 하는 생각이 듭니다.

cf. 도정일 P.300

박정자 그렇습니다. 게다가 권력만이 감시하는 것이 아니라, 각자가 각자를 감시하는 세상에 살고 있습니다. 그리고 벤담의 시대에 판옵티콘의 감시 수단이 생물학적 눈이었다면, 현대의 감시는, 물론 생물학적인 눈도 작동하지만, 전자 수단을 이용하죠. CCTV나 전자출입증, 전자기록장치 같은 것들을 떠올리시면 될 겁니다. 예를 들어서 아침에 집에서 나올 때부터 아파트 엘리베이터에서 CCTV가 이동상황을 기록하고. 은행에서는 온갖 거래 내역이 전산화되어 기록되지요. 언제 어디서 어떤 거래를 했는지, 잔액은 얼마인지 일목요연하게 기록됩니다. 백화점에 가서 신용카드로 물건을 구입하면 언제 어떤 물건을 얼마나 사는지 전부 기록되죠. 버스를 타면 언제, 어디서 타고 어디서 내렸는지 행선지가 모두 기록됩니다. 휴대전화, GPS 등으로 실시간 위치추적이 가능한 것은 말할 것도 없고요.
이런 식으로 우리는 완벽한 전자 감시체제, 마치 거미줄 같은 감시망 안에서 살고 있습니다.

김갑수 토니 스코트 감독의 에너미 오브 스테이트(Enemy of State)라는 영화를 보면 정보기관에 쫓기는 변호사가 나옵니다. 거대한 도시 안에서 자기 몸 하나를 숨기지 못하고 마치 독 안에 든 쥐처럼 꼼짝도 하지 못하지요. 실시간 추적되는 신용카드는 정지되고, 전화 한 통, 이메일 한 통 사용할 수 없고, 위성을 이용해서 1제곱미터 단위로 도시를 샅샅이 뒤지는 전자 감시망을 빠져나가지 못하는 겁니다. 이 모

든 것이 단지 영화 속 허구의 이야기만
은 아닌 것이 오늘날 현실인 것 같군요.

영화 「에너미 오브 스테이트」 1998

앞서 선생님께서는 오늘날 우리가 서로
감시하는 세상에 살고 있다고 하셨습니
다. 사실, 감시라는 어휘에는 부정적인
함의가 있지 않습니까? 감시가 즐거운
사람은 아무도 없으니까요. 그런데 소
위 웹 2.0 시대를 사는 수많은 사람이 인
터넷 블로그나 유튜브 같은 매체에 자발적으로 자신의 사적인 정보
를 제공하지 않습니까? 자기 모습, 생활상, 주변 사람들, 심지어 지극
히 내밀한 사연까지 소개하는데, 결국, 남들이 좀 봐달라는 거 아니
겠습니까? 이처럼 자신을 내보이고, 남을 들여다보며 즐기는 현상은
감시나, 감시를 통한 통제, 복종과 같은 강압적인 관계가 변하고 있
다는 방증이 아닐까요? 혹은 감시의 관계가 다변화하고 있다는 징후
가 아닐까요?

cf. 김영하 P.347

박정자   조지 오웰의 『1984년』에서는 사회 전체를 감시하는 '빅브라더(big
brother)', 즉 권력의 양상을 보여줍니다. 오웰의 시대와 달라진 것이
있다면 오늘날은 ―물론 빅브라더의 감시가 사라진 것은 아니지만
― 권력만이 아니라 우리 자신이 서로 감시하는 양상을 보인다는 점
입니다. 나도 남을 감시하고, 남도 나를 감시하죠. 그래서 누구도 그
런 감시체제에서 벗어날 수 없는 세상에 사는 것이죠.

영국 맨체스터 시가지에 설치된 감시 카메라

푸코나 사르트르가 타자의 시선을 말할 때 보는 사람은 권력자이고, 보이는 사람은 권력에 예속된 사람을 의미했습니다. 예를 들어서 왕조시대에는 온 백성이 왕 한 사람을 마치 태양처럼 우러러봤습니다. 다수가 소수를 바라보는 시대였던 거죠. 그런데 근대 이후 현대까지는 시선의 관계가 역전되어서 판옵티콘의 간수가 여러 죄수를 감시하듯이 소수가 다수를 바라보는 시대였습니다. 푸코가 규율 권력을 말할 때 지목한, 바로 그런 관계의 시선 교환이었죠. 그런데 오늘날에는 그 관계가 다시 역전된 듯합니다. 예를 들어서 정치인이나 연예인은 수많은 사람의 시선을 받고 있죠. 그들이 받는 시선이 많을수록, 그만큼 권력도 커집니다. TV에 출연하는 등 다수 앞에 자주 노출되어 온 국민이 그들을 알고 있지만, 그들은 국민 각 개인을 모릅니다.

요즘 젊은이들의 자기과시 욕구도 거기서 나온 것 같습니다. 그리고 TV에서 리얼리티 프로그램이 큰 인기를 끄는 것도 바로 그런 이유인 것 같습니다. 그렇다면, 보고 보이는 관계에서 보는 쪽이 권력이라고 말했던 푸코의 시선—권력 개념은 수정되어야 할까요?

푸코는 1984년에 사망했습니다. 인터넷이 전 세계적으로 막강한 힘으로 떠오르기 전이었고, 또 이미지가 실재를 압도하는 현상도 생기기 전입니다. 푸코는 그런 시대적 변화를 미처 경험하지 못하고 죽었기 때문에 일방적인 시선—권력의 문제를 언급하는 단계에 머물렀던 것이 아닌가 합니다.

그리고 다른 한편으로 생각해보면, 정치인이나 연예인은 보여주고 싶은 것만 보여주지요. 그들이 감추고 싶어 하는 실제 모습은 우리가 볼 수 없어요. 그들이 보여주지 않는 사건이나 사실이 노출됐을 때, 정치인은 정치생명에 큰 타격을 입고 연예인은 인기가 추락하는 일이 일어나지 않습니까? 그런 걸 보면, 시선이 권력이라는 명제는 참인 것 같습니다. 어찌 보면 시선—권력에도 이제 2.0의 시대가 온 것이 아닌가 합니다.

김갑수   네, 디지털 시대 새로운 문명이 도래한 거죠. 인터넷이라는 매체가 불러온 총체적인 변화 속에서 권력관계, 감시자와 감시대상의 관계도 변하고 있는데, 거기에 우리가 고민해야 할 부분이 있는 것 같습니다. 가장 대표적인 것이 개인의 사적 영역 보호 문제가 아닌가 싶어요. 개인 정보가 마구잡이로 노출되고 이용되지 않습니까? 이런 현상 역시 인간의 사물화와 같은 맥락에 있는 것 같은데, 웹 2.0시대에 개인의 사생활 보호나 인권의 측면에 대해 진지한 성찰이 필요한 것 같습니다.

박정자   두 가지 차원에서 생각해볼 수 있겠죠. 우선, 그런 거대한 권력의 감시를 받는 각 개인의 인권 문제가 우리 성찰의 대상이 되겠고요. 또 하나는 과연 누가 타인의 사적 영역을 침해하고, 인권을 유린할 권리가 있다고 주장하는 오만을 저지를 수 있는가 하는 문제가 제기되겠지요.

정부의 정책도 투명해야 하고, 식당의 주방도 투명해야 하겠지만, 타인의 사적 영역을 자의적으로 노출하는 것을 정의라고 여기지는 말았으면 좋겠습니다.

6. 익명의 권력

박정자 　홉스[7]는 『리바이어든』에서 절대군주는 모든 것을 다 알고 싶어하는 호기심 때문에 잠을 이룰 수 없다고 합니다. 그래서 모든 것을 훤히 내다볼 수 있는 투명한 유리집을 꿈꾼다는 겁니다. 그런데 호기심이 크기로는 현대 권력도 마찬가지 아닙니까? 현대 권력은 우리 모든 것

토마스 홉스

---

7) Thomas Hobbes(1588~1679): 영국의 철학자. 그는 본질적으로 선한 것은 없고, 선악(善惡)·정사(正邪)는 상대적이어서 국가와 법이 성립되었을 때에 그 판정의 기준이 생긴다고 주장했다. 인간은 본래 이기적이어서 '자연상태'에서는 아무것도 금할 수 없고, 개인의 힘이 권리이며, '만인(萬人)의 만인에 대한 투쟁'이 있고, '사람은 사람에 대하여 이리[狼]'이기 때문에 자기 보존(自己保存)의 보증마저 없다고 하였다. 따라서 각자의 이익을 위해 계약으로 국가를 만들어 '자연권(自然權)'을 제한하고, 국가를 대표하는 의지에 그것을 양도하여 복종하여야 한다고 주장했다. 그는 특히 『리바이어던(Leviathan)』(1651)에서 전제군주제(專制君主制)를 이상적인 국가형태라고 생각하였다. 저서로『자연적이고 정치적인 법의 요소들(The Elements of Law, Natural and Politic)』(1640),『철학원리(Elementa philosophica)』(1651~1658) 등이 있다.

을 알고 싶어 하죠. 이념 성향이나 문화 취향에서부터 예금 잔액, 구매 습관까지 정말 모든 걸 다 파악하려고 합니다. 그러나 과거 유리 집 속 군주처럼 불면증에 걸릴 필요가 없는 것이, 이제는 잠자는 동안에도 컴퓨터에 모든 것이 자동으로 기록되고 저장되기 때문에 언제든 필요할 때 열어 보면 되는 겁니다.

김갑수 선생님께서는 오래 전에 푸코의 『비정상인들(Les Anormaux)』을 우리말로 옮기신 적이 있지요. 책의 한 구절을 인용해 보겠습니다.

"대강 말해보면 이러하다. 페스트의 모델이 나병의 모델을 대체한 것은 아주 중요한 역사적 과정과 정확히 일치하는데 나는 이 과정을 한마디로 포지티브한 권력 테크닉의 발명이라고 부르고 싶다. 나병에 대한 대응은 네거티브한 대응이었다. 그것은 거부하고 추방하는 대응이었다. 그러나 페스트에 대한 대응은 모든 사람을 끌어안고 관찰하며, 앎을 형성하고 이 관찰과 앎에서부터 권력의 효과를 증식시키는 포지티브한 대응이었다.
이제 우리는 내쫓고 제외시키고, 금지하고, 주변부로 몰아내는 억압적 권력 기술로부터 포지티브한 권력으로, 다시 말하면 뭔가 만들고 관찰하는 권력, 모든 것을 아는 권력, 그리고 스스로의 효과에서부터 자신의 힘을 증식시키는 그러한 권력으로 넘어갔다."

그러니까 전염병에 대처하는 권력의 전략에서도 패러다임의 전환이 이루어진 거군요. 이전에는 격리하고 금지하던 통치의 방식을 파악하고 이해해서 지배하는 방식으로 전환했다는 얘기인데, 오늘날 권력이 구사하는 전자감시체제와 상통하는 부분이 있는 것 같습니다.

박정자　　『비정상인들』은 푸코가 1974년에 75년 학기 중에 프랑스의 콜레주 드 프랑스에서 강의한 내용입니다. 푸코가 살았을 때는 출판이 되지 않았다가 사후에 출간되었습니다. 이 책은 그 후에 나온 『감시와 처벌(Surveiller et Punir)』(1975)이라든가, 『성의 역사(Histoire de la sexualité)』 제1권 「앎의 의지(La volonté de savoir)」(1976)와 같은 책의 기본 골격을 이룹니다. 푸코는 이 책에서 전염병에 대한 사회의 태도를 분석합니다. 그 태도의 모델이 나중에 그대로 권력 모델이 된다는 점에서 시사하는 바가 크지요. 예를 들어서 나병을 관리하는 모델은 격리입니다. 벤허같은 영화를 보면 나병환자들을 모두 도시

『성의 역사』 1권 「앎의 의지」

밖으로 몰아내지 않습니까? 완전히 격리시키는 거죠.

그런데 그 이후에 유럽에서 페스트가 창궐했을 때 이 전염병을 관리하는 모델은 나병의 경우와 아주 달랐습니다. 환자들을 성 밖으로 추방하는 게 아니라 모두 집 안에 있게 했습니다. 그리고는 정상적인 시민의 통행을 금지하고 마치 바둑판처럼 구획을 정해서 통제했던 거지요. 사실, 요즘 행정구역이 거기서 유래했습니다. 그래서 완벽하게 통제하고, 꼼짝 못하게 하는 식의 통제를 하면서 모든 인민을 전부 함께 끌어모으는, 그런 모델을 만들어 낸 겁니다.

시선은 권력이다

"유리집을 꿈꾸는 불면증 환자였던 홉스 시대의 군주는 여전히 왕성한 호기심으로 온 세상을 내려다보고 있다.
누가 어느 백화점에서 어떤 물건을 얼마나 사는지, 누가 어느 은행에서 돈을 얼마나 저축하고 얼마나 꺼내 쓰는지, 누가 어느 서점에서 어떤 종류의 책을 얼마나 사는지, 그리고 누가 누구와 얼마나 자주 통화를 하는지 군주의 호기심은 끝이 없다.
그의 유리집도 아담한 집 한 채가 아니라 지구만큼 거대하게 확대되었고, 시선 반경도 지구만큼 광활하게 확장되었다.
현대의 군주에게 시선은 공간도, 시간도 제한이 없다. 그래서 거대한 유리집 안의 군주는 감시하느라 잠을 설칠 필요도 없다. 언제고 마음 내킬 때 저장된 파일을 열어보기만 하면 된다. 그러면 이 군주, 이 권력은 도대체 누구인가?
국가 권력인 것은 분명하지만 그것만이 전부는 아니다. 익명의 권력, 그것은 바로 우리 이웃이나 우리 자신일 수도 있다는 것에 우리 시대의 미스터리가 있다."

박정자, 『시선은 권력이다』 중에서

김갑수   범죄자나 풍속저해자, 전염병 환자 등 사회 일탈자(逸脫者)들을 격리
해서 나머지 시민을 보호한다는 권력의 통치방식이 모든 사회구성
원을 포괄하는 전방위 통제방식으로 바뀌었다는 말씀이군요. 그런
점에서 전자감시체제가 작동하는 오늘날 현실에 시사하는 바가 큰
것 같습니다.

박정자   오늘날은 컴퓨터 시대이고, 이런 체제는 도저히 과거로 돌아갈 수
없는 세상을 만들어 놓았습니다. 사실, 아주 편리한 세상이기도 하
지요. 이처럼 철저한 감시체제는 점점 더 교묘하고 철저해질 뿐, 결
코 과거의 목가적인 시대로 돌아갈 수 없습니다. 그렇다면, 우리는
이런 체제에서 어떻게 대응해야 할까요? 사실, 우리에게는 아무런
대안이 없습니다. 다만, 제가 아주 소극적으로 생각한 것은 인문학
적인 소양에 그 해답이 있다는 것입니다. 많은 사람이 인문학적 지
식을 가지고 있다면, 거대한 권력을 행사하는 정부나 기업이 권력이
나 감시의 '과잉'으로 내닫지는 못할 거라는 생각이 듭니다.
그리고 또 하나는 인간에 대한 신뢰의 회복이 필요하다고 봅니다.
제 어린 시절에는 집 대문을 열어 놓고 살았습니다. 동네 어느 집에
누가 사는지 다 알고, 또 이웃끼리 늘 정담을 나누면서 살았습니다.
그런데 요즘에는 끔찍한 사건도 자주 일어나고, 세태가 각박해져서
사람들이 서로 경계하고 감시합니다. 상대방을 서로 잠재적 범죄자
로 간주한다는 거지요. 남도 나를 그렇게 생각하고, 나도 남을 그렇
게 생각합니다. 인간관계에 대한 기본 전제 자체가 지극히 부정적이
기 때문에 감시가 자발적으로 활성화되는 것이죠. 그래서 참 아쉽게

도 공동체적인 유대감이 붕괴되고, 서로 상대방을 믿지 못하고, 상대방의 선의를 믿지 않고, 상대방을 잠재적 범죄인으로 간주하는 현상이 일반화한 것입니다. 저는 이런 현실이 참으로 슬픕니다. 어쩔 수 없겠지만, 그래도 최소한 인간에 대한 선의를 품고 살아야 하지 않을까, 전 그렇게 생각합니다.

유토피아를 꿈꾸다

| 김영한 |

"유토피아를 추구하는 것은 오히려 바람직하지 않고, 그것이 실현되지 않도록 막아야 한다고 주장하는 사람들이 있습니다. 여기에는 지금까지 현대문명이 서양 중심으로 전개되었으니까, 진보사관에 입각한 서양 중심의 문명이 큰 문제점을 안고 있다는 문명비판의 성격도 강하게 제시되어 있다고 봅니다. 그러나 디스토피아는 너무 낙관적인 세계관이나 유토피아의 위험성에 대한 경고는 될지언정, 새로운 세계를 꿈꾸는 인간의 근본적인 욕구를 억제할 수는 없을 겁니다. 인간이 현실에 만족하지 못하는 한, 그리고 불만과 불평이 있는 한, 좋든 나쁘든 유토피아는 인간에게서 지우기 어려운 꿈이라고 생각합니다."

김영한

서강대학교 사학과 명예교수.
서울대학교 사학과 학사, 동 대학원 문학 석사, 서강대학교 대학원 문학박사.
전 역사학회장, 전 서강대학교 대학원장, 전 교육과학기술부 한국인문학진흥자문위원장.
주요 저서: 『르네상스의 유토피아 사상』, 『르네상스 휴머니즘과 유토피아니즘』, 『서양의 지적운동』

1. 이룰 수 없는 꿈, 유토피아

김갑수 현실에 완벽하게 만족하고 사는 사람은 없을 겁니다.

특히, 사회적 모순이나 국가의 폭력으로 피해를 보고 희생된 사람들은 자연히 이상적인 사회, 완벽한 국가를 꿈꾸게 되겠죠.

플라톤은 그의 저서 『국가론』에서 이상국에 대한 구상을 전개합니다. 소위 '철인(哲人) 정치'에 대한 그의 신념도 이 대목에서 드러납니다만, 완전한 정의가 실현된 국가를 이상적인 국가로 상정했던 플라톤의 생각은 더욱 근본적으로 그리스적 우주의 질서를 재현하는 데 있지 않았나 싶습니다.

플라톤

그러나 그런 질서가 인간 세상에서 완벽하게 재현된다는 것은 불가능하겠지요.

유토피아(Utopia)라는 이름 자체가 그렇습니다. 그리스어로 '없다'는 뜻의 u와 '장소'를 뜻하는 topos의 합성어가 바로 유토피아니까요. 풀어 보면, 현실 세계에는 없는 곳, 없는 나라가 결국 유토피아라는 말이 되겠죠. 그러나 또 어떤 사람은 u와 그리스어로 좋다는 뜻의 eu 사이의 상관성을 들어 유토피아를 좋은 나라, 이상적인 나라라는 뜻으로 해석하기도 합니다. 다시 말해 유토피아에 대한 꿈은 실현되지 않았기에, 혹은 실현될 수 없기에 생명력을 유지하는 게 아닌가 싶습니다.

이처럼, 다양한 의미를 내포한 유토피아에 대해 서강대학교 사학과 김영한 교수님을 모시고 말씀을 나누도록 하겠습니다.

선생님, 베이컨[1]의 『뉴아틀란티스(New Atlantis)』(1627)를 보면 지식과 과학기술의 발달을 통해 인간의 삶이 행복해지는 이상적인 사회의 도래를 매우 실감 나게 역설하지 않습니까? 르네상스라는 시대적 배경도 엿볼 수 있는 작품인데, 과학 기술의 발달이라는 측면에서는 그의 꿈이 어느 정도 실현되었다고 말할 수 있지 않을까요?

프란시스 베이컨

---

1) Francis Bacon(1561~1626)은 영국의 철학자, 정치가. 영국 경험론의 비조. 데카르트와 함께 근대 철학의 개척자로 알려진다. 종래 스콜라 철학적 편견인 우상을 배척하고 새로운 과학과 기술의 진보에 어울리는 새로운 인식 방법을 제창하고, 실험에 기초한 귀납법적 연구 방법을 주장하였다. 정치가로서 대법관에 취임했으나 수회죄로 실각했다. 저서에『수상록(Essays)』(1597),『학문의 진보(The Proficience and Advancement of Learning)』(1605) 등이 있다.

김영한   글쎄, 외형적으로 보자면 베이컨이 꿈꾸고 기대했던 현상이 실현된
       셈이죠. 그러나 베이컨이 무덤에서 다시 살아나서 21세기 오늘날의
       문명을 돌아본다면, 과연 자기가 구상하고 그렸던 바로 그 세계가
       도래했다고 말할까요? 그러지는 않을 것 같습니다.

김갑수   왜 그럴까요? 베이컨이 꿈꾸었던 대로 과학기술의 세계가 이루어졌
       는데, 이상적이라고 진단하지 않는 이유는 무엇일까요?

김영한   당시 베이컨의 관점은 오늘날 우리가 현대 문명을 바라보는 시선과
       도 비슷하다고 할 수 있습니다. 베이컨이 생각한 과학적 유토피아
       의 개념은 단순히 과학기술을 이용한 행복추구가 아니라, 과학과 종
       교가 결합된 바람직한 사회를 이루는 데 있었습니다. 그러나 오늘날
       사회가 종교적 윤리와 과학기술이 조화를 이루었다고 보기는 어렵
       지 않습니까? 그런 점에서 베이컨은 자신의 꿈이 외형적으로는 이루
       어졌는지 몰라도 내심적으로는 오늘날 사회를 정말 자기가 꿈꾸었
       던 사회라고 생각하지는 않을 겁니다.

김갑수   유토피아적 몽상은 사실 어디에나 구현되어 있는 것 같습니다. 앙
       코르와트도 마찬가지입니다. 그런데 과거에 사람들은 유토피아를
       이 땅에 건설하려는 노력을 실제로 기울였고, 거기에 온갖 희생이
       따랐죠?

김영한   우리가 그리는 이상향을 유토피아라고 한다면, 거의 모든 사람이 나

"저 멀리 앙코르와트가 한편의 그림처럼 눈 안에 들어온다.
그 아름다움에 심취되어 망연히 내려다보고 있으려니까
한순간에 망막이 흔들리면서 앙코르와트는 사라지고
그 대신 크메르제국의 대역사 현장이 서서히 떠오르고 있었다.
사방에서 돌을 깨고 쪼아대는 요란한 망치 소리,
높이 쌓아올린 석조물이 갑자기 무너져 내리는 벼락 치는 듯한 소리,
그리고 그 밑에 매몰된 사람들의 울부짖음과 애절한 신음 소리.
정신을 차리고 보니, 석양에 물든 앙코르와트의 우아하고
장엄한 모습은 위연하기만 하다.

그러나 우리에게 그렇게 큰 감동과 경탄을 자아내게 하는
앙코르와트의 경의와 신비는 그 이면에 숨어 있는
수백만 인의 피와 땀의 결정체임을 다시 한 번 절감하였다.
갑자기 칼 포퍼의 근엄한 얼굴이 떠오르며
그의 준엄한 목소리가 들려온다.
유토피아의 꿈을 버려라, 그것은 개방사회의 적이다,
유토피아는 실현될 수 없다,
실현될 수 없는 것을 무리하게 추구하면
결국은 전체주의와 폭력만을 자초할 뿐이다."

김영한, 『앙코르와트 사원을 다녀와서』 중에서

름대로 유토피아를 가
지고 있다고 할 수 있
겠죠. 더구나 권력과
힘이 있는 사람은 자
신이 영원불멸하기
를 원하는 만큼, 유토
피아에 대한 동경이
나 야망도 크지 않겠습
니까? 그래서 유토피

캄보디아 수도 프놈펜의 투슬렝(Tuol Sleng) 박물관에 전시된 킬링필드 희생자들의 유해

아를 꿈꾼다는 것은 한편으로 바람직하고 좋은 사회를 갈망하는 것처럼 보이지만, 다른 한편으로는 본래 의도와는 달리 막대한 희생이 따르는 폭력 사태를 불러온다든가, 전제정치를 수반하는 등의 부작용도 있다는 점은 우리가 한번 생각해 볼 문제입니다.

김갑수 지금 말씀하신 대로 우리가 아름다운 문화유적지로 생각하는 앙코르와트가 사실은 몇백 년 후에 폭정이 낳은 킬링 필드[2]와 유사성이 있다면, 결국 이 땅에 지상천국을 건설하겠다는 욕망은 엄청난 탄압과 희생을 요구한다는 거군요. 그렇다면, 유토피아는 영원히 건설될 수 없는 건가요? 유토피아를 꿈꾸는 건, 불온한 생각이라는 건가요?

2) Killing Field: 1975~1979년 캄보디아의 군벌 샐로스 사르가 이끄는 크메르루주라는 무장단체에 의해 저질러진 학살. 크메르루주는 3년 7개월간 전체 인구 700만 명 중 3분의 1에 해당하는 200만 명에 가까운 국민을 학살했다.

김영한   그렇게 주장하는 사람들이 있습니다. 사실, 유토피아가 실현되면 그 것은 이미 유토피아가 아니죠. 그런 뜻에서 유토피아는 실현되지 않는 것이지만, 그렇다고 해서 완전히 공상만은 아닙니다. 어떤 학자는 유토피아가 'not yet', 아직 실현되지 않았지만, 앞으로 실현될 가능성이 있다는 전제하에서 모든 것을 기획하고, 설계하고, 노력하는 것이라고 말합니다. 따라서 영원히 실현되지 않는 것이기에 우리에게 늘 새로운 꿈을 불어넣어 주고, 새로운 희망을 품게 하는 장점이 있지만, 그것이 실현되어가는 과정을 보면 거기엔 오히려 부작용이 아주 많습니다. 대개 폭력이나 억압이 동원되지요. 왜냐하면 이상 사회는 가장 좋은 사회이기 때문에 그것을 실현하는 사람한테는 두

칼 포퍼

개의 사회가 있을 수 없고, 오직 하나의 완벽한 사회를 추구하지요. 그래서 그 이념에 맞지 않는 사람들은 전부 제거되거나 배제당할 수밖에 없어요. 그런 이유에서 유토피아를 추구하는 것이 좋지 않다고 주장하는 사람들이 있는데, 가장 대표적인 인물이 우리에게도 잘 알려진 칼 포퍼[3] 같은 철학자입니다.

---

3) Karl R. Popper(1902~1994): 영국의 철학자.『과학적 발견의 논리(The Logic of Scientific Discovery)』(1934)에서 과학(지식)은 합리적인 가설의 제기와 그 반증을 통하여 시행착오를 통해 성장한다는 '비판적 합리주의'의 인식론을 제창하였다. '실수로부터 배움'으로써 진리에 접근한다는 생각은 현대의 지적(知的) 세계에 광범한 영향을 미쳤다.『열린 사회와 그 적들(Open Society and its Enemies)』(1945),『추측과 반박(Conjectures and Refutations: The Growth of Scientific Knowledge)』(1963),『객관적 지식(Objective Knowledge: An Evolutionary Approach)』(1972) 등의 저서가 있다.

2. 프란시스 베이컨의 유토피아

김갑수   이제 서양사에서의 유토피아 정신, 유토피아의 흐름에 대해서 알아
　　　　보았으면 합니다. 어떤 사람들이 유토피아론을 어떻게 설파했는지
　　　　궁금합니다.

김영한   토머스 모어의[4] 『유토피아(*Utopia*)』는
　　　　공산제 사회라고까지는 말하기 어렵지
　　　　만, 일종의 공유제 사회를 지향하기 때
　　　　문에 사회주의적 유토피아의 선구적인
　　　　작품입니다. 반면에 베이컨은 비록 자
　　　　본주의 사회라는 표현을 사용하지는 않

토마스 모어

---

4) Thomas More(1477~1535): 이상적 국가상을 그린 명저 『유토피아』를 쓴 영국의 정치가, 인문주의자.
르네상스 문화운동의 영향을 받았고, 에라스무스와 친교를 맺었다. 외교교섭에도 수완을 발휘했다. 해학
취미의 소유자로 명문가, 논쟁가였다.

지만, 그의 유토피아는 실질적으로 과학기술의 발전에 의해 생산을 극대화하는 사회이기 때문에 결국 자본주의 사회를 지향한다고 할 수 있습니다. 다시 말하자면, 자본주의 사회를 목표로 삼지 않았다 하더라도 과학기술에 의해서 결과적으로 그렇게 될 수밖에 없다는 것이지요. 그런 의미에서 토머스 모어와 베이컨의 유토피아는 크게 봤을 때 전자는 평등의 유토피아, 후자는 자유의 유토피아로 구분해도 되지 않을까 생각합니다.

김갑수 　토머스 모어와 프랜시스 베이컨 외에도 수많은 지식인이 더 나은 세상을 만들 수 있을지 고민하는 과정에서 유토피아니즘이 싹텄겠지요. 모어와 베이컨의 유토피아에 대한 개념은 오늘날 우리 정치가 고민하는 방향 설정과도 일맥상통하는 것 같습니다. 정부가 바뀔 때마다 지표가 크게 이동하는데, 이 두 사람의 유토피아니즘도 평등과 자유라는 이 양대 축 사이를 오간다고 할 수 있을 것 같군요.

베이컨은 『뉴아틀란티스』에서 과학자가 지배하는 엘리트 사회를 이상 국가로 제시하지 않습니까? 플라톤의 구상했던 철인 지배의 이상이 르네상스 시대에 와서 과학 지배로 전이된 모습을 볼 수 있는데, 이 소설에 등장하는 왕국에는 엘리트 과학자들이 자연 과학과 인간의 가능성을 탐구하는 '솔로몬의 집(Solomon's House)'이라는 연구기관이 나옵니다. 그곳에서 그들이 과학과 기술을 연구하고 발전시켜서 사회를 풍요롭게 만들기 때문에 관료나 왕보다도 더 큰 권위를 갖고 사회적 존경을 받는다는데, 이 기관에 대해 조금 더 자세히 설명해 주셨으면 합니다.

김영한　이 소설의 줄거리는 페루에서 출발한 영국 선원들이 일본과 중국으로 가는 도중 난파당해서 '뉴아틀란티스'라는 곳에 도착하면서 시작됩니다. 그곳은 '평화로운 나라'라는 뜻의 '벤셀럼(Bensalem)'이라는 국가인데, 영국 선원들은 그곳에 들어가면서 심사도 받고, 안내도 받지요. 그런데 그 사회는 국왕이 지배하지도 않고, 귀족정이나 공화정 같은 정치체제도 없습니다. 단지, 서른여섯 명의 과학자 집단이 솔로몬의 집이라는 연구소에서 모든 것을 의논하여 결정합니다. 그 연구소의 부제가 '6일 창조 연구소'인데, 하느님이 6일 만에 천지를 창조했다는 데서 착안한 이름입니다.

거기서 과학자들은 모든 분야의 지식을 연구하는데, 지하와 지상과 공중에 있는 모든 것, 다시 말하면 자연현상에서부터 정책 일반에 이르기까지 모든 것을 관장합니다. 그런데 그 접근방법이 베이컨의 경험적 방법 즉, 귀납법에 기초를 두고 있습니다. 전 세계 각국에 학자들을 파견해서 온갖 자료와 정보를 수집하여 분석하고 종합하여 그 결과를 축적해 둡니다. 말하자면 학자들이 오늘날의 산업 스파이와 같은 활동도 하는 겁니다.

그렇게 수집된 지식과 정보를 통해 고도의 과학기술 문화를 발전시키는데, 오늘날 우리에게 친숙한 기술과 문명의 이기(利器)들이 모두 등장합니다. 예를 들어 기계 기술만 보아도 비행기, 잠수함, 전신전화, 현미경, 망원경이 소개되고 의술에서도 심장이식, 냉동마취 같은 첨단기술이 도입됩니다. 재미있는 것은 오늘날 사회문제가 된 복제술은 물론이고 우리가 아직 성취하지 못한 생명공학을 한 단계 더 높은 수준으로 발전시켰습니다. 예를 들면, 파리를 누에로 만들고 모기를 꿀벌로 만들어 해충을 이로운 곤충으로 변종시킵니다.

그런데 과학자들의 임무는 고도의 기술을 개발하는 것으로 끝나는 게 아닙니다. 그들에게는 과학자로서의 책임문제가 수반됩니다. 어떤 발명이나 발견이 완성되면, 그것을 일반인에게 공포할 것인가, 하지 않을 것인가를 최종적으로 검토하여 결정하지 않으면 안됩니다. 이 점에서 뉴아틀란티스는 우리보다 훨씬 선진화된 사회라고 할 수 있습니다.

오늘날 핵무기를 비롯하여 중요한 과학적 발명이나 발견과 관련해서 여러 가지 국제적 법규들이 제정되어 있지만, 실질적으로 효력을 발휘하지 못하는 경우가 많습니다. 더욱이 그것이 강대국의 이익과 관련될 경우, 제대로 통제하거나 견제하기가 매우 어렵습니다. 그러나 뉴아틀란티스에서는 자체적으로 모든 발명과 발견에 대해 스스로 검증하여 공개여부를 결정하는 심의제도가 마련되어 있습니다. 이러한 제도의 성공적 활용은 무엇보다도 과학자들에 대한 도덕적 신뢰 없이는 불가능합니다. 따라서 이곳에서는 학식이 높은 과학자는 종교적 신앙심과 도덕의식도 높은 것으로 인정되고 있습니다.

김갑수   그러니까, 베이컨에게는 이미 과학윤리에 대한 의식이 있었군요. 그리고 그 시절에 현대 첨단과학 분야를 예견했다는 점은 놀라운데요?

김영한   4세기 전에 오늘날의 과학과 기술의 성과들을 예견하고, 또 그것이 실현되리라고 믿었던 것은 대단히 놀라운 일이죠. 베이컨은 실제로 그런 것들이 가능하다고 생각했던 겁니다. 베이컨이 말하지 않았습

니까? "아는 것이 힘이다"라고. 그 힘이 의미하는 것은 정치권력이
아니라 자연을 지배하는 힘을 말합니다. 그래서 베이컨은 귀납법적
으로 사고했던 겁니다.

베이컨의 귀납법은 아리스토텔레스의 논리학을 완전히 바꿔 놓은
새로운 논리학인데 그 방법만 확립되면 사회도 바꿀 수 있다고 믿었
습니다. 왜냐하면 베이컨은 귀납법으로 자연의 법칙, 즉 그의 전문
용어로 말하면 자연의 '형상(形相)'을 찾아낼 수 있다고 확신했기 때
문입니다. '형상'만 발견된다면 모든 물질과 물체의 분해가 가능하
고, 일단 분해된 것은 다시 형성, 종합할 수 있다고 볼 수 있지 않겠습
니까? 그러므로 베이컨은 자연의 형상과 법칙을 발견할 수 있는 방
법인 귀납법만 완성되면 과학자도 마술사처럼 파리를 누에로 만들
고 독수리를 호랑이로 만드는 것이 가능하다고 생각했던 겁니다.

김갑수   그런데 지금 우리는 그것을 과학적으로 실현하는 과정에 있지 않습
니까? 400년 전에는 오늘날과 같은 과학문명은 상상할 수도 없었을
텐데요.

김영한   유토피아에 생명력이 있다면 바로 그런 점입니다. 당시에는 어처구
니없는 환상이나 관념의 유희에 지나지 않았는데, 몇 세기가 지나고
나니 그것이 현실이 되었다는 것이죠. 이런 점에서 역사는 '유토피아
의 실현사'라고도 할 수 있습니다. 어제의 꿈이 오늘의 현실이 되고
오늘의 꿈은 다시 내일의 현실이 될 터이니까요. 유토피아가 없으면
미래의 희망도 없다고 봐야겠지요.

3. 토머스 모어의 유토피아

김갑수 이제 베이컨의 유토피아와 반대편에 서 있는 토머스 모어의 유토피
아를 살펴볼까요? 베이컨의 『뉴아틀란티스』처럼 모어의 『유토피
아』에도 난파한 선원의 이야기가 나오지 않습니까?

김영한 그렇습니다. 원래 토머스 모어는 유토피아를 라틴어로 썼습니다. 우
리나라에 나와 있는 번역본들은 대부분 라틴어를 영어로 옮긴 것을
다시 우리말로 옮긴 중역(重譯)입니다. 주인공의 이름은 라틴어로 라
파엘 히슬로다에우스(Raphael Hythlodaeus)라고 하고 영어로는 히슬
로데이(Hythloday)라고 하는데 그것은 '농담의 명수' 또는 '넌센스 박
사'라는 뜻입니다.

책의 줄거리는 이렇습니다. 토머스 모어가 안트베르펜에서 라파엘
이라는 선원을 만나 대화하게 되었는데, 이 선원은 외국으로 돌아다
녀서 견문도 넓고 철학적 성향도 깊은 사람입니다. 그런데 항해 중

평등한 사회를 꿈꾸다

"만약 어떤 왕이 철저하게 백성의 증오 대상이 되거나 경멸의 대상이 돼버려서, 강압적인 수단이나 강탈, 몰수 등에 의해 그들을 거지로 만들어버리지 않고서는 도저히 그들을 질서 있게 통치할 수 없게 된다면, 차라리 퇴위하는 게 더 나을 것입니다. (…) 다른 사람들은 모두 주변에서 신음과 비탄의 소리를 내지르고 있는데 자기만 사치스러운 삶을 만끽하는 사람은 결코 왕이라고 불릴 자격이 없습니다. 그런 사람은 감옥을 지키는 간수에 더 가까운 사람입니다."

"그러나 이보다 더 유토피아 인들을 당황하게 하고 혐오감이 들게 하는 게 있습니다. 바로 부자라면 무조건 숭배하고 보는 어리석은 태도입니다."

"사실, 현대 세계에서 우세를 점한 사회제도를 생각해볼 때, 저는 그것이 사회를 조직한다는 핑계로 부자들이 자신들의 이익을 늘리려는 음모 외에 다른 것이라고는 생각할 수 없습니다. 그들은 우선 부당하게 취득한 자신들의 이익을 안전하게 지켜나가기 위해, 그리고 가능한 한 값싸게 가난한 사람들의 노동력을 사서 착취하려고 온갖 종류의 속임수와 편법들을 생각해 내고 있습니다."

토머스 모어, 류경희 옮김, 『유토피아』 중에서

에 배가 난파해서 표류하던 중 어느 낯선 섬에 상륙하였습니다. 그곳은 정치, 경제, 사회, 종교 등이 모두 훌륭하고 건전할 뿐만 아니라 사람들도 모두 선량하여 평화와 행복을 누리고 있는 이상사회였습니다. 토머스 모어는 라파엘이 들려준 이상사회에 대한 자세한 이야기를 옮겨 적어서 『유토피아』라는 책을 썼다는 것인데, 물론 이것은 문학적 장치지요.

어쨌든 이 책에 대해서는 아주 다양한 해석이 있고, 저자가 이 책을 쓴 의도에 대해서도 많은 추측이 있지요. 그중 하나는 당시 서양 사람들이 종교적으로나 도덕적으로 몹시 타락했기 때문에 유토피아 사회를 모범적인 종교사회로 묘사함으로써 유럽의 그리스도교도들에게 경각심을 심어주려고 했다는 주장입니다. 실제로 토머스 모어는 견실한 가톨릭 신자이며 지지자였고, 가톨릭 교리에 따라 헨리 8세의 이혼을 반대했다가 처형까지 당한 사람이거든요. 그래서 가톨릭에서는 토머스 모어를 성자로 삼아 '성 토마스 모어'라고 부르게 된 겁니다. 그러니까, 가톨릭 측에서는 이 『유토피아』가 가톨릭 정신을 구현한 책이라고 봤던 거지요.

그러나 사회주의자나 사회주의 노선을 지지하는 사람들은 토머스 모어가 당시 대두하기 시작한 자본주의를 비판하고 사회주의적 이념을 전파할 목적으로 이 책을 썼다고 주장하면서 그를 사회주의의 선구자로 내세우고 있습니다.

김갑수 그들이 보기에 토머스 모어의 사회주의는 이후에 등장한 다양한 형태의 사회주의 원조가 되겠군요.

김영한 또 하나 재미있는 사실은 토머스 모어의 작품이 제국주의 정책의 이론적 기초가 되었다는 주장도 있다는 겁니다. 유토피아를 잘 읽어보면 야만적인 다른 지역을 가차없이 정복하는 대목이 나오는데, 그것을 19세기 영국의 제국주의를 뒷받침해 주는 이념적 토대를 제시한 것으로 해석하는 거지요.

하여간 토머스 모어의 유토피아와 베이컨의 유토피아는 여러 가지 측면에서 대비되고 있습니다. 간단히 말하자면 토머스 모어는 『유토피아』라는 작품을 통해서 사회가 나아갈 방향을 제시하고자 했습니다. 즉, 정의로운 사회, 행복한 사회가 그가 지향하고자 하는 목표임을 분명히 밝혔다는 데 의미가 있습니다. 그러므로 그의 유토피아는 목적의 유토피아라 할 수 있습니다.

그런데 베이컨은 토머스 모어의 작품을 노골적으로 비판하진 않았지만, 그 실효성에 대한 회의를 품었던 것 같습니다. "토머스 모어는 단지 바람직한 사회의 유형을 제시했을 뿐, 구체적으로 그런 사회를 어떻게 실현하겠다는 것인지 방법론이 전혀 개진되지 않았다, 그러니 공허하다." 이런 이야기지요. 달리 말하자면, 베이컨 자신은 바로 그런 사회를 실현할 방법론을 알고 있는데, 그것이 바로 앞서 말한 귀납법이라는 과학적 방법이란 겁니다. 그 점에서 프랜시스 베이컨과 토머스 모어 사이에는 단지 1세기라는 시간의 차이가 있지만, 입장이 서로 다릅니다. 두 사람 사이에는 근본적으로 발상의 차이가 있습니다. 토머스 모어는 정치가이기도 하지만, 독실한 가톨릭 신자이기 때문에 사회 불평등에 대한 의식이 명료했습니다. 그는 사회의 가장 큰 문제가 불평등에 있다고 보았는데, 그 불평등은 근본적으로 재화의 부족에서 생긴 현상으로 진단했습니다. 많은 사람이 탐욕스럽게 재화를 획득하려고 하는 한 불평등은 불가피하다는 거지요. 그래서 그는 불평등 해소를 목적으로 삼았던 겁니다. 그럼, 어떻게 불평등을 해소할 것인가? 결국, 제도를 고치거나 사람의 본성을 바꿔야 하는데, 모어는 이 두 가지 면을 모두 고려했던 겁니다.

반면에 베이컨은 "그렇게 복잡하게 생각할 것 없다. 근본적으로 재화가 남아돌고 넘치게 한다면 불평등이 사라지고 그러면 사람들이 굳이 도둑질을 하거나 살인을 저지를 일도 없지 않겠느냐." 이렇게 생각한 거죠. 그러니까 베이컨의 주장은 우선 모든 사람이 풍요롭게 살 수 있는 사회를 만들면 자연히 모든 문제가 풀리게 된다는 겁니다. 그래서 토머스 모어가 평등에 주안점을 두었다면, 베이컨은 풍요로운 사회를 만드는 데 초점을 맞췄던 것입니다.

4. 유토피아의 이면, 디스토피아

김갑수   유토피아에 대한 꿈은 각기 다르고, 또 그것을 실현하는 방법에 대한 제안도 각기 다를 수 있겠지만, 어쨌든 공통점은 지금보다 더 나은 세상, 더 좋은 사회에 대한 전망과 희망이 아니겠습니까? 그런데 미래를 어둠과 절망의 시선으로 바라보는 사람도 있습니다.

    예를 들어 헉슬리[5]의 『멋진 신세계』나 오웰[6]의 『1984년』에 나오는 사회는 그야말로 디스토피아[7]의 전형을 보여주어 마치 유토피아의

---

5) Aldous Leonard Huxley(1894~1963): 영국의 작가. 소설, 수필, 시, 기행문, 각본 등을 집필했다. 옥스퍼드대학교의 베일리얼 칼리지에서 영문학을 수학하였으며 1차 대전 이후 사회에서 느끼는 불안, 위기감 등을 작품으로 표현하였다. 대표작에 『멋진 신세계(*Brave New World*)』(1932), 『가자에서 눈멀다(*Eyeless in Gaza*)』(1936), 『시간은 멈춰야 한다(*Time Must Have a Stop*)』(1944) 등이 있다.

6) Orwell, George(1903~1950): 본명은 에릭 아서 블레어(Eric Arthur Blair). 인도에서 태어난 영국 작가이자 언론인. 그는 20세기 영어권의 가장 중요한 소설가, 비평가, 정치평론가 중 한 사람이며 만년에 쓴 『동물 농장(*Animal Farm*)』, 『1984년』으로 유명해졌다. 현대사회의 전체주의 경향을 풍자하였다.

7) dystopia: 유토피아의 반대어. 역(逆)유토피아라고도 한다. 가공의 이상향, 즉 현실에는 '어디에도 존재하지 않는 나라'를 묘사하는 유토피아와는 반대로, 가장 부정적인 암흑 세계의 허구를 그려냄으로써 현실을 날카롭게 비판하는 문학작품 및 사상을 가리킨다.

헉슬리   조지 오웰

이면을 보는 듯한 인상을 받습니다. 물론, 작가들의 의도는 사회에 내재한 부정적인 경향을 미래사회로 확대·투영해서 사람들이 무의식중에 받아들이는 위험을 더욱 선명히 의식하게 한다는 데 있겠지요. 일종의 극약처방이지만 동기는 역시 더 나은 사회를 만들자는 데 있을 겁니다.

그런데 유토피아에 대한 꿈이 너무 절실해도 사회를 디스토피아로 바라보게 되는 건 아닐까요? 우리는 걸핏하면 현실이 지옥 같고, 탈출하고 싶고, 사회는 살아가기에 점점 더 어렵다고 하지 않습니까? 유토피아에 대한 꿈을 키우면 키울수록 현실은 오히려 디스토피아가 되어가는 것은 아닌지요?

cf. 박정자, P.344

김영한   앞서 말씀드린 것처럼 유토피아를 반대하는 사람이 많습니다. 왜냐하면 비록 유토피아가 눈에 보이는 현실은 아니지만, 그래도 거기는 행복하고 좋은 곳이라고 믿었는데, 막상 좋다고 해서 찾아가 봤더니 전혀 그렇지 않고 오히려 악몽 같더라는 겁니다. 그런 사례는 전체주의 사회에서 이념적으로 조작하여 설정한 이상향에 희생된 사람들을 떠올리시면 될 겁니다.

그런 의미에서 유토피아를 추구하는 것은 오히려 바람직하지 않고, 그것이 실현되지 않도록 막아야 한다고 주장하는 사람들이 있습니다. 여기에는 지금까지 현대문명이 서양 중심으로 전개되었으니까, 진보 사관에 입각한 서양 중심의 문명이 큰 문제점을 안고 있다는 문명비판의 성격도 강하게 제시되어 있다고 봅니다. 그러나 디스토피아는 너무 낙관적인 세계관이나 유토피아의 위험성에 대한 경고는 될지언정, 새로운 세계를 꿈꾸는 인간의 근본적인 욕구를 억제시킬 수는 없을 겁니다. 인간이 현실에 만족하지 못하는 한, 그리고 불만과 불평이 있는 한, 좋든 나쁘든 유토피아는 인간에게서 지우기 어려운 꿈이라고 생각합니다.

5. 평등과 자유의 갈등을 넘어선 제3의 유토피아

김갑수　지금 이 순간에도 과학기술은 계속 진보하지 않습니까? 이것이 유토피아로 가는 길이라고 말할 수는 없겠지만, 유토피아에 대한 꿈의 한 부분이라는 것은 베이컨의 사례를 보아도 알 수 있습니다.

디지털 기술은 이제 인간의 몸을 완전히 바꾸어 놓아서 생물학적 종으로서의 단일성까지도 훼손되리라고 예측합니다. 디지털 기술개발의 미래를 생각하면 두려움이 앞섭니다. 지난 세기 철학자 하이데거는 기술이 지배하는 사회, 수단이었던 기술이 목적이 되어 버린 사회의 위험을 경고한 바 있습니다. 인간은 기술을 통제할 능력을 상실한 '기술의 세계'가 내포한 위험을 경고했던 거지요. 그렇다면, 베이컨의 꿈은 결국 프랑켄슈타인의 탄생으로 끝나는 것일까요? 그가 예상했던 미래와는 정반대되는 미래가 우리에게 다가오는 건 아닌지요?

김영한   그래서 가장 근본적이고 시급한 문제는 유토피아가 그런 방향으로 전개되어 갈 때 그것을 제어할 방법이 있느냐는 겁니다. 바로 이것이 오늘날 현대문명의 궤도이탈을 우려하는 사람들의 관심사가 아니겠습니까?

그런데 앞서 말씀드렸듯이 사실 베이컨은 그 나름의 대안을 제시했습니다. 새로운 발견과 발명을 무조건 활용하는 것이 아니라, 사회적 이익과 효용성을 판단하여 결정하는 종교적·윤리적 장치를 마련한 거지요. 그렇다면, 오늘날에도 그런 장치가 마련되어 있는가. 쉽게 대답할 수 있는 문제가 아니라고 생각됩니다.

제가 볼 때 근본적 해결책은 아니더라도 우리가 나아가야 할 방향은 두 가지인 것 같습니다. 우선, 이이제이(以夷制夷)니 이열치열(以熱治熱)이니 하는 말이 있지 않습니까? 열을 열로써 제압하듯이 기술로 기술을 통제하는 수밖에 없습니다. 과학기술의 진보는 우리가 막는다고 해서 멈추는 것도 아니고, 끊임없이 새로운 기술을 개발하려는 연구자들의 탐구심도 외압에 의해 중단될 일이 아닙니다. 과학문명에 위험성이 내포되어 있다고 해서 과학기술 자체를 없앨 수 있겠습니까? 결국, 이 문제를 해결하는 방법은 과학기술이 야기한 문제점들을 제거할 수 있는 한 단계 더 높은 과학기술을 발전시키는 수밖에 없습니다. 논리적인 귀결이죠.

그다음 해결책은 인간에게 달렸습니다. 아무리 과학기술이 발전해도 그것을 만들고 이용하는 주체는 결국 사람입니다. 사람의 본성과 이성을 어떻게 하면 선하고 좋은 방향으로 선도할 수 있는가, 여기에 해답이 있다고 봅니다. 그러므로 문제는 다시 인문학으로 돌아옵니다. 유토피아와 인문주의, 과학기술과 인간의 윤리 도덕이 서로 조화될 수 있을 때 탈출구를 찾을 수 있지 않을까 생각합니다.

김갑수   지금 말씀하신 두 가지 길이 동시에 필요한 것 같습니다.

산업화 과정에서 환경이 많이 오염되었지만, 선발국들의 환경은 막강한 기술력과 자본력으로 오히려 좋아지지 않았습니까? 인문정신의 세례를 통해 행위의 가치와 의미를 따지는 것이 전체 사회의 기풍이 된다면, 지금처럼 시장과 자본의 논리에 따라 마구잡이로 개발하고 소비하는 풍조에 제동을 걸 수도 있겠지요.

그런데 선생님 말씀 중에 제가 하나 주목한 것이 있습니다. 유토피아에 대한 열망이 정치적으로 악용된 사례도 있었고, 또 옳지 못한 생각의 출발점일 수도 있겠지만, 사람은 늘 현실에 불만을 품게 되니까, 적당한 정도의 미래, 밝은 미래, 아름다운 미래에 대한 꿈을 도외시할 순 없단 말이죠. 이걸 오늘 우리 현실에 비추어 본다면 어떻게 조율하며 살아야 할까요?

cf. 도정일 P.347

김영한   베이컨이 토머스 모어의 저작에 대해 지적한 점도 바로 그거였죠, 누구나 이상적인 목적은 세울 수 있지만, 과연 그것을 구체적으로 어떻게 실현할 것인가를 말하기는 참 어렵죠. 왜냐하면 토머스 모어가 지향하는 평등의 이념과 프랜시스 베이컨이 지향하는 자유나 풍요의 가치관이 조화를 이루어야만 바람직한 사회가 되지 않겠습니까? 그런데 우리는 식민지였다가 독립한 후발국이었기 때문에 우리에게 주어진 지상과제는 두 가지라고 생각됩니다. 정치적으로는 민주화를, 경제적으로는 산업화를 달성하는 것입니다.

그런데 이 두 가지 과제가 서양처럼 조화를 이루며 병행되었다면 문제가 없는데 우리 한국사회는 짧은 기간 내에 시간과 경쟁하면서 이 두 가지를 실현하다 보니까, 결국 어느 한 쪽이 희생당하는 결과가 나오지 않았습니까? 그래서 안정이냐 자유냐, 성장이냐 평등이냐, 순수냐 참여냐, 이런 문제로 늘 갈등해 왔던 거죠.

정권도 지난번엔 진보 정권이 집권했다가 이번엔 다시 보수 정권이 들어섰는데, 우리 사회도 이처럼 정당정치에 의해서 노선이 바뀌는 것은 바람직한 현상인 것 같습니다. 그러나 다른 한편으로 갈등은 오히려 깊어졌지요. 결국, 자유와 평등이 어떻게 조화를 이룰 수 있느냐, 순수와 참여가 어떻게 공존할 수가 있느냐, 이런 문제인데 지금 유럽도 같은 문제로 고심하면서 제3의 길을 모색하고 있습니다. 저는 자유와 평등이라는 대립하는 두 가치를 넘어서는 이념이 있다면, 그것은 박애(博愛)가 아닐까 생각합니다.

김갑수 광복 이후 우리가 겪어온 이념 갈등을 단순화해서 말하자면 자유와 평등의 양극단에서 비롯되었던 것 같습니다. 그런데 지금 말씀하신 박애정신은 우리에게 널리 주창된 것 같지는 않거든요. 어쩌면 그동안 우리에게 이념적으로 결여되었던 요소라고도 할 수 있겠군요. 그것은 자유와 평등 양쪽의 이념성을 뛰어넘는 개념이기도 하니까요.

김영한 사실, 박애 혹은 우애라는 개념은 자유, 평등, 박애라는 프랑스 대혁명의 이념 가운데 하나입니다. 그런데 프랑스 혁명에서 말하는 박애는 역사 현상으로서 공동체의 결속력, 단결심을 강조하다 보니까 민족주의와 결부되는 측면이 있어요.

그러나 제가 말하는 박애는 조금 다릅니다. 모든 인간 행동의 발상을 크게 보면 자애(自愛)와 타애(他愛)의 요소로 나눌 수 있겠지요. 인간이 어떤 행동을 하는 것은 결국 이기심에서 출발하지 않습니까? 그래서 모든 행동이 대체로 자애, 즉 자기를 사랑하는 마음에서 시작되는데, 다른 한편으로는 공동체를 생각하는 마음도 있어요. 가족이나 친구를 생각하고, 이웃과 동족을 생각하고 인류를 생각하는 타애 정신이 있기에 사회가 유지되는 것이지, 모든 동기가 오로지 자애에만 있다면 사회의 결속이란 불가능하거든요. 그런 면에서 남의 고통이나 기쁨을 내 고통이나 내 기쁨으로 받아들이는 상황이나 단계에 이른다면, 자유와 평등이 서로 모순되고 갈등을 빚는 현실을 풀어갈 실마리를 찾을 수 있지 않을까 합니다. 예를 들어 자유를 너무 강조하면 결과적으로 서로 경쟁하게 되고, 그러다 보면 차별이 생기고, 차별에서 불평등이 나오는 게 아니겠습니까?

그런데 그 자유가 나와 남 사이에서 동등하다면 평등 문제도 어느 정도 해결될 수 있겠지요. 그런 의미에서 박애의 가능성을 진지하게 검토해야 하지 않겠는가 하는 겁니다. 이것은 저만의 생각이 아니라 프랑스 학자 자크 아탈리[8] 같은 사람도 그렇게 말하고 있습니다.

---

8) Jacques Attali(1943~): 알제리 출생 프랑스 경제학자, 정치가. 미래학자. 대학에서 경제학을 가르치다가 1981년 사회당 정부 집권 이후 미테랑 전 대통령의 특별 보좌관을 역임했다. 유럽부흥개발은행(EBRD) 초대 총재직을 역임했다. 주요 저서로 『호모 노마드 유목하는 인간(L'Homme Nomade)』(2003), 『칼 마르크스, 세계정신(Karl Marx ou l'esprit du Monde)』(2005), 『사물의 의미(Le sens des choses)』 (2009) 등이 있다.

김갑수   네, 선생님이 지금 얘기하신 대로 자애와
타애를 나누어서 우리 사회를 진단한다
면 우리에게는 자애만이 너무 왕성했던
게 아닌가 싶어요. 내 가족, 내 고장, 심지
어 내 조국에 대한 사랑도 나에 대한 사
랑의 확장된 모습이지, 나와 전혀 연관이
없거나, 실제로 이해관계가 대립하는 타
자를 관용으로 감싸서 함께 살아가려는

자크 아탈리

노력이 우리에겐 참 부족하다는 생각이 듭니다. 바로 그런 점 때문에
사회갈등이 계속 커지면서 모두 힘들게 살아가는 게 아닌가 해요.

김영한   아우구스티누스[9]의 『신국론』에 보면 신에 대한 사랑과 자기를 사랑
하는 사랑의 이야기가 나옵니다. 신을 무시하고 자기만 사랑하는 사
람은 그런 사람끼리 모여서 지상에 국가를 건설하고, 신을 사랑하는
사람은 결국 신국을 건설한다는 겁니다. 그런데 그 신에 대한 사랑
과 같은 숭고한 경지까지는 못 가더라도 현실적으로 남을 사랑하는
타애를 사회의 근간으로 삼는다면 불평등이나 갈등을 해소할 수 있
지 않을까요?

---

9) Aurelius Augustinus(354~430): 초대 그리스도교 교회가 낳은 위대한 철학자이자 사상가. 고대문화
최후의 위인이자, 중세의 새로운 문화를 탄생시킨 선구자였다. 신은 우리 영혼에 내재하는 진리의 근원이
므로, 신을 찾고자 한다면 자신의 영혼으로 통찰의 시선을 돌려야 한다고 주장했으며, 모든 인간행위의
원동력이 사랑이라는 점을 강조했다. 저서에 『고백록(告白錄)』, 『삼위일체론(三位一體論)』 『신국론(神國
論)』 등이 있다.

6. 과학의 힘과 인문학적 상상력

김갑수   현상을 고수하는 한 미래는 없고 현상의 문제를 끊임없이 자각하고
타파해야 한 걸음 앞으로 나아가지 않겠습니까? 마지막으로 유토피
아를 낳은 인간의 상상력과 인문학의 관계에 대해 말씀해 주셨으면
합니다.

cf. 장희익, P.257

김영한   모든 문명은 옛날 신화와 꿈이 현실화한 형태라고 생각합니다. 그러
니까 베이컨의 꿈만이 아니라, 어떻게 보면 그리스인들이 꿈꾸어 왔
던 신화가 20세기 이후에 모두 실현되었다고 봅니다. 그리스신화에
서 제우스는 하늘에서 벼락을 치고, 포세이돈은 바다에서 지진과 풍
랑을 일으키고, 아프로디테는 최고의 미를, 아테나는 최고의 지혜를
가졌다고 알려졌는데, 그 모든 것은 당시 그리스 사람들이 볼 때는
오로지 신의 영역에 속했습니다.

그런데 오늘날 현실에 비추어 보면, 제우스가 아무리 강해도 핵무

유토피아를 기다리다

"유토피아는 모든 인간이 본래부터 가지고 있던 꿈이며 의식이다.

따라서 설혹 그것이 전체주의적 속성을 수반한다 하더라도, 우리는 그 꿈을 포기해서는 안 되고 또 포기할 수도 없다.

유토피아는 개인과 시대에 따라 달라질 수도 있고, 한 시대의 유토피아는 다른 시대의 디스토피아가 될 수도 있다.

그렇다고 유토피아적 상상마저 거부할 만큼 우리는 그것을 두려워할 필요가 없다. 오히려 미래에 대한 꿈과 소망이 봉쇄된다면 그보다 큰 절망과 공포는 없다.

역사적으로 유토피아는 불안과 위기의 시대, 격동하는 전환기일수록 활발히 전개되었다는 사실을 염두에 둔다면 흔히 불확정의 시대, 혼돈의 시대, 통제 불능의 세기라 불리는 21세기 전야에 있는 오늘의 시대야말로 새로운 가치관과 세계관을 제시해 줄 유토피아가 절실히 기다려지는 시점이라 하겠다."

김영한, 『서양의 지적운동』 중에서

380

기를 능가할 것 같지는 않습니다. 아프로디테가 아무리 미인이라고 해도 현대 의술은 성형수술로 수많은 아프로디테를 만들어 낼 겁니다. 아테나가 아무리 지혜가 많은 신이라고 해도 오늘날 인터넷이나 컴퓨터에 입력된 그 모든 정보를 따라가긴 어렵다고 봅니다.

그렇다면, 그러한 신화를 현대문명으로 만든 힘은 무엇일까요? 그것은 과학의 힘입니다. 이것은 누구도 부인할 수 없는 사실이라고 생각합니다. 그러면 과학의 힘만으로 그것이 가능하였을까요? 그렇지 않습니다. 그리스인들이나 베이컨 같은 사람들의 인문적 상상력이 없었다면, 오늘날의 문명은 이루어질 수 없었다고 생각합니다. 그러므로 인문적 상상력과 과학의 힘, 이것은 현대문명을 창조한 두 축이라고 볼 수 있습니다. 만약 인문적 상상력이 없다면 문명이 나아갈 목표와 방향을 잃게 될 것이고, 과학의 힘이 없으면 우리의 모든 꿈과 상상력은 백일몽으로 끝날 겁니다. 그런 점에서 앞으로 아무리 과학만능의 시대가 도래한다 하더라도 중요한 것은 그 과학을 이끌어가는 인문적 상상력임을 새롭게 각성할 필요가 있습니다.

인문학 콘서트 2 인문학, 한국인을 탐색하다
이어령 외 지음/25,000원/올컬러

인문학 콘서트 시리즈 두 번째 책. 이어령, 박이문, 김열규, 한돈희, 김정운, 하지현, 임헌우 등 다양한 분야의 원로·중견 학자와 전문가들이 인문학적 관점에서 한국인을 탐색한다. 세계가 놀라는 성공 신화를 이룩한 한국인의 힘은 어디서 오는지, 그 토양이 된 한국인의 정체성은 무엇인지, 그 정체성은 한국인의 삶에서 어떻게 발현하는지, 흥미로운 담론이 펼쳐진다. 한국인 고유의 능력을 경쟁력으로 삼아야 할 세계화 시대에 한국인이라면 반드시 읽어야 할 교양필독서.

인문학 콘서트 3 인문학, 한국사를 탐색하다
이어령 외 지음/20,000원/올컬러

인문학 콘서트 시리즈 세 번째 책. 이어령, 이덕일, 정옥자, 송호근, 허동현, 전봉관, 전우용 등 한국학 분야의 원로·중견 학자와 전문가들이 인문학적 관점에서 한국사를 탐색한다. 이어령 교수가 말하듯, 부정을 긍정으로 변화시키는 한국인의 놀라운 힘은 우리 역사에서 어떻게 발현했는지, 우리가 잘 몰랐던, 혹은 알아야 할 역사의 교훈은 무엇인지, 평가가 엇갈렸던 한국 근현대사의 진실은 무엇인지, 재미있고 유익한 담론이 펼쳐진다. 경술국치로부터 100년, 한국전쟁 발발로부터 60년이 흐른 시점 2010년을 마무리하고 새로운 역사를 써나가야 할 2011년, 한국인이 반드시 읽어야 할 교양필독서.

이어령 외 지음/25,000원/올컬러/568p

인문학 콘서트 1

1판 1쇄 발행일 2010년 1월 10일
1판 9쇄 발행일 2014년 8월 10일

지은이 | 김경동, 김기현, 최재천, 김광웅, 문용린, 정진홍, 황경식, 고미숙, 김효은, 장회익, 차윤정, 도정일,
　　　　박정자, 김영한
펴낸이 | 임왕준
편집인 | 김문영

펴낸곳 | 이숲
등록 | 2008년 3월 28일 제301-2008-086호
주소 | 서울시 중구 장충동1가 38-70
전화 | 2235-5580
팩스 | 6442-5581
홈페이지 | http://www.esoope.com
블로그 | http://blog.naver.com/esoope
e-mail | esoope@korea.com
ISBN | 978-89-94228-00-6 03040
　　　　978-89-94228-10-5(세트)